S. FISCHER

REINHOLD MESSNER

DER EISPAPST

Die Akte Welzenbach

S. FISCHER

Erschienen bei S. FISCHER

© 2019 S. Fischer Verlag GmbH, Hedderichstr. 114,
D-60596 Frankfurt am Main

Gesamtherstellung: CPI books GmbH, Leck
Printed in Germany
ISBN 978-3-10-397450-8

»Die Sehnsucht allein erringt kein Ziel. Der Traum muß zur Tat werden, und wenn sie auch nur gebahnte Wege geht und es nur der mutige, strebende Schritt hinauf, empor zur freien Höhe ist. Denn die Tat ist letztes Glück. Das ist *die große Weisheit der Berge.*«

Walter Schmidkunz

1934
Silbersattel

Seit Tagen treibt der Sturm Schneefahnen über den Ostgrat am Nanga Parbat. Seit Tagen Eiseskälte, Düsternis, Ungewissheit. Abgekämpft hocken ein paar Bergsteiger im Zelt von Lager IV, in einer weiten Mulde unterm Rakhiot Peak. Sie warten. Keiner spricht. In der Stille der Dämmerung ist nur ihr Atmen zu hören, das Jaulen des Windes und das Knattern von Zeltplanen. Sonst nichts. Drei Sahibs und sechs Sherpas fehlen. Seit Tagen schon. Alle müssten längst zurück sein.

»Ob sie heute noch kommen?«

»Unmöglich«, sagt Fritz Bechtold, »bei diesem Sturm.«

»Die Lawinengefahr wächst.«

»In den nächsten Tagen muss auch dieses Lager geräumt werden«, spricht einer aus, was alle anderen denken.

Am nächsten Tag reißen Wolken und Schneefahnen kurz auseinander. Es ist der 13. Juli 1934.

»Da sind sie!«, ruft Schneider.

Dann sieht sie noch einer, und alle rufen durcheinander, als hoch oben am Grat unterm Silbersattel als winzige Punkte drei Leute absteigen. Dann wieder Stille, Angst und White out. Alle wissen, wie fürchterlich der Überlebenskampf da oben sein muss: im tiefen Schnee, kaum Sicht, das Blut in ihren Adern wie gefroren. Aufsteigen zu ihnen?

Unmöglich, der Sturm lässt den Gedanken gar nicht erst zu.

Am anderen Morgen steht Aschenbrenner vor den Zelten und deutet Richtung Silbersattel: »Ich sehe sie wieder!«

»Wo?«

»Auf der großen Wechte links unterm Grat. Die dunklen Punkte.«

»Sie sind kaum weiter als gestern!«

»Auf halbem Weg jetzt zu Lager VI.«

Einmal noch trägt der Sturm ferne Hilferufe herab. Zu sehen aber ist nichts mehr. Eine weitere Nacht voller Zweifel vergeht. Aber am nächsten Tag sind die drei erneut zu sehen. Immer noch hoch oben am Berg.

»Es sind nur noch zwei.«

»Weiter vorne ist der Dritte.«

»Wo genau?«

»Er bewegt sich nicht.«

»Die anderen gestikulieren.«

»Wo?«

»Über der Scharte vor dem leichten Gegenanstieg zum Mohrenkopf.«

In diesem Augenblick tritt einer der beiden vor und gibt ein Zeichen. Er ist jetzt als Silhouette besser zu erkennen. Hat er den rechten Arm gehoben?

»Er winkt«, sagt Aschenbrenner.

Dann wieder Nebel und Schneewehen. Nichts mehr zu sehen.

Gegen Abend – immer noch Sturm – taumelt ein einzelner Mann ins Lager. Es ist ein Sherpa, und er kommt von oben! Die Männer von Lager IV bewegen sich ein paar Meter auf

Links Ang Tsering

ihn zu: Wer? Schneeverklebt, mit aufgerissenen Augen und offenem Mund, bleibt der Mann am Eingang des Zeltlagers stehen. Niemand wagt es, ihn anzusprechen, ihn zu berühren – als würde er sich sonst auflösen oder tot umfallen. Mit Tee und Rum kommen Bernard, der Arzt, und Schneider ihm vorsichtig näher. Ein paar Schritte nur. Eis im Haar, der Mund starr, fällt er in ihre Arme, bricht in sich zusammen. Ja, es ist Ang Tsering, der zweite Sherpa des Expeditionsleiters Willy Merkl. Man bringt ihn ins große Zelt. Mit irrem Blick und zitternd – schwere Erfrierungen an den bloßen

Händen, sein Gesicht aufgedunsen – hockt er nach vorne gebeugt am Eingang und will etwas sagen. Aber er stammelt nur, weint. Dann bricht es wie eine Lawine aus ihm heraus: »Willo Sahib ist tot zurückgeblieben, und Bara Sahib ist mit Gay-Lay oben geblieben.« Es ist ein Bericht aus dem Jenseits. Man bringt den völlig Erschöpften in sein Zelt. Ein Wunder, dass er überlebt hat. Nur die Pflicht, die furchtbare Nachricht zu überbringen, hat ihn am Leben gehalten. Sein Abstieg durch Sturm und Schnee, die Rückkehr aus der Hölle der Todeszone war bitter erkämpft: jeder Schritt eine Qual, jeder Atemzug zurück ins Leben ein Röcheln, nur das Wissen, der letzte Überlebende zu sein, hat ihn gerettet.

Am anderen Morgen wird Ang Tsering mit Fragen gequält.

»Kein Zettel, kein Brief vom Bara Sahib Willy Merkl?«, fragt Aschenbrenner.

»Nein, nichts«, Ang Tsering schüttelt den Kopf. »Er ist mit Gay-Lay in einer Eishöhle zurückgeblieben.«

»Wo?«

»Am Mohrenkopf.«

»Warum?«

»Um zu sterben.«

Später beginnt Ang Tsering ausführlicher zu erzählen. Immer noch geschüttelt vom Frost, stammelt er die Namen der toten Sherpas. Wo und an wem er bei seinem Abstieg vorbeigekommen ist. Mehr als der Verlust seiner sechs Sherpa-Kameraden erschüttert ihn offensichtlich Sterben und Tod der Gipfelmannschaft. Am Wechtengrat hat er Abschied genommen von den beiden toten Sahibs Wieland und Welzenbach und von den anderen beiden, die vielleicht noch leben, Merkl und und sein erster Sherpa Gay-Lay – es klingt wie ein Schrei der Verzweiflung. Später erst ist Ang Tsering in der Lage, den Ablauf der Tragödie wiederzugeben.

»An dem Morgen, als die drei Sahibs und wir Sherpas das Zwischenlager unter dem Silbersattel verlassen haben, sind Gay-Lay, Dakschi und ich zurückgeblieben, weil wir zu erschöpft und schneeblind waren. Es muss der 9. Juli gewesen sein. Wir hatten nur zwei Schlafsäcke. In der Nacht zum 11. Juli ist Dakschi in diesem Lager gestorben. Am gleichen Morgen gingen Gay-Lay und ich nach Lager VII hinab und fanden hinter einer Schneewehe einen Toten: Es war Wieland Sahib. Er lag dreißig Meter vom Zelt entfernt. Im Lager selbst waren Bara Sahib Merkl und Welzenbach Sahib. Das Zelt voller Schnee, es war eisig kalt. Auf Wunsch von Bara Sahib musste ich das Innere dieses Zeltes säubern. Unser einziger Schlafsack war eisstarr, die Zeltwände voller Schnee. Nur Gay-Lay konnte darin schlafen. Merkl Sahib schlief ohne Decke auf einer Schaumgummimatte, Welzenbach ohne Schutz, ohne Unterlage und halb im Freien. Es war seine Art, sich aufzuopfern. Wir hatten kein Essen, kein Wasser und froren erbärmlich. Der groß gewachsene Welzenbach am meisten, weil seine Beine aus dem Zelt ragten. Also sagte ich am anderen Morgen, wir sollten rasch absteigen, Bara Sahib aber wollte warten. Er meinte, die Leute, die wir ab und zu zwischen Lager IV und Lager V sehen konnten, würden heraufkommen und Proviant bringen. In der Nacht zum 13. Juli ist Welzenbach dann gestorben. An Erschöpfung, denke ich, weil er so krank war. Wir ließen den Toten im Zelt liegen und gingen am Morgen Richtung Lager VI, Merkl gestützt auf zwei Eispickel. Es war unendlich mühsam, ihn voranzubringen. Den Gegenanstieg zum

Mohrenkopf schaffte er nicht mehr. Im flachen Sattel darunter gruben wir Sherpas also eine Schneehöhle. Bara Sahib und Gay-Lay legten sich auf eine von oben mitgebrachte Schaumgummimatte und wickelten sich zusammen in eine Decke. Ich selbst hatte auch eine Decke, aber keine Unterlage. Morgens, am 14. Juli, ging ich nochmals vor die Höhle und rief um Hilfe. Im Lager IV aber war niemand von euch zu sehen! Ich bat also Merkl, hinuntergehen zu dürfen, um Hilfe zu holen. Er war damit einverstanden. Merkl Sahib und Gay-Lay, inzwischen zu schwach, um abzusteigen, blieben in der Höhle liegen. Sie konnten sich kaum noch bewegen, sich sicher nicht weiter als zwei oder drei Meter von der Schneehöhle entfernen.«

Mit großer Mühe, von Pausen unterbrochen, fasst Ang Tsering die Vorgänge der letzten Tage in Worte. Dann weint er nur noch und sackt zusammen. Als habe er, als Überbringer der Schreckensnachricht, nur so lange durchhalten können, bis der Bericht vom Sterben die Lebenden hier unten erreicht hat.

Leben Willy Merkl und Gay-Lay oben am Grat noch?, fragen sich nicht nur Schneider und Aschenbrenner. Die beiden gehen am 15. und 16. Juli noch zweimal nach oben. Mit ihren letzten Kräften und wenig Aussicht auf Erfolg. Sie steigen stundenlang gegen die Hoffnungslosigkeit an. Aber alles ist umsonst. Uferlos die Neuschneemengen, pausenlos der Sturm. Im Fallwind glauben sie noch einmal, Rufe zu hören, ein Winkender am Sattel aber ist nicht mehr zu sehen.

1925
Große Wände

Am 11. November 1925 ist Welzenbach in Wien. Er hält vor dem ÖAK, dem Österreichischen Alpenklub, einen Vortrag zum Thema »Große Eiswände«. Nach einer kurzen Begrüßung stellt ihn der Vorstand vor:

»Dr. Willo Welzenbach, Deutschlands größter Bergsteiger.«

Lautes Klatschen.

»Ja, die Engländer bestätigen es, und Lucien Devies nennt ihn gar den bedeutendsten Bergsteiger der Nachkriegszeit.«

Wieder folgt langanhaltender Applaus.

»Dieser Willo Welzenbach, am 10. November 1900 in München als Sohn eines Reichsbahnbeamten im höhren Dienst geboren, immatrikuliert sich 1920 an der Technischen Hochschule München, gleichzeitig startet er seine Karriere als Felskletterer und Bergsteiger. 1924 erhält er sein Diplom als Bauingenieur und erschließt seine ersten Neutouren. Professor Wilhelm Paulcke, Begründer der Schnee- und Lawinenkunde, ist sein Doktorvater.«

Erneut wird applaudiert, dann beginnt Welzenbach seinen Vortrag.

»1923 ist ein Schlüsseljahr in meiner Bergsteigerlaufbahn. Hans Pfann, mein Lehrmeister, führte mich in die

Am steilen Firngrat

hohe Schule des traditionellen Westalpenbergsteigens ein. Er wies mir den Weg. Damit wurde ich später Lehrer für andere. Das große Verdienst Pfanns bleibt es, die durch die Nöte der Kriegs- und Nachkriegsjahre abgerissenen Fäden der alpinen Tradition neu zu knüpfen, eine Brücke zu schlagen zwischen der Schule der Vorkriegszeit und dem jungen Nachwuchs, der berufen ist, dem deutschen Bergsteigertum in der alpinen Welt zu altem Ansehen zu verhelfen.«

Von Applaus, Trommeln und Pfiffen begleitet, kommt Begeisterung auf.

»Meine Jugendjahre in den nördlichen Kalkalpen – Kaisergebirge, Allgäu, Wetterstein, Berchtesgadener, Karwendel – hatten mich zum Felsgeher gemacht. Selbständig widmete ich mich dann dem Winterbergsteigen in den Ost- und Westalpen und konnte so, als einer der ersten deutschen Bergsteiger nach dem Krieg, Schweizer Viertausender im Winter besteigen. Eisgeher aber war ich noch nicht. Das änderte sich, als mich Professor Hans Pfann im Sommer 1923 einlud, ihn auf seiner Westalpenfahrt zu begleiten. Zu unserer Seilschaft gehörte auch Frau Eleonore Noll-Hasenclever, heute die beste deutsche Bergsteigerin. Ich war stolz, dabei sein zu dürfen.

Zuerst ging es in die Mont-Blanc-Gruppe, die Ostwand der Aiguille d'Argentière war unser erstes Ziel. Der Weg, den wir in dieser trapezförmigen Wand gehen wollten – in der Mitte von einer Felsrippe durchzogen, nach oben hin steiles Eis –, machte mich bange.

Am Morgen, als wir am Einstieg standen, fand die Sonne nicht durch die grauen Wolkenschleier am Firmament. Dazu heulte der Sturmwind, Schneeflocken umwirbelten uns. Professor Pfann, der erfahrene Westalpenmann, erkannte die Gefahren und führte uns zurück zur Hütte.

Tags darauf kamen wir wieder und meisterten die Wand: Nachdem wir die Gipfelwechte durchschlagen hatten, standen wir oben, und überall im Panorama reckten sich Eismauern in die Höhe, wie ich sie noch nie gesehen hatte: die Nordostabstürze der Aiguille Verte, der Droites und der Courtes, dahinter die dunklen Pfeiler der Grandes Jorasses, rechts davon leuchtete der Mont Blanc mit der Brenvaflanke.

Tage später gingen wir über den Petit Col Ferret zur italienischen Triolethütte, die halb verfallen war. Die Besteigung der Aiguille de Triolet von dort aus wurde zum abenteuerlichen Unternehmen. Die außergewöhnliche, starke Zerklüftung des Gletschers – der Seitenarm des Trioletgletschers, über den wir aufstiegen, war in seiner ganzen Breite von einem gewaltigen Schrund durchrissen – machte die Besteigung problematisch.

Nach langwierigem Suchen stiegen wir zuerst über eine Firnrampe in die Kluft ab. Von dort kletterte ich die jenseitige Wand empor: eine erste Gelegenheit, mein klettertechnisches Können vom Fels ins Eis zu übertragen. Ich schlug Griffe und Tritte, rammte den Pickel in die Firnwand und erreichte so eine Eiskanzel, von der aus ich den oberen Spaltenrand gewann. Stolz, das ungewöhnliche Hindernis gemeistert zu haben, stieg ich in die eisgefüllte Steilrinne ein, durch die wir den Col de Triolet südlich des Gipfelblocks erreichten. Über vereiste Felsen gewannen wir dann die Spitze.

Unser nächstes Ziel war nun der Riesengrat der Dent

d'Hérens, eine zusammenhängende Überschreitung. Sie gelang uns erstmals an einem einzigen Tag. Über Nordwestflanke und Westgrat stiegen wir zuletzt zum Tiefenmattenjoch ab.

Die Dent d'Hérens an einem Tag von der italienischen Matterhornhütte aus überschritten zu haben war für mich wie ein Meisterbrief. Damit hatte ich das Zeug zum selbständigen Eisgeher.

Fünf Monate später am Abend lehnte ich damals im Türrahmen der Schönbühlhütte und lauschte in die kalte, klare Winternacht. Der letzte Schimmer des Tages war hinter der Wandflucht erloschen. Der Nachthimmel mondlos, Sterne flimmerten, und die Flächen der Berge verschwammen. Unheimlich auch die Laute aus den Gletschern: Eis knackte, als rülpse der Berg. Plötzlich ein scharfer Knall, dem anhaltender Donner folgte, der – in vielfaches Echo gebrochen – mehrmals zurückkam, bis er langsam verhallte. Dann Ruhe, bis sich der Lärm wiederholte. In der Kälte einer Winternacht erzittern Mensch und Berg dabei gleichermaßen. Vor solchen Naturgewalten konnte ich nur staunend zurückweichen: zurück in die warme Hüttenstube. Sind es die Eislawinen, die über die Nordflanke der Dent d'Hérens niederkrachen?, fragte ich mich und vergaß die Idee einer Durchsteigung.

Meinen ersten Eindruck von dieser Wand genoss ich wiederum fünf Monate später, als ich im Licht der sinkenden Abendsonne auf einer schmalen Felskanzel am italienischen Grat des Matterhorns saß. Vor mir baute sich die Gestalt der Dent d'Hérens auf wie ein Kunstwerk. Mein Blick fiel schräg auf die steile Flucht der Nordwand, an gleißenden

Dent d'Hérens-Nordwand

Eishängen und Steilstufen nieder bis in den flachen Grund des Zmuttgletschers. Plötzlich ein wildes Krachen, die Bergflanken im Umkreis erbebten: eine Scheibe gewaltigen Ausmaßes hatte sich aus der Eismauer gelöst und fuhr die ganze Nordwand der Dent d'Hérens in die Tiefe. Es dröhnte, krachte, stob. Dichte Wolken feinen Eisstaubes füllten das Becken des Zmuttgletschers, stiegen auf und verschmolzen mit der Düsternis der anbrechenden Nacht. Mein erster Eindruck von der Nordwand war also ein schrecklicher.

Dann konnte ich vom Ostgrat der Dent d'Hérens einen direkten Blick von oben in den schaurigen Abgrund dieser Nordwand werfen. Seither beschäftigte mich diese Wand. Was für ein Ziel! Das anfängliche Grauen machte allmählich Überlegungen Platz, diese Herausforderung anzunehmen. Wie aber einen gangbaren Weg durch diese Mauer finden? Glaubte ich damals ernstlich an die Möglichkeit einer Durchsteigung oder spielte ich lediglich mit dem Gedanken – eine Erstbegehung? Je mehr ich mich mit dieser Frage beschäftigte, desto fester nahm die Idee Formen an, und nach und nach gewöhnte ich mich an mein Ziel, es wurde zur fixen Idee.«

Welzenbach zögert. Er blickt in den Saal, die Gesichter verschwimmen. Als er seinen Vortrag fortsetzt, hat er den vergangenen Sommer mit allen Einzelheiten vor Augen. Er sieht sich und seinen Freund Allwein im Hotel Mont Cervin in Zermatt sitzen und darüber beraten, was zu machen sei.

»Es war Mitte August«, beginnt Welzenbach, »Neuschnee ist gefallen, und vernünftigerweise hätten wir abwarten sollen. Aber da fragt Kamerad Allwein in die Dunkelheit hinein: ›Wo gehen wir morgen hin?‹ Achselzucken.

Allwein ungeduldig: ›Keine Idee?‹

›Dent d'Hérens‹, sage ich.

›Auf welchem Weg?‹

›Nordwand‹, ist meine Antwort.

Allwein bricht nicht in schallendes Gelächter aus. ›Gut‹, meint er und steht mit größter Gleichgültigkeit auf.

Im ersten Augenblick bin ich verblüfft, habe weder diese Antwort noch so viel Selbstverständlichkeit erwartet, sie steckt aber an. Ich verscheuche meine Bedenken, und die große Fahrt ist beschlossene Sache.

Der nächste Nachmittag sieht uns auf dem Weg nach Schönbühl. Es ist drückend heiß, in den tieferen Lagen schmilzt der Schnee. Über viertausend Metern Höhe strahlen Grate und Flanken in der Sonne.

Auf dem Weg von Zmutt nach Schönbühl beherrscht der

unverwechselbare Bau des Matterhorns das Landschaftsbild. Ich bin sprachlos, schiele immer wieder in die unheimlich steile Nordwand. Auch Allwein sagt kein Wort. Denkt auch er an die Möglichkeit der Durchsteigung? Es bleibt ein Geheimnis.

Als wir der Klubhütte von Schönbühl näher kommen, ändert sich unser Blickfeld. Das Matterhorn verliert seine kühne Gestalt, sein Felsbau wird von der Nordwand der Dent d'Hérens verdrängt. Wie der Schuppenpanzer eines Urtiers schwingt sich der Ostgrat vom Col de Tournanche auf die Nordflanke, die aus einer einzigen Serie von Hängegletschern besteht, da und dort von Felsrippen und Lawinenrinnen durchzogen.

›Diese düstere Mauer verriegelt das wilde Becken des Zmuttgletschers!‹, stelle ich fest.

Allwein: ›Wie geschaffen als Abschluss für das Ende der Welt.‹

Die Sonne steht tief, als wir den steilen Hang zur Hütte emporsteigen, und in diesem Abendrot erscheinen die Eishänge der Dent d'Hérens strukturiert.

Allwein: ›Ein eigenartiger Aufbau.‹

Ich greife zum Fernglas: ›In Dreifünftel der Höhe ist eine Firnterrasse eingelagert‹, sage ich, ›sie durchzieht die Wand leicht ansteigend bis hin zum Ostgrat. Am unteren Rande der Terrasse steht eine Rippe vor, in ihrem oberen Teil von einem Hängefirn überbaut. Die untere Fortsetzung gabelt sich in zwei zum Zmuttgletscher niederfallende Äste.‹

Ich gebe das Fernglas an Freund Allwein.

›Die Rippe ist unsere Anstiegslinie‹, sage ich etwas später. ›Ihr östlicher Ast.‹

›Beschlossen.‹

›Unten im gestuften Fels sind keine unüberwindlichen Schwierigkeiten zu erwarten‹, meint Allwein.

›Dort sind wir auch vor Eisschlag halbwegs sicher.‹

›Wo die beiden Äste sich zu den unteren Hängegletschern hin vereinigen, wird es schwierig.‹

›Mit einigem Zeitaufwand aber zu meistern.‹

›Aber dort, wo der Hängegletscher an die Firnstufe anschließt, sehe ich ein großes Fragezeichen.‹

›Du meinst, unüberwindlich?‹

›Ich vermute da eine tiefe Kluft in der Eismauer.‹

›Von unten ist so eine Problematik nie mit Sicherheit zu beurteilen.‹

›Ja, der Erfolg bleibt bis zuletzt fraglich.‹

›Im Notfall können wir eine Umgehung der Eisabbrüche versuchen.‹

›In einem weitausholenden Bogen nach links.‹

›Ja.‹

›Und die Gipfelwand?‹

›In aperem Zustande gut kletterbar.‹

›Jetzt aber, vereist und verschneit, wie die Wand ist, 55 bis 60 Grad geneigt, sind die Verhältnisse prekär.‹

›Ich rechne mit beträchtlichen, aber nicht mit unüberwindlichen Schwierigkeiten.‹«

Welzenbach hört die Sätze in seinem Kopf, als seien sie eben gesprochen worden. Er sieht sich mit Allwein bei hereinbrechender Nacht in der Hütte hocken. Vor ihnen liegen, wie immer bei Neutouren, Rätsel, deren Lösungen nur der Versuch bringen kann. Dann setzt er seinen Vortrag fort.

»Halb drei Uhr morgens, der letzte Schimmer des untergegangenen Mondes erhellt den Kopf des Matterhorns, über dem Gletscher liegt noch dunkle Nacht. Mühsam suchen wir im Schein der Laterne unseren Weg, stolpern über Blöcke, fallen in Wasserlöcher, gleiten im steilen Moränengelände aus. Das Los des Führerlosen – nächtliche Wegsuche in unbekanntem Gelände – ist hart. Wir folgen der Moräne, bis sie sich verliert, und steigen dann durch eine flache Mulde über den Zmuttgletscher zum Fuß der Wand auf.

Die Luft ist lau und föhnig, der Schnee durchweicht, also keine guten Verhältnisse für unser Vorhaben. Wir fürchten erhöhte Eisschlaggefahr. Länger aber würde das Wetter nicht halten, und wir wollen die letzte Möglichkeit nutzen, den Aufstieg wenigstens versuchen.

Vorsichtig pirschen wir uns im Dämmerlicht des Morgens zwischen Gletscherspalten an die Wand heran. Es ist Tag, als wir am Einstieg stehen: ein steiler, von Stein- und Eisschlag gerillter Firnhang, darüber ein breiter Bergschrund, in halber Höhe ein erstes Hindernis. Nachdem wir es überlistet haben, steigen wir in gerader Linie gegen die unterste Felsrippe an.

Der brüchige Fels, zunächst gut gegliedert, ist mäßig schwer, überall ist ein Durchkommen. Das Seil, hier eher eine Last, verwahren wir im Rucksack. Mit zunehmender Höhe wird die Rippe zu einer scharfen Kante, steil aus lockerem Blockwerk gebaut. Die Kletterei, durchwegs abwechslungsreich und interessant, verlangt einige Vorsicht, bleibt aber genussvoll: zur Rechten fällt der Blick über steile, zerfurchte Firn- und Eishänge zum Zmuttgletscher ab; zur Linken eine wilde, trichterförmige Lawinenbahn, die aus den überhängenden Séracs in der Wandmitte gespeist wird.«

Welzenbach erzählt so dicht und packend, ganz im Hier und Jetzt, als wäre er mitten in der Wand, das Steigen gelingendes Leben.

»Im raschen Anstieg erreichen wir das Ende der Felsen. Es folgt ein kurzer steiler Hang, dann stehen wir unter dem Hängegletscher. Auf diesem letzten, einschlagsicheren Standplatz rasten wir kurze Zeit, auch um den Weiterweg zu begutachten. Zwei Möglichkeiten haben wir: entweder direkt über den Hängegletscher oder Umgehung links. Die erste Lösung ist verhältnismäßig sicher. Die Frage aber ist: Kommen wir auf diesem Weg weiter? Ist es möglich, vom Hängegletscher gefahrlos auf die darüberliegende Firnterrasse zu steigen?

Bei der Umgehung links gälte es, unter überhängenden Séracs zweihundert Meter anzusteigen und über gegliederte Eiswände auf die Firnstufe zu klettern. Dieser Weg ist wegen der Gefahr von Eisschlag problematisch, ja außerordentlich gefährlich. Nach kurzer Beratung entscheiden wir uns für den Hängegletscher.

Im Seil eingebunden, steigen wir gegen den ersten Eisabbruch empor. Links der leicht überhängenden Stirnseite setzen wir an. In steilem Eis gelingt es mir, eine Schulter oberhalb des überhängenden Abbruchs zu erreichen. Stufe reiht sich an Stufe, jeder Schlag des Pickels so geführt, dass das fragile Gebilde nicht zum Einsturz kommt. Kerbe um Kerbe, dann ist die heikle Stelle überwunden und die Schulter oberhalb des Abbruchs erreicht. Über weniger steilen Firn steigen wir zur zweiten Stufe des Hängegletschers empor.

Wieder baut sich eine Steilwand vor uns auf – diesmal als breite Front. Zur Rechten und in der Mitte ist sie senkrecht, zur Linken abgeböscht.

›Versuche dein Glück‹, ermuntert mich Allwein.

In gewagter Eiskletterei überwinde ich mit Aushauen von Griffen und Tritten die ersten zehn Meter. Dann folgt mühsame Stufenarbeit, die Wand ist bis zu 65 Grad steil. Wir queren nach West und erreichen flacheres Gelände. Der vorderste Rand der Firnterrasse glitzert im Sonnenlicht. Noch sind Einzelheiten des weiteren Weges durch eine leicht gewölbte Firnkuppe über uns verdeckt. In fiebernder Ungeduld hetze ich die letzten Hänge empor, um Gewissheit zu haben über Gelingen oder Misslingen unseres Vorhabens. Höher und höher steigt die Kante der Firnterrasse, tiefer und tiefer sinkt das Gelände unter uns. Auf der Höhe der Firnkuppe sind wir sprachlos: Vor uns dehnt sich eine Kluft, und dahinter steigt eine leicht überhängende, vollkommen glatte Eismauer in die Höhe, dreißig bis vierzig Meter hoch! Wir verfolgen den Grund der Kluft, nach rechts, nach links: überall dasselbe Bild! Nirgends die geringste Möglichkeit eines Durchkommens: ›Bis hierher und nicht weiter!‹

Wir starren die blanken, schillernden Eiswände an, in bitterer Enttäuschung. Es hilft nichts, wir müssen zurück und die Umgehung links versuchen. Kostbare Stunden sind vergeudet.

Vorsichtig sichernd, klettern wir die steilen Eishänge wieder hinab. Dann verlassen wir den Hängegletscher nach Osten und beginnen einen aufregenden Quergang: stundenlang in schwüler, föhniger Hitze unter hängendem Eis. Glatter, abgeschliffener Fels wechselt mit blankem Eis. Sicherung ist oft unmöglich – und was hätte Seilsicherung auch genutzt unter niederbrechenden Eislawinen? In fieberhafter Eile schlage ich Stufe um Stufe, blicke immer wieder in die Höhe, misstrauisch, wenn leises Krachen in den Séracs zu hören ist.

Wird uns der Zeitverlust zum Verhängnis? Denn mit zunehmender Sonnenbestrahlung beginnen die Séracs über uns zu tropfen, dann zu triefen. In kürzester Zeit sind wir vollkommen durchnässt. Dazu die Gefahr armdicker Eiszapfen, die sich in der Kälte der Nacht gebildet haben, oft meterlang, die nun vom Rand der Brüche bolzengerade auf unseren Eishang fallen. Mit großer Wucht. Vor uns, hinter uns, neben uns schlagen sie ein. Auf einer aus dem Eis ragenden Felskanzel finden wir einigermaßen Schutz und können den Weiterweg beurteilen.

Hinter einem Vorsprung – von unserem Standplatz nicht zu überblicken – vermuten wir eine Einbuchtung in der senkrechten Eismauer. Und hinter dieser Verschneidung ist ein rundes Loch, das wir erreichen müssen. Dort allein scheint ein weiterer Aufstieg möglich.

Allwein sichert, während ich den heiklen Gang antrete. Ich schiebe mich um die Ecke und kann die Wandeinbuchtung vollständig überblicken: Im oberen Teil senkrechtes Eis, in der unteren Hälfte liegt Pulverschnee an, die Oberfläche leicht gepresst. Einige Meter klettere ich stufenschlagend aufwärts, dann heißt es in die Schneewand überzutreten. Die Neigung – ich schätze sie auf 70 Grad – ist geradezu beängstigend, der Tiefblick extrem. Ausgeschlossen, ohne Haltepunkte zu stehen, lässt mich eine eigenartige Technik erfinden: Ich durchstoße die dünne Decke des Schneebrettes mit der Faust und bohre die Arme abwechselnd ganz tief in die haltlose Masse, um mich im Gleichgewicht zu halten. Diese Bewegungen wiederholen sich dutzendmal. Kalt und gefühllos sind meine Finger, habe ich im Eifer doch vergessen, meine Handschuhe anzuziehen. Jetzt, mitten in der Querung, ist es unmöglich, es nachzuholen, und die Angst, dass das das Schneebrett unter meiner Last nicht halten könnte, ist größer als die Angst vor Erfrierungen.

Nach zwanzig langen Minuten ist das Eisloch erreicht. In diesem Augenblick, während ich gerade dabei bin, meine Finger zu massieren, sie abwechselnd in Mund und Hosentasche zu wärmen, höre ich ein leises Klirren und Knacken. Ich fahre hoch und sehe, wie sich kaum hundert Meter von unserem Standplatz entfernt – zuerst lautlos, dann folgt der Sog – eine Eiswand löst. Donnernd nimmt die Lawine ihren Lauf – über die Flanken, die wir kurz zuvor gequert haben, hinab zum Zmuttgletscher. Alles unter uns, das ganze Tal ist jetzt gefüllt mit Schneestaub.

Allwein folgt nach, und bald sitzen wir beide zähneklappernd im kalten Schatten.

Ein schmales, abschüssiges Sims führt aus der Höhle heraus. Ich biege um eine Kante, schlage einige Stufen und schiebe mich weiter vor, luge um die Ecke: Ein paar Meter setzt das Sims sich fort, dann verliert es sich unter einem Eiswulst, der sich in Brusthöhe vorwölbt. Endlich ist der Weiterweg zu überblicken: Es gilt, die kleine Nische, von der aus der weitere Aufstieg möglich erscheint, zu erreichen.

Ich treibe einen langen Sicherungshaken ins Eis, klinke

den Karabiner ein, das Seil, dann versuche ich die Querung am senkrechten Eis: unmöglich! Nicht zu klettern. Findet der steigeisenbewehrte Fuß genügend Halt, fehlt am ausgebauchten Eiswulst für die Hand der Griff. Also nichts für die Finger. Da kommt mir die Idee, die Stelle mit Seilquerung zu meistern, wie im Fels. Wozu habe ich diese technische Finesse in den Klettergebieten der Ostalpen gelernt?

›Seil straff!‹, rufe ich.

›Hab dich‹, antwortet Allwein.

Mit den Füßen stemme ich mich gegen die letzten Ausläufer vom Gesims und lege mich mit dem Körpergewicht ins Seil.

›Langsam nachlassen!‹, ist mein Kommando.

Vorsichtig schiebe ich den Körper nach links, meine Linke erreicht einen schmalen Riss, ich verklemme die Faust darin und schwinge mich hinüber. Eine kurze Rinne folgt – dann stehe ich in der Nische. Ein weiterer Haken fährt zur Selbstsicherung und zur Sicherung für Allwein, den ich nachfolgen lasse, ins Eis. Als er um die Ecke biegt, muss ich lachen, so verdutzt ist sein Gesicht.

›Wie bist du nur da herübergekommen?‹, fragt er.

›Einfach so, herübergegangen‹, sage ich, verrate ihm das Geheimnis aber nicht.

Er greift ins Seil, schwingt sich zu mir, und schon steht er neben mir in der Nische. Zwölf Meter über uns scheint die Sonne durch den Firnrand der Terrasse, ihr Glanz wirkt wie eine Erlösung.

Eine schmale, steile Rampe, das Eis von einer dünnen Firnschicht überlagert, vermittelt den weiteren Aufstieg. Diese Eiswand endet dicht unter der Mauerkrone in einem

Extreme Eiskletterei

runden, seichten Loch. Das Dach der Höhle ist aus einem ausladenden Firnübergang gebaut. Ein Weiterweg scheint kaum möglich.

›Die Welt ist nicht mit Brettern, sondern mit Eis vernagelt.‹

›Das Eis mit dem Pickel wegschlagen?‹, frage ich.

›Stundenlange Arbeit‹, meint Allwein.

Da kommt dem Freund ein origineller Gedanke: Er stößt den langen Schaft seiner altmodischen Eisaxt – wie oft habe ich ihn für das ostalpine Gerät verlacht – von unten durch den etwa meterdicken Firn am Dach der Höhle. Jetzt bin wieder ich an der Reihe. An der Außenseite schiebe ich mich vorsichtig über den Rand des Überhanges, erwische die aus dem Firn ragende Spitze der Eisaxt, eine Ruckstemme, und oben bin ich: auf sanft geneigten Firnhängen, im hellen, warmen Sonnenschein, in Freiheit und Licht.

Allwein kommt nach, und wir steigen – einigen Spalten ausweichend – die weichen Firnhänge empor. Fast gemächlich schlendernd.

Aber beim Blick zur Gipfelwand kippt unsere Stimmung. In einer Neigung von 55 bis 60 Grad schießt sie ins All. In gewaltigen Plattenlagen, alles überzogen von glasigem Eis, überschüttet von pulverigem Schnee. Nach all den Anstrengungen bis zur Firnterrasse könnte uns die Gipfelwand noch stoppen. Mit unüberwindlichen Schwierigkeiten.

Eine Schlucht zwischen dem Gipfel und einem Zacken östlich davon ist jetzt unser Fluchtpunkt. Nach Überschreiten des Bergschrundes klettern wir zuerst über einen steilen Eishang in der Falllinie der Schlucht aufwärts. Die Schlucht selbst aber ist unbegehbar, und wir queren zu ihrer westlichen Begrenzungsrippe und über glatte Felsen weiter nach rechts zur Mittellinie der Gipfelwand.

Stundenlang geht es in mühsamer Arbeit empor. Vereiste Platten und Eis wechseln mit Schnee; dann wieder Platten – alles ohne Ende. Jeder Griff, jeder Tritt muss aus dem Schnee gegraben werden, Sicherung ist oft unmöglich. Wir wissen es beide: Der Sturz des einen bedeutet das Ende beider.

Ich überlasse jetzt Allwein die Führung. Er soll den Weg suchen, ich bin zu müde und möchte nur noch hinter meinem Begleiter hersteigen. Die Sonne – über dem Gipfelgrat jetzt – blendet, ihre Strahlen, parallel zur Wandfläche, lassen die Eiskristalle glitzern. Der Blick zum Grat ist entmutigend, und doch kommen wir dem Ziel näher. Nach weiteren elf Seillängen ist es erreicht, sechzehn Stunden nach Verlassen der Schönbühlhütte. Es ist Abend. Nach einer Rast, dem ersten Imbiss des Tages – unheimliche Stille um uns herum, kaum ein Lufthauch –, hocken wir im warmen Schein der sinkenden Sonne. Am westlichen Horizont schwebt ein Schleier feiner Zirruswolken.

Während die Dämmerung in die Täler kriecht und langsam die Bergflanken höher steigt, ist Aufbruch: Abstieg über den Westgrat, zuerst zum Tiefenmattenjoch. In langen Sätzen springen wir dann über den Firn des Tza-de-Tzan-Gletschers und weiter über blockige Moränenhänge. Der letzte Schimmer des Tages ist dahin, als wir die Aostahütte erreichen.

Als wir am anderen Morgen zum Col de Valpelline emporsteigen, fegt Eisregen über die Gletscher, Blitze zucken im dämmrigen Grau, gefolgt von krachendem Donnerrollen. Weiter unten lichten sich die Nebelschwaden, und der Gipfelbau der Dent d'Hérens wird frei. Der Sturm treibt

Nebelfetzen über die Grate, und Wolkenfahnen ziehen durch die Nordflanke. Stolz packt uns, haben wir doch ihren Gipfel auf dem kühnstmöglichen Weg erreicht.

Über den Stockgletscher geht es dann hinab ins Talbecken von Zmutt – wieder Nebel, Blitz, Donner und Regen. Aber am nächsten Tag sehen wir in Zermatt – Neuschnee war gefallen –, wie die grauen Wolkenballen sich lösen, erste Sonnenstrahlen über glitzernde Bergflanken huschen.

›Der erste Herbstschnee‹, meint Allwein.

›Bis weit herab in die Waldregion.‹«

Welzenbachs Bericht ist zu Ende. Applaus. Er gilt jetzt zusammen mit Emil Solleder als der führende Alpinist seiner Zeit. Solleder hat das Klettern in den Dolomiten revolutioniert, Welzenbach das Eisklettern in den großen Wänden. In Alpenvereinskreisen gibt es niemanden mehr, der seinen Namen nicht mit Respekt ausspricht: »Willo Welzenbach, der Eispapst«, hört man jemanden sagen.

»Willo!«, ruft einer aus den hinteren Reihen. »Und das Wiesbachhorn?«

Welzenbach zeigt eine Geste der Bereitschaft. Soll er auch davon noch erzählen? In diesem Herbst 1925 gibt es in Bergsteigerkreisen nur zwei Themen: Emil Solleder hat die Nordwestwand der Civetta in den Dolomiten gemeistert, Willo Welzenbach die Nordwand der Dent d'Hérens im Wallis. Aber ein Jahr zuvor ist Welzenbach schon ein anderes Glanzstück gelungen: die Wiesbachhorn-Nordwestwand. Also fährt er fort mit seinem Bericht.

»In Zermatts Bergwelt habe ich auch Fritz Rigele kennengelernt. Dieser Vertreter einer älteren Generation ist immer noch ein jugendfrischer Bergsteigergeist und bereit zu kühnsten Unternehmungen. Wir haben ähnliche Anschauungen, gleiche Interessen und brachen daher rasch zu einer gemeinsamen Fahrt auf.

Nach einer abenteuerlichen Zinalrothornüberschreitung, beim Abstieg nach Zermatt, vertraut mir Rigele ein Geheimnis an, von einer unbezwungenen Eiswand am Wiesbachhorn. Er erzählt von abschreckend steilen Flanken, von Eisüberhängen und einem Gerücht – dem furchtbaren Sturz einer Seilschaft, die den Aufstieg versucht habe.

Diese Schilderung erregt meine Phantasie. Einen Winter lang steige ich im Geiste durch eine endlose Eismauer, hacke Stufen, sehe mich an Eisüberhängen kleben. Zuletzt der Entschluss: Die Wand muss machbar sein.

An einem schwülen Julitag im Sommer 1924 starre ich erstmals auf die wirkliche Wand des Großen Wiesbachhorns. Vom morschen Gipfel des Fochezkopfes aus fällt mein Blick auf eine gewaltige Eismauer: Sie ist schaurig steil, ein gewaltiger Eisabbruch sperrt die Mittelzone. Je länger ich in die Wand schaue, umso mehr gewöhne ich mich an den Anblick, das Bild verliert nach und nach seinen Schrecken. Das ›Unmöglich‹ des ersten Eindrucks wird zu einem ›Vielleicht‹. Das große Fragezeichen aber bleibt: Ist der Mittelteil der Eismauer kletterbar?

Sehr früh am nächsten Morgen brechen wir vom Heinrich-Schwaiger-Haus im Glockner-Massiv auf, Rigele und ich. Wir wollen die untere Wandpartie vor der ersten Sonneneinstrahlung überwunden haben. Der Mond verschwindet am südwestlichen Horizont, als wir in föhniger Luft zum Wandfuß emporstolpern. Als es langsam zu tagen beginnt, steht der Gipfel des Wiesbachhorns gegen den hellen Mor-

Großes Wiesbachhorn, Nordwestwand

genhimmel, darunter blauschwarz die Wand. Um uns herum noch tiefe Schatten. Während die oberen Wandpartien im ersten Tageslicht zu leuchten beginnen, schnüren Fritz und ich unsere Steigeisenriemen. Knirschendes Eis unter den Füßen, durchqueren wir eine Mulde, und in einem Bogen, nach Süden leicht ansteigend, erreichen wir den Bergschrund.

Rechts der Gipfelfalllinie finde ich eine Schneebrücke, die über den schwarzen Spalt führt, und nach wenigen Schritten greifen die zehn Zacken der Steigeisen ins harte Eis. Mit dem Pickel haue ich Stufen, Kerbe für Kerbe – das Eis spritzt –, gerade einmal so breit, dass eine Zackenreihe der Steigeisen aufgesetzt werden kann. Nach links ansteigend, erreichen wir die Mitte der Wand, die steiler, immer steiler wird. Einen ersten Sicherungshaken – Rigele hat sie eigens schmieden lassen – treibe ich ins Eis. Eine Faust umkrallt ihn, die andere führt den Kletterhammer. Stetig gewinnen wir an Höhe, das Seil läuft durch die Karabiner. Genauso wie beim Felsklettern.

Nebelfetzen, aus dem Nichts entstanden, ziehen die Eiswand hoch, zerflattern wieder, aber immer neue Schwaden folgen. Wie Spukgestalten segeln sie an uns vorbei, umhüllen uns, verwehren uns bald Ausblick und Wegsuche. Diese Eisflanke, die über uns ins Unendliche zu ragen scheint, ist inzwischen im dichten Nebel untergetaucht, unsichtbar jetzt und doch instinktiv fühlbar, als drohendes Etwas über unseren Köpfen. Dazu diese unheimliche Stille und in ihr die Schläge des Pickels, das Rascheln der Eissplitter, die in den Abgrund sausen.

Wie geht es weiter? Werden wir durchkommen? Wenn nicht, was dann? Wir müssten in den schmalen Stufen absteigen, eine Unmöglichkeit. Oder abseilen? Als es wieder licht wird im milchigen Nebel, bekommen die grauen Massen über uns wieder Konturen, Form und Gestalt. Wir sind dicht unter den Séracs! Eine Seillänge noch, dann die bange Frage: möglich oder unmöglich?

Die Nebel sinken jetzt, zerflattern, verfliegen wie unsere trüben Gedanken. Ich hake die letzte Seillänge zum Sperrgürtel der Wand empor, der mit einer senkrechten Stufe ansetzt. Nach zehn Metern scheint sie sich zurückzuneigen. Hier unten aber geht die Neigung aus der Schräge über in die Vertikale. Eng muss ich mich an die Wand drücken, um das Gleichgewicht halten zu können. Ein Haken fährt ins Eis, weitere folgen. Tritt um Tritt, Griff um Griff, meißle ich schmale Kerben in die Eiswand. Die starren Finger verkrampfen, trotzdem schiebt sich der Körper höher und höher, Meter für Meter, die Tiefe unter mir wächst.

Dann führt Rigele. Sachte setzt er seine Schläge, damit der Schwung des ausholenden Pickels ihn nicht das Gleichgewicht verlieren lässt. Meisterhaft, sage ich euch Klubkameraden, arbeitete Fritz sich im senkrechten Eis hoch.

Das Seil aber reicht nicht. Auf winzigem Stand, wenige Meter unter einer Mulde, muss mich Rigele nachholen. Jeden Schritt, jede Bewegung mit Bedacht abwägend, steige ich zu ihm hoch. Er kann nicht länger stehen.

›Nur jetzt kein Sturz!‹

Als Fritz hinter einer Firnkante verschwindet, weiß ich uns gerettet. Jubelnd erreicht mich sein ›Nachkommen!‹. Es ist aber keine angenehme Arbeit, die eingetriebenen Haken aus dem Eis zu hacken. Mein rechter Arm ist bald lahm, die Finger der Linken erstarren am kalten Eis. Endlich bin ich bei Fritz. Das Schwerste liegt hinter uns, die Seillängen über uns wirken – im schräg einfallenden Licht der Abendsonne – wie ein Geschenk.

Gleichmäßig und weniger steil baut sich die Gipfelwand über uns auf. Wenige Meter unter uns fällt sie wie eine Sprungschanze ins Leere. Seillänge um Seillänge steigen wir höher, es ist wie ein Befehl: empor! Und so bald als möglich hinaus aus der Wand. Sie verjüngt sich, die Berge ringsum sinken zurück, der Blick weitet sich, bis wir im aufgeweichten Firn am Gipfel liegen, entspannt, sorglos, wunschlos.

Sind realisierte Träume nicht der einzige Gewinn im Leben eines Bergsteigers? Ist es nicht die Tat selbst, weniger die Freude am Erfolg, die dieser Art Alpinismus Inhalt und Zweck verleiht?«

Mit langem Applaus danken die Zuhörer für die Zugabe, der Eispapst ist in Wien angekommen.

1925
Die Welzenbach-Skala

»*Die Kletterleistungen* der letzten Jahre fordern die Einführung eines neuen Schwierigkeitsgrades«, schreibt Welzenbach 1925. Wenig später legt er seine Idee dazu vor: »Mein Vorschlag: zur Vereinheitlichung des Schwierigkeitsbegriffes und zur Bewertung der Schwierigkeit in der Auseinandersetzung Mensch/Fels in einer Kletterführe knüpfe ich an Karl Planck, den Sohn des Physikers Max Planck, sowie Hans Dülfer an, der die höchsten Schwierigkeiten mit römisch V beschrieb. Routen wie die Fleischbank-Südostwand im Kaisergebirge oder die Furchetta-Nordwand in den Dolomiten sind aber um einen Grad schwieriger als die schwierigsten Routen der Vorkriegszeit und damit nach bisheriger Einteilung mit VI zu bewerten. Eine Erweiterung der fünfstufigen Skala um einen sechsten Grad ist also für die Praxis sinnvoll und notwendig. Mit der Benennung »äußerst schwierig« für den sechsten Grad ist die äußerste Grenze dessen definiert, was ein erstklassiger Kletterer zu leisten vermag. Dem sechsten Grad als Grenzwert entspricht Solleders Weg durch die Civetta-Nordwestwand. Vielleicht sollte noch eine untere und obere Grenze innerhalb jedes Grades vorgesehen und die Gesamtleistung mitbewertet werden. Ich hoffe, damit eine allgemeine Grundlage für eine zeitgemäße alpine Schwierigkeitsbewertung zu liefern.«

Stadtbaurat Willo Welzenbach

Welzenbachs Vorschlag folgt die übliche Diskussion in der Kletterszene: Hanns Barth, der Bearbeiter des Führerwerks »Der Hochtourist«, schlägt vor, bei der fünfstufigen Skala zu bleiben und die höchste Stufe mit »äußerst schwierig« zu benennen.

»Es wäre schwierig, in einem Führerwerk wie dem in Auftrag des Alpenvereins für Hochtouristen herausgegebenen einheitliche Einstufungen zu definieren«, meint ein anderer.

»Sonntagsbergsteigern aber ist Einheitlichkeit wichtig«, wirft ein Dritter ein.

»Unterschiedliche Bewertungen in verschiedenen Gebirgsgruppen könnten zu Missverständnissen führen«, sagen weitere Stimmen.

»Für den ›Hochtouristen‹«, meint Welzenbach, »müssten von Leuten, die über die nötige Kenntnis verfügen, Richtigstellungen vorgenommen werden, und zwar für alle Schwierigkeitsgrade.« Später ergänzt er noch: »Den Nutzen einer einheitlichen Bewertung sehe ich darin, dass jeder, auch in einem ihm unbekannten Gebirge, seinem Können entsprechende Kletterwege wählen kann. Sonst wäre der Preuß'sche Grundsatz ›Das Können ist des Dürfens Maß‹ in der Praxis nicht viel wert.«

In diesem Jahr 1925 hat Welzenbach 149 Gipfel bestiegen, neunzehn Erstbegehungen sind ihm gelungen, dazu arbeitet er an einem Führerhandbuch über das Wettersteingebirge. Er gilt – in allem, was er tut – als exakter und objektiver Mann, und er hat das Talent und die Gabe, Routen in ihrer Gesamtheit zu beschreiben, ohne dabei im Klein-Klein steckenzubleiben. Alles was er angeht, macht er mit Begeisterung. Im Wettersteingebirge klettert er alle Wege, die zu klettern sind, und eröffnet dazu neue Routen. Seine Bergfreunde in dieser Zeit – Paul Bauer, Adolf Deye, Eberhard Müller, Hubert Rüsch und Karl Wien – begleiten ihn bei seiner Serie von Erstbegehungen.

Im darauffolgenden Winter reist Welzenbach nach ein paar Skitouren in den Ostalpen zu Ostern in die Bernina. Paul Bauer ist dabei. Am 3. April erklettern sie den Piz Scerscen über die Eisnase. Einen 60 bis 70 Grad steiler Eiswulst. Welzenbach ist in seinem Element, er meistert die Schlüsselstelle dieser Eistour. Zwei Tage später stehen die beiden auf dem Piz Roseg. Bauer blickt mit Bewunderung und Neid auf seinen Partner.

Arnold Lunn nennt Welzenbach dann im englischen »Ski Year Book 1926« einen der führenden Winterbergsteiger. »Ein Ehrenplatz für die Entwicklung des Skibergsteigens«, schreibt Lunn, »gilt dem Münchner Akademischen Alpenverein«, dem Welzenbach und Bauer ja angehören.

Im Frühsommer 1926 klettert Welzenbach im Dachstein und im Kaisergebirge. Dabei wird er in der Winklerscharte zweimal vom Blitz getroffen, in der Winklerschlucht dann von wolkenbruchartigem Regen beinahe hinuntergespült.

Welzenbach klettert, schreibt, tüftelt an seiner Eistechnik, entwickelt einen Eishammer und produziert sogar sein eigenes Biwakzelt: eine Plane mit drei Ecken, die in der Mitte von einem Eispickel hochgehalten wird. Beide Produkte werden unter seinem Namen in München vertrieben.

Später im Jahr ist Welzenbach am Mont Blanc, wo er mit Eugen Allwein einen Versuch am Südgrat der Aiguille Noire de Peuterey wagt, dann im Wallis, wo mit Fritz Rigele die Besteigung der Nordwestwand des Breithorns gelingt.

Welzenbachs schwierigste Erstbegehung aber bleibt die direkte Nordwand der Schönangerspitze, die ihm bereits am 4. Oktober 1925 gelingt, gemeinsam mit Paul Bauer. Die Schwierigkeiten in der Gipfelwand – senkrechter Fels, brüchige Risse und Überhänge, abschüssige Platten – veranlassen ihn, über die Grenzen des Kletterbaren nachzudenken. Er weiß, dass schon Hans Fiechtl, Otto Herzog und Hans Dülfer Haken und Karabiner eingesetzt haben, um gesichert an diese Grenzen heranzukommen. Die Erfindung dieser künstlichen Kletterhilfen und der damit möglichen Seilzüge und Pendelquergänge waren doch Voraussetzung für moderne Touren. Aber reichen sie aus, um wirklich alle Schlüsselpassagen in den Alpen zu meistern?

Zermatter Breithorn

Bereits 1922 hatte Welzenbach, der Weitsichtige, das bestehende Bewertungssystem der Schwierigkeit von Routen in Frage gestellt: »Meine Ansicht geht dahin, dass mit den bergsteigerischen Erfolgen der Nachkriegszeit die oberste Grenze dessen, was ein Mensch zu leisten vermag, nahezu erreicht ist. Ob dem so ist, wird die Zukunft zeigen.«

Widerstände gegen seine 1925 vorgeschlagene Bewertung von Routen kommen inzwischen vor allem aus England, wo das traditionelle Bergsteigen seine Wiege hat: »Bewertungen würden den Ehrgeiz der Jugend allzu sehr anstacheln.« Zudem könnte ein solches System Bergsteiger verführen, ihre Leistungen zu vergleichen und damit ein Wettbewerbsverhalten auslösen, das im britischen Auge nie und nimmer mit dem traditionellen Bergsteigen vereinbar sei.

Welzenbach nimmt die Kritik an, sieht gleichzeitig aber die Bedeutung der neuen Bewertung. Überzeugt, dass diese erweiterte Einstufung für alle Bergsteiger eine wichtige Voraussetzung zur Planung ihrer Touren ist, wagt er 1926 sein Postulat zur Vereinheitlichung der Schwierigkeitsbegriffe und führt so den sechsten Grad – VI – als neues Limit des Kletterbaren ein: »VI bedeutet die äußerste Grenze dessen, was ein erstklassiger Kletterer oder Eismann noch zu leisten vermag. Eine Steigerung über diesen Superlativ hinaus gibt es nicht!« Und weiter: »Eine nennenswerte Steigerung im Fels ist nicht mehr möglich; mit den Leistungen der letzten Jahre dürften die klettertechnischen Möglichkeiten erschöpft sein.« Endgültig? Was, wenn der Eispapst geahnt hätte, was bald hundert Jahre später als Grenze des Kletterbaren gilt!

Als Beispiele des Limits nennt er die Dent-d'Hérens-

Nordwand im Eis und die Civetta-Nordwestwand im Fels. »In Voraussicht des in den kommenden Jahren unfehlbar eintretenden Stillstandes der Entwicklung der Kletterkunst erachte ich den Zeitpunkt für gekommen, ein für alle Mal gültige Leitsätze zur Bewertung alpiner Leistungen zu schaffen.«

Formal ist damit der VI. Grad mathematisch als Limes des Kletterbaren definiert. Welzenbach wiederholt immer wieder, dass er eine weitere Steigerung für unmöglich hält, fügt aber an: »Im Eis stehen wir der Grenze ziemlich nahe, wenngleich hier eine geringe Steigerung noch denkbar ist.« Sein Ziel, klare Definitionen zu schaffen, findet auch in Italien und Frankreich Anhänger. Domenico Rudatis, ein großer Verfechter des »Sesto Grado« in den Dolomiten, schreibt an Welzenbach: »Ihre Schwierigkeitsskala ist sicher von den bis heute erschienenen die beste, ich bin mit Ihren Grundsätzen voll einig.«

Franzosen plädieren zwar dafür, dass auch Länge, Höhe und objektive Gefahren eines Anstiegs mit in die Bewertung einbezogen werden. Für den Italiener Renato Chabod zählen Entlegenheit eines Weges im Fels, Orientierungsschwierigkeiten, Qualität der Felsen, Ausgesetztheit, Sicherungsmöglichkeiten und wetterabhängige Verhältnisse dazu. Welzenbach sieht es ähnlich: »Bei der Bewertung von Fahrten sind neben den rein technischen Anforderungen auch jene Schwierigkeiten zu berücksichtigen, die etwa durch lange Dauer oder ungünstige klimatische Verhältnisse bedingt sind. Die Beurteilung kann meines Erachtens nicht nur nach technischen Gesichtspunkten erfolgen, sondern auch durch Bewertung der Fahrt als Gesamtleistung.«

Damit findet die Diskussion ein Ende. Die Welzenbach-Skala sollte fünfzig Jahre lang in Gebrauch bleiben, im gesamten Alpenraum. Erst später werden Unstimmigkeiten in den Kriterien Welzenbachs erkennbar. Seine Aussage »Routen, die nicht ohne technische Hilfsmittel geklettert werden können, gehören zum VI. Grad« ist falsch, hat doch das Klettern an künstlichen Hilfsmitteln – Klettersteige, Hakenleitern, Kletterhallen – mit Alpinismus wenig tun. Den VI. Grad als ultimativen Grenzwert zu definieren sollte sich ebenso als Fehler herausstellen. Der Techniker Welzenbach hätte es besser wissen müssen: Seine Skala, mit der Begrenzung des sogenannten »Äußerstmöglichen« nach oben geschlossen, ist inzwischen oft gesprengt worden. Wir leben am Beginn der Epoche des XII. Grades, und ein Ende der Steigerung des Kletterkönnens ist nicht in Sicht.

Der Alpinismus als Massenbewegung und die fortschreitende Industrialisierung verlangten damals schon nach einer exakten Schwierigkeitsbewertung. Waren Klettertouren vor dem Ersten Weltkrieg noch mit kurzen Wortbeschreibungen eingestuft worden, verlangten die Bergsteiger der zwanziger Jahre nach der Sprache der Zahlen. Wichtige Lebensbereiche – Industrie, Schulen, Verwaltung, Sport – begannen in Zahlen einzuteilen, zu urteilen, zu denken. Welzenbach, der Ingenieur, folgte diesem Trend.

Zuallererst aber ist Welzenbach Alpinist: 1926 meistert er die drei Nordwände der Glockner-Gruppe: Klockerin-Nordwestwand, Eiskögele-Nordwand, Nordwand des Großglockners. Er beweist damit maximale Kondition und höchstes Kletterkönnen. Sein Kletterkamerad Karl Wien hält dazu fest: »Samstag, 18.9.: mit Rad bis Ferleiten. Über

Pfandlscharte zum Franz-Josef-Haus. Wetter wolkenlos. Sonntag, 19. 9.: Großglockner-Nordwand. Abends 9 ½ Uhr bei Mondschein vom Franz-Josef-Haus über Pfandlscharte nach Ferleiten. Mit Rad nach Bruck-Fusch. Montag, 20. 9.: nachts 3.10 Uhr Bruck-Fusch ab, nach Salzburg und München, an 9.10 Uhr.«

Ende Oktober 1926 plötzlich Stillstand. Es ist ein Schock: »Kranker Arm! Heimfahrt allein. Wegen starker Schmerzen«, steht in Welzenbachs Tagebuch. Für den Erfolgsgewohnten brechen harte Jahre an. Im November, sein Schüler Karl Wien ist gerade zum neuen Vorsitzenden des Akademischen Alpenvereins München gewählt worden, entzündet sich sein rechter Ellenbogen. Bald kann er den Arm weder beugen noch strecken. Man diagnostiziert Ankylose, eine Gelenkversteifung. Die Ärzte raten zur Operation. Weil er sich beim Bergsteigen, seiner Leidenschaft, massiv behindert sieht, stimmt Welzenbach zu. Die Operation aber bringt keine Verbesserung. Liegt es an einer verschleppten Tuberkulose? Also Aufenthalt in einem Schweizer Sanatorium: Welzenbach sitzt auf der Terrasse mit Blick auf die Berge, liest und massiert seinen tauben Arm. Als ihn Rickmer Rickmers, ein Spross der reichen Reederfamilie in Hamburg, im Mai 1927 zur deutsch-sowjetischen Pamir-Expedition einlädt, die für das Jahr 1928 geplant ist, ist er um den Schlaf gebracht, Depressionen plagen ihn. An seine Eltern schreibt er: »Ich könnte verrückt werden bei dem Gedanken, daß ich dank meiner bisherigen Leistungen in erster Linie in Frage gekommen wäre.«

Nach dem Kuraufenthalt in Leysin in der Schweiz kann er Pfingsten 1927 seine Bergtouren wiederaufnehmen. Trotz

Mont Blanc

schwerster Behinderung. Die Pallavicini-Rinne ist seine Eingehtour. Es ist der englische Alpinist John Perey Farrar, der den Eispapst aufmuntert: »Es freut mich von Herzen, daß Sie das Bergsteigen nicht haben aufgeben müssen, es wäre ein großer Verlust gewesen. Für uns alle.«

Welzenbach gibt nicht auf. Er geht wieder in die Berge: mit Karl Wien zuerst zum Mont Blanc, dann zum Großglockner. Er versucht, seine Schwäche durch Beinarbeit auszugleichen, macht Fortschritte. Im September 1928 folgt eine zweite Operation, diesmal mit Erfolg.

Am 1. Juli 1929 wird er in München zum Stadtbaurat

ernannt. Von der Sektion Bayerland des Deutschen und Österreichischen Alpenvereins wird er zum Ersten Vorstand gewählt, und sitzt ab 1929 in dessen Hauptausschuss. Seine Promotion bei Wilhelm Paulcke, dem Begründer der modernen Lawinenforschung, steht bevor. Als sein Freund Karl Wien aus dem Pamir zurück ist – er hat den Pik Lenin, einen Siebentausender, erstbestiegen –, beginnt Welzenbach von den Weltbergen zu träumen.

1929
Das höchste der Ziele

Der Autor und Verleger Walter Schmidkunz, alpingeschichtlich hochgebildet und selbst Bergsteiger, hatte 1910 die deutschen Rechte an der Biographie des englischen Ausnahmebergsteigers Albert Mummery erworben. Er kannte damit auch dessen letzte Briefe, die dieser aus dem Basislager des Nanga Parbat an seine junge Frau geschrieben hatte. Mummerys letzte Zeilen vor seinem Verschwinden im Himalaya ergriffen Schmidkunz so sehr, dass er zum Ort des Geschehens ins Diamir-Tal reisen wollte. Der Erste Weltkrieg, dann die Inflation machten es unmöglich. Ende der zwanziger Jahre aber – selbst inzwischen zu alt für ein solches Unternehmen – weiht er die beiden Klubkameraden Willo Welzenbach und Paul Bauer in seine alten Pläne ein.

Mit dem Vorschlag, den Nanga Parbat, den westlichsten der vierzehn Achttausender, anzugehen, ging es Schmidkunz auch um den deutschen Beitrag zur Erschließung der Weltberge. Bauer und Welzenbach aber, die öfter zusammen geklettert sind, geht es um mehr, viel mehr: »Als höchstes aller Ziele«, schreibt Paul Bauer, »leuchten die Hochgipfel des Himalaya über allem. Wenn sie auch die meisten nie erblicken, so verkörpern sie doch für uns das, nach dem sich der Bergsteiger sehnt. Gerade für die vielen, die sie nie erreichen, sind diese Hochgipfel die in den Wolken thronende Idee des bergsteigerischen Zieles. Nie werden Bergsteiger diese Gipfel des Himalaya vergessen, immer wieder werden sie danach greifen, wenn ihr Arm stark genug ist.« Und Willo Welzenbach schreibt dazu: »Das, was die jungen deutschen Bergsteiger drängt, am Kampf um die höchsten Gipfel der Erde teilzunehmen, das ist derselbe Geist, der die alpinen Erschließer beseelte, das ist Forscherdrang, das ist der Drang des Menschen, sich im Kampf mit den Gewalten der Natur zu messen, der Drang, einem unerforschten, hohen Ziel zuzustreben und die Geheimnisse zu lüften, die es umgeben, das ist der Wunsch, eine Tat zu vollbringen – und nichts anderes. Es ist eine naturnotwendige Entwicklung, wenn sich diese Kräfte, die in den Alpen und in anderen Gebirgen kein Betätigungsfeld mehr sehen, auf die höchsten Ziele vereinigen, die unsere Erde zu bieten vermag. Das, was hier winkt, ist das Ziel als solches, nicht der Rekord.«

1924 haben Willo Welzenbach und Paul Bauer die Überschreitung des Waxensteinkammes gewagt. 1925 ist ihnen die Erstbegehung der direkten Schönanger-Nordwand gelungen, später begleitet Bauer Welzenbach in der Bernina. Die beiden sind Kletterpartner, beide Mitglieder des Akademischen Alpenvereins München, in dem Welzenbach seit 1925 im Vorstand sitzt. Jetzt spielt er mit der Idee, in den Himalaya zu reisen. Vom Pamir träumte er seit 1926: In einem Brief an seine Eltern, geschrieben in Samedan in Graubünden, beklagt er seine Krankheit, doch seine Sehnsucht bricht sich Bahn:

»Kürzlich erhielt ich von Borchers einen Brief, welcher

mich ziemlich aus dem Häuschen gebracht hat. Borchers teilt mir darin mit, daß im Frühjahr 1928 eine deutschrussische Expedition nach Zentralasien (Pamir) abgehen soll, die von beiden Regierungen unterstützt wird und aus russischen und deutschen Wissenschaftlern sowie deutschen Bergsteigern bestehen soll. Die Organisation liegt deutscherseits in Händen der ›Notgemeinschaft deutscher Wissenschaft‹, welche den Alpenverein zur Teilnahme aufgefordert hat. Nachdem an Ostern bereits zwischen dem Vorsitzenden der ›Notgemeinschaft‹ Exzellenz Schmidt-Ott, ferner Exzell. von Sydow, Prof. von Ficker und Dr. Borchers eine Besprechung in Berlin stattgefunden hat, soll an Pfingsten auf der Hauptausschußsitzung in München die Entscheidung fallen. Ich könnte verrückt werden bei dem Gedanken, daß ich, dank meiner bisherigen alpinen Leistungen und meinen ausgezeichneten Beziehungen zu den einflußreichsten Leuten im Alpenverein, in erster Linie für die Teilnahme in Frage gekommen wäre. Dadurch wäre vielleicht meine ganze zukünftige Berufslaufbahn in andere Bahnen gekommen, denn es ist wirklich eine ganz großzügige Sache, durch die Teilnahme hätte man sich einen Namen in der Welt erringen können. Nun kommen vom AAVM halt in erster Linie Allwein, Bauer und Wien in Frage. Borchers ist ganz unglücklich, daß ich nicht mitmachen kann. Ich trage mich immer noch mit dem Gedanken, daß ich im Herbst meinen Staatskonkurs mache und mich dann operieren lasse. Bin neugierig, was Prof. von Redwitz zu meinem Arm sagen wird.«

Berner Oberland: Eiger, Mönch und Jungfrau

Am 4. Juni 1928, inzwischen genesen, erhält Welzenbach Post aus Kirgistan, von Karl Wien: »Mein lieber Willo! Nun hat unsere Reise ein Ende gefunden ... Wir haben noch hinreichend Muße, uns weniger an die Höhe als an die Hitze zu gewöhnen, die zwischen 30 und 40 Grad im Schatten schwankt. Da noch viel Schnee liegt, ist die Wartezeit nicht so arg. Wir haben viel vom asiatischen Rußland gesehen. Nur schade, daß Du nicht mitkonntest.«

Welzenbach fühlt sich jetzt ausgegrenzt und herausgefordert zugleich: Er will, nein er muss, eine eigene Expedition zu den Weltbergen wagen. Vorerst aber muss er sich mit den großen Wänden in den Alpen begnügen. Am 2. August 1928 erkundet er die Matterhorn-Nordwand. Später begutachtet er die Eiger-Wand. 1930, am 5. Juli, wird er einen

Versuch an der Jorasses-Nordwand wagen, Jahre später, am 22. Juli 1933, eine zweite Erkundung. Überzeugt, die »drei großen Nordwände« wären möglich – »unter vorsichtigster Betrachtung der objektiven Gefahren und genauer Kenntnis ihrer Schwächen« –, sieht sie Welzenbach nur noch als Ersatzziel für den Fall, dass es mit dem Himalaya nicht klappt.

Albert Frederick Mummery und der Nanga Parbat rauben Welzenbach in diesen Jahren viel Schlaf. 1895 schon hat der Brite dort nach den Sternen gegriffen. Dieser Albert Mummery, an der Seite des Walliser Bergführers Alexander Burgener zum selbständigen Bergsteiger gereift – Erstbegehung des Zmuttgrates am Matterhorn, des Teufelsgrates am Täschhorn, der Grands Charmoz und des Grépon in den Aiguilles von Chamonix, des Dychtau im Kaukasus –, war der beste führerlose Alpinist seiner Zeit. Wie Welzenbach sah er im Ringen um einen der Weltberge im Himalaya seine letztmögliche Aufgabe als Bergsteiger: »Der wahre Alpinist ist ein Wanderer, der am liebsten dort ist, wo noch keines Menschen Fuß gestanden hat, der Felsen unter seinen Griffen spürt, die noch keines Menschen Hand berührt hat, oder sich durch Schluchten und Abgründe mit dem Pickel in der Faust seinen Weg bahnt, in denen seit Jahrtausenden nur die Nebel und Lawinen lebendig waren. In anderen Worten, jener, der sich an neue Aufstiege wagt.«

1895 wagt Mummery seine Nanga-Parbat-Expedition. Es ist der erste Angriff auf einen Achttausender. Seine Gefährten, ebenso tüchtige Bergsteiger, sind Geoffrey Hastings und Norman Collie. Ihnen schließt sich für eine Weile der abenteuerlustige Major Charles Granville Bruce an. Einige

Albert Frederick Mummery

Einheimische leisten Trägerdienste. Per Schiff reist die Expedition von London nach Bombay, per Bahn weiter nach Rawalpindi und in einem Tonga-Wagen nach Kaschmir. Ein Flachboot bringt sie über den Jhelum, einen der fünf Ströme des Panjab, nach Bandipur. Mit Ponys, die Bruce besorgt hat, geht es über zwei Pässe zum Fuße des Nanga Parbat, den sie am 16. Juli 1895 erreichen, 27 Tage nach ihrer Abreise aus England. Außer ein paar Zelten, Seilen, Steigeisen und Eispickeln führt die Mannschaft keinerlei technische Hilfsmittel mit.

Mit dem Gurkha-Träger Ragobir erkundet Mummery zunächst die Rupal-Seite des Berges, erkennt aber, dass eine Besteigung dort nicht möglich ist. Dann wird der Mazeno-Pass, zehn Kilometer westlich des Hauptgipfels, überschritten, und sie stehen unter einer abschreckenden Wand, die sich unmittelbar über dem Diamir-Gletscher aufbaut. Der Engländer, dem der Maßstab für die Dimensionen eines Achttausenders fehlt, ist zuversichtlich. Man errichtet das Basislager an der orographisch linken Seite des Gletschers, geht über den Mazeno-Pass nach Rupal zurück, wo der nachgekommene Bruce mit dem größten Teil des Gepäcks auf sie wartet.

Spät im Jahr startet Mummery seine beiden Versuche an der Diamir-Seite des Berges. Hastings und Collie sind nicht in Form, Bruce ist inzwischen abgereist, so ist Mummery also auf die beiden Gurkhas Ragobir und Gomang Singh angewiesen. Er wagt seinen Angriff in der Falllinie des Hauptgipfels. Ein erster Versuch scheitert. Beim zweiten Anlauf, nur Ragobir begleitet ihn, erreicht er, über steile Felsrippen und unter größten Schwierigkeiten und Strapazen, die Höhe von 6100 Metern. Er glaubt, das Schlimmste schon hinter sich zu haben – da wird Ragobir höhenkrank und muss ins Basislager zurückbegleitet werden. Inzwischen fehlt es dort an Proviant, die Expedition nähert sich ihrem Ende: »Ein Tag und eine Nacht hätten gereicht, um bis zum Gipfel zu kommen!«, schreibt Mummery in sein Tagebuch. Eine glatte Fehleinschätzung.

Noch am 4. August hatte Mummery an seine Frau geschrieben: »Ich bin sicher, dass der Gipfel uns gehören wird, da es nur eine Angelegenheit zielbewussten Trainings und richtiger Atemtechnik ist. Wir genießen wundervolle Zeiten, und, sollten wir den Nanga Parbat nicht erreichen, ich werde nie bedauern, diese gigantischen Berge erblickt und Ausschau nach dem großen Gebirge hinter Hunza, nahe der russischen Grenze, gehalten zu haben. Die Berge hier sind zu mächtig und zu hoch für ausgesprochene Kletterarbeit. Denn mit der Luft hat es den Teufel. Sehr wahrscheinlich müssen wir noch einen Monat lang trainieren. Wir haben noch nicht hoch genug kampiert.« Als Ruth Mummery diese Zeilen liest, ist ihr Mann bereits tot.

Ein späterer Brief berichtet von einem letzten Versuch: »Ich werde mein Bestes daransetzen, Dir den Gipfel des Nanga zu Füßen zu legen, obwohl ich anfange, einige Zweifel über den Enderfolg zu haben. Die Luft ist derart verheerend und die Sonne so schlimm, dass man nach 10 Uhr morgens vollständig erledigt ist. Collie und ich trugen gestern zwölf Pfund Schokolade, sechs Büchsen mit je zwei Pfund Huntley-und-Palmers-Biskuit sowie Brand-Suppen bis zu einer Höhe von 17 000 Fuß und deponierten alles in wasserdichten Säcken. Wir werden nächste Woche noch

Nanga Parbat von Nordwesten, wo Mummery verschwand

einen Vorstoß machen, um diese Schätze bis zur Höhe eines gangbaren Felsgrates, etwa 20 000 Fuß hoch, hinaufzubefördern. Dann werden wir auf einer dritten Expedition die Vorräte bis zu dem Ansatz des Hauptgipfels in einer Höhe von 23 000 Fuß zu bringen trachten. Jedenfalls kennen wir jetzt den Weg. Ach, nur zu gut!«

Mit zwei Trägern will Mummery zuletzt die Diama-Scharte überschreiten. Er schreibt noch ein paar letzte Zeilen an seine Frau: »Morgen werde ich mit zwei Gurkhas einen hohen Pass ins Rakhiot-Tal überschreiten. Hastings und Collie gehen mit den Trägern und dem Nachschub tiefer unten herum ... Bald werde ich wieder unterwegs nach Hause sein.«

Am 24. August 1895 werden die drei Männer zum letzten Mal gesehen. Collie und Hastings, die um den Berg herumgegangen sind, warten im Rakhiot-Tal vergebens auf sie. Die drei blieben verschollen.

Mummerys Scheitern begründet einen Mythos. Gleichzeitig bleibt die Erkenntnis, dass Bergsteigen im Himalaya eine andere Taktik erfordert als das Klettern in den Alpen.

Collie beschreibt das Rakhiot-Tal, das Mummery nicht erreicht hat, später als riesigen Gletscherzirkus: »Ich sah niemals ein solches Bild: eine ganze Wüste gefrorener Wogen aus Eis, bis hinauf zu den obersten Hängen des großen Berges.«

Walter Schmidkunz gibt also all dieses Wissen an seine Bergfreunde Welzenbach und Bauer weiter, vermittelt Karten und Bücher. Damit trägt er wesentlich dazu bei, den Nanga Parbat als großes, fernes Ziel erscheinen zu lassen. Menschen aber, nicht das Schicksal, weben fürderhin die Fäden. »War es Verdienst oder Schuld, wozu ich angestiftet habe?«, muss sich Schmidkunz sechs Jahre später fragen: »Die letzte Grußkarte Welzenbachs vom Nanga Parbat – wenige Tage vor seinem Tod – gibt mir Rätsel auf, aber keine Antwort.«

Welzenbachs Entschluss, zum Nanga Parbat aufzubrechen, ist 1929 reif: »Es ist mir nun klargeworden, daß wir im Jahre 1929 in den Himalaya müssen«, schreibt er in einem ersten Rundschreiben. Auf ein paar Blatt Papier, beidseitig mit Maschine beschrieben, legt er sein Projekt detailliert dar und gibt seinen Reiseplan an jenes Dutzend Bergsteiger weiter, die als Teilnehmer in Frage kommen. Die Abreise ist für Ende Juni geplant, die Rückkehr für Mitte Oktober.

Reise:

Überfahrt Triest–Bombay	17 Tage
Bombay–Rawalpindi mit der Bahn, höchstens	3 Tage
Rawalpindi–Srinagar mit Auto, höchstens	3 Tage
Srinagar–Nanga-Parbat-Hochlager	10 Tage
(Conway benötigte bei Tagesmärschen von nur 13 engl. Meilen 10 Tage von Srinagar bis Astor am Fuß der Nanga-Parbat-Gruppe. Luftlinie Astor–Nanga-Parbat-Gipfel ca. 18 engl. Meilen. Wir können den Conwayschen Weg um 3 Tagesmärsche kürzen.)	
Belagerung des Nanga Parbat	42 Tage
Rückmarsch bis Srinagar	5 Tage
Rückfahrt bis Rawalpindi	3 Tage
Rückreise bis Bombay und Triest	20 Tage
Fahrt von und nach Triest	3 Tage
Gesamt:	106 Tage

Kosten:

Überfahrt Triest–Bombay mit voller Verpflegung in der zweiten Klasse bei Lloyd Triestino (1. Klasse, 96 Pfund) in der toten Jahreszeit, die für uns in Frage käme, bei gleichzeitiger Lösung der Rückfahrkarte 80 Pfund, gleich	1600 RM
(Wir werden natürlich, wenn es irgend geht, mit einem deutschen Dampfer fahren, ich habe aber vorerst nur die Unterlagen für den Italiener.)	

Kosten:

Bahnfahrt Triest und zurück etwa (geschätzt)	200 RM
Bahnfahrt in Indien etwa (geschätzt)	200 RM
Auto Srinagar etwa (geschätzt)	100 RM
Pferde und Träger bis Hochlager und zurück (15 Tage, pro Mann 2 Pferde oder 4 Träger auf Grundlage der Kaukasuspreise berechnet, die in Indien um ein Bedeutendes niedriger sind)	150 RM
Leben in Indien (12 Tage zu 20 RM)	240 RM
Leben auf dem Marsch und im Hochlager (57 Tage zu 5 RM)	285 RM
Allgemeine Ausrüstung pro Mann (es steht noch manches von der KK-Ex. Und, wie ich hoffe, auch von der Pamir-Ex. zur Verfügung) etwa	200 RM
Gesamt:	2975 RM

Die Kosten sind im allgemeinen großzügig gerechnet, für die Überfahrt kann man sicher die 10%ige Ermäßigung erreichen, die auch Familien ab 3 Personen gewährt wird. Aufbringung: Jeder muß außer seiner persönlichen Ausrüstung, den Reisekleidern sowie einigen Reservestücken (gebraucht, aber noch gut für Diener und Kulis) einen entsprechenden Beitrag aus eigenen Mitteln stellen. Im übrigen werde ich mich um die Geldbeschaffung bemühen, kann aber noch keine Zusicherungen machen. Kassenführung wie bei KK: gemeinsame Kasse zu meiner Verfügung, unter Buchführung eines anderen Teilnehmers.

Teilnehmer:
Acht Mann wären erwünscht, vier tüchtige Kerle zur Not genügend. Zum Hochlager wird man 2 bis 4 tüchtige Einheimische mitnehmen als Helfer. Ich denke an folgende Teilnehmer und werde mich mit ihnen ins Benehmen setzen: Beigel, Brenner, Chlingensperg, Diekamp, Dreher, Fendt, Hartmann, Kraus Karl v., Schmidkunz, Tillmann, Wien, ev. Schaller. Allwein und Niessner können nicht, Sitte ist so unwahrscheinlich, daß er selbst davon absehen muß.

Über Ausrüstung und Zuschnitt der Reise kann vorerst nur Allgemeines gesagt werden: sie wird etwas mehr Komfort bieten als die KK-Ex. In den Hochlagern auch mehr als die Pamir-Ex. Sie wird aber mit einem möglichst kleinen Troß geführt werden und sich dadurch ganz wesentlich von der Pamir-Ex. unterscheiden. Wir können zwar bis ins Hochlager Diener mitnehmen und uns dadurch vieles erleichtern, schleppen aber auch selbst, vielleicht sogar mehr als die Kulis. Im Notfall werden wir das ganze Gepäck selbst bewältigen, mit nur wenigen Dienern.

Das Geheimnis wird darin bestehen, daß wir unbedingt zusammenhalten; daß jeder alles nur Erdenkliche tut, um den anderen bei guter Laune zu halten; daß eine ganz selbstverständliche Disziplin herrscht – einer muß anordnen; daß wir vor keiner Arbeit, vor keinem Wetter, vor keiner Gefahr zurückschrecken, im Notfall alles selbst machen und uns schlimmstenfalls mit weniger als dem Allernötigsten begnügen, ohne die gute Laune zu verlieren.

Wissenschaft im Sinne der Pamir-Ex. wird nicht betrieben. Es wäre aber jammerschade, wenn jeder einzelne die Reise nicht zu Beobachtungen auf seinem Berufsgebiet oder einem ihm vertrauten Spezialgebiet benutzen, diese Beobachtungen hier schon mit wissenschaftlicher Gründlichkeit vorbereiten, drüben durchführen und sofort aufzeichnen würde. Ziel ist einzig und allein die Ersteigung des über 8000 Meter hohen Gipfels des Nanga Parbat.

Vorbereitung:
Die Sorge für eine entsprechende körperliche Verfassung ist selbstverständlich. Hierzu sind ein vernünftiges Leben und regelmäßige (tägliche) Gymnastik weit wertvoller als eine gelegentliche Höchstleistung. In zweiter Linie erst kommen Trainingstouren in den Bergen. Einige größere Winterunternehmungen sollte jeder machen und sich dabei sowohl Fertigkeit im Bewältigen von Eis und Schnee als auch vor allem Übung im Schutz gegen die Kälte erwerben.

Die englischen Sprachkenntnisse, die ja wohl jeder in mehr oder weniger embryonalem Zustand in seinem Inneren birgt, müssen etwas entwickelt werden (ich empfehle Fasching mit einer Engländerin). Das Studium der Literatur ist sehr wichtig, und jeder sollte sich über die Verhältnisse ins Bild setzen, und zwar so rasch als möglich. Es ist dabei aber mit einer gewissen Vorsicht vorzugehen, denn der Plan muß unbedingt geheimgehalten werden. Vorsicht beim Ausleihen der Bücher! *Wir müssen die Sache unbedingt geheimhalten!*

Jedem anderen gegenüber, der nicht hier unter den Teilnehmern genannt ist, ist absolutes Stillschweigen zu bewahren. Ich sage jedem nicht Beteiligten, daß ich nicht weggehe. Auch mit Beteiligten darf bei Vereinsabenden, in den Sektionen und in Bahn und Gasthäusern nicht, oder höchstens in einigen kurzen, leisen Sätzen gesprochen werden.

Wir müssen uns nicht nur den Neid und die Mißgunst der weniger Glücklichen, sondern auch den Spott der gesamten Bergsteigerwelt für den Fall des Nichtgelingens, um noch gar nicht zu reden von der Konkurrenz anderer, die erst durch das Gerede aufmerksam gemacht werden, vom Leib halten. Auch wenn der andere noch so eingeweiht tut, muß ihm erklärt werden, daß man von nichts wisse oder daß es sich zerschlagen habe.

Welzenbachs Angst vor Konkurrenz ist berechtigt: Am 19. März 1929 bringt Notar Paul Bauer seinen Plan einer Himalaya-Expedition zu Papier: Er will zum Kangchendzönga, der damals als zweithöchster Gipfel der Welt gilt. »Der Mount Everest gehört den Engländern«, ist Bauers Haltung, auch weil er in Indien deren Genehmigung und Hilfe braucht. Sein Plan geht zunächst an den Hauptausschuss des Deutschen und Österreichischen Alpenvereins in Innsbruck. Mit der Bitte, seine Expedition zu unterstützen, kommt er Welzenbach damit zuvor: »Für das Jahr 1929 plane ich eine bergsteigerische Expedition nach Sikkim und suche, um diese Expedition in einem erfolgversprechenden Umfang zu ermöglichen, um einen Zuschuß seitens des Deutsch-Österreichischen Alpenvereins nach.«

Auch Bauer legt dann seinen Reise-, Finanzierungs- und Zeitplan vor: »Abreise von München nach Genua am 23. Juni. Abmarsch zum Hochlager am Kangchendzönga, 21. Juli.« Bauer setzt Werte an vorderste Stelle wie das Führerprinzip, bedingungsloser Gehorsam und – besonders betont – unbedingte Kameradschaft. Letztere muss bei den ausgewählten Teilnehmern »meiner festen Überzeugung nach so weit gehen, daß jeder einzelne aus freien Stücken beim letzten Ansturm zurückbleibt, wenn er dadurch die anderen dem Ziele näherbringen kann. Die restlose Durchführung dieser Grundideen ist nur dann möglich, wenn alle Teilnehmer überzeugt sind, daß jeder einzelne vollständig zu ihnen paßt. Als Teilnehmer kommen unter diesen Voraussetzungen folgende Herren in Betracht: Dr. Eugen Allwein, Paul Bauer, Dr. Ernst Beigel, Rolf von Chlingensperg, Theodor Diekamp, Wilhelm Fendt, Hans Hartmann, Karl von Kraus, Joachim Leupold, Heinz Tillmann, Alexander Thoenes.«

Steckt in dieser Teilnehmerliste nicht auch Welzenbachs Wunschteam?

In einem Brief vier Tage später bittet Bauer seinen Kameraden Welzenbach, die Sache im Hauptausschuss zu unterstützen, als wüsste er nichts von dessen Vorhaben:

»Lieber Willo! In der Anlage sende ich Dir einen schönen Schrieb von mir an den Hauptausschuß des Deutschen und Österreichischen Alpenvereines. Wie Du daraus siehst, habe ich große Pläne. Voraussichtlich wird in der nächsten Zeit in Innsbruck eine Sitzung des Unterausschusses für Auslandsbergfahrten stattfinden, in der man sich über mein Projekt beraten wird, vielleicht hast Du sogar schon eine Einladung hierzu in Händen. Ministerialdirektor Dr. Müller hat meinen Plan Rehlen und Klebelsberg unterbreitet. Rehlen ist sehr dafür eingenommen; Klebelsberg ist zwar auch dafür, 15 000 RM für die Sache auszuwerfen, sähe es aber viel lieber, wenn einige Österreicher und vor allem einige Wissenschaftler dabei wären. Von dieser Seite, sowie seitens Norddeutschland, wird also einige Opposition zu befürchten sein, doch erscheint es mir fraglich, ob Borchers es fertigbringt, offiziell dagegen Stellung zu beziehen. Der Einwand, daß die Sache zu eng münchnerisch angelegt sei, kann leicht widerlegt werden durch den Hinweis, daß die Leute aus allen Gegenden und allen Sektionen Deutschlands und Österreichs stammen. Schließlich und endlich ist die Sache eben so – und dies ist das stärkste Argument dafür –, daß sie auch ohne den Hauptausschuß gemacht wird, wenn auch in etwas kleinerem Umfang (etwa 4 Leute). Ich bitte Dich, für die Sache zu tun, was Du kannst. Heil Dir! Dein Paul Bauer.«

Paul Friedrich Peter Bauer war im Ersten Weltkrieg Major der Gebirgsjäger, er ist vier Jahre älter als Welzenbach und durchsetzungsstark. Als Freiwilliger im Ersten Weltkrieg 1917 in britische Kriegsgefangenschaft geraten, kehrte Bauer 1919 nach Deutschland zurück und wurde Mitglied verschiedener Freikorps. Er studierte Jura und trat dem Akademischen Alpenverein München bei. Bereits in der Weimarer Republik sympathisierte er mit den Nationalsozialisten, nach deren Machtergreifung 1933 wird er in die NSDAP eintreten.

Am 2. April folgt ein zweiter Brief von Bauer an den »Lieben Willo«:

»Klebelsberg hat mit Schreiben vom 25. März die weitere Behandlung der Angelegenheit aus klimatischen Gründen abgelehnt. Es ist möglich, daß ich die Eingabe so einbringe, daß sie auf der am 10. Mai stattfindenden Sitzung des Hauptausschusses behandelt werden kann. Auf jeden Fall aber bin ich bemüht, schon vorher möglichst viele Leute finanziell sicherzustellen. Wenn der Hauptausschuß dann nicht will, geht es halt ohne ihn. Bis jetzt ist ein Mann aus Eigenem finanziert, ein weiterer gleichfalls finanziell gesichert und sechs andere vorhanden, die Beiträge von 1000 bis 1500 RM aufbringen. Ich habe mit Mayerhofer gesprochen, er glaubt, daß 3000 RM durch den AAVM beigebracht werden können, somit fast schon wieder zwei Leute gesichert sind. Es ist sehr wahrscheinlich, daß die Sektionen Hochland und Oberland gleichfalls einen namhaften Betrag zur Verfügung stellen können. Ich will auch an die Sektion München herantreten. Bevor ich dies jedoch in einer offiziellen Weise tue, möchte ich mich vergewissern, ob Aussicht besteht und unter welchen Bedingungen man der Sache nähertreten könnte. Sei Du so liebenswürdig und fühle hier einmal vor. Ich habe Leuchs meine Eingabe an den Hauptausschuß schon gesandt, da er Mitglied des Ausschusses für Auslandsunternehmungen ist, auch Schneider ist durch Mayerhofer und mich im Bilde über die Sache. Heil Dir! Dein Paul Bauer.«

Bauer brauchte Welzenbach, um im Dschungel der Alpenvereinssektionen gute Stimmung für sich zu machen, aber er mag ihn nicht. Der »Eispapst« Welzenbach ist für Bauer »eine Bergsteigerkanone, die nur Rekorde anstrebt, dem der alpine Erfolg alles ist«. Er will ihn bei seinen Expeditionen nicht einmal dabeihaben. Er weiß auch, dass Welzenbach – gänzlich anders gesinnt – seine Autorität als Leiter gefährden würde. Bauer will das Bergsteigen im Himalaya soldatisch angehen, ihm ist sein Tun zuletzt immer Mittel nationaler Behauptung. Der intellektuelle Spitzenbergsteiger Welzenbach ist ihm ebenso suspekt, wie es die Bergvagabunden sind, die als Arbeitslose in den Alpen unterwegs sind – Ertl, Heckmair, Peters – und in ihren Leistungen die AAVMler längst übertreffen.

Welzenbach seinerseits zweifelt, ob der Kangchendzönga taugt, um als erster Achttausender bestiegen zu werden. »Zu hoch und damit zu schwierig«, meint er. Am Nanga Parbat sieht er größere Erfolgschancen. Dazu verehrt er Mummery, kennt dessen Buch, die letzten Briefe. Und der Nanga ist unter den Achttausendern am besten zugänglich, die Gipfelhöhe von 8125 Metern auch ohne künstlichen Sauerstoff zu schaffen. Der Monsun, der den Kangchendzönga arg trifft, spielt am Nanga Parbat keine Rolle, denn in Kaschmir gibt es keine ausgiebige Regenzeit.

Bauer hatte von Beginn an nicht vor, Welzenbach, den bekanntesten deutschen Bergsteiger dieser Zeit, in seine Teilnehmerliste aufzunehmen. Er braucht Welzenbach aber als Türöffner: Sie gehören dem gleichen Verein an, und Welzenbach hat Einfluss. Charakterlich trennen die beiden Welten, auch deshalb mögen sie sich nicht. Und jetzt sind sie auch noch Konkurrenten.

Welzenbach geht es ums Bergsteigen, er will alpinistische Probleme lösen. Seit Jahren bewältigt er eine Nordwand nach der anderen. Die Freude am eigenen Können und Ehrgeiz locken ihn ins Gebirge. Seine Tourenbeschreibungen erzählen von klettertechnischen Schwierigkeiten: präzise und knapp. Seine Vorträge sind voller Lebensfreude. Er muss sein Tun nicht rechtfertigen. Bauer hingegen sieht alles nationalistisch motiviert. Kameradschaft und Führerprinzip sind ihm heilig, wichtiger jedenfalls als der Berg selbst.

Welzenbach will im Stil Mummerys eine kleine Expedition zur Diamir-Wand des Nanga Parbat führen, vorerst

Diamir-Wand und Mazeno-Kamm (rechts)

aber lässt er Bauer den Vortritt. Willo Welzenbach, der im Vorstand des Deutschen und Österreichischen Alpenvereins sitzt und alle wichtigen Persönlichkeiten dort kennt, unterstützt Bauers Expedition bei der Geldbeschaffung. Ahnt er noch nicht, dass Bauer seine Nanga-Pläne hintertreibt? Ein unkameradschaftliches Spiel, alles im Geist hehrer Bergkameradschaft, hat begonnen.

Am 11. April schreibt Bauer einen dritten Brief an Welzenbach. Wieder geht es um seine geplante Expedition zum Kangchendzönga:

»Lieber Willo! Anbei übersende ich Dir drei Briefe und bitte Dich, sie an folgende Herren, deren Adressen mir unbekannt sind, aufzugeben: Geheimrat Penck, Krebs, Schmaus, alles Mitglieder des wissenschaftlichen Unterausschusses. Morgen werde ich Dir noch einige Briefe schicken, bestimmt für Mitglieder des Ausschusses für Auslandsunternehmungen, deren Adressen mir unbekannt sind. Dr. Leuchs hat sich für den Plan erwärmt und will am Montag in einer Ausschußsitzung nachfragen, ob die Sektion den Betrag von 4000 RM für die Unternehmung aufbringen kann. Tue bitte Dein Möglichstes, daß wenigstens etwas herauskommt, denn schon der Name ›Sektion München‹ ist sehr viel wert. Ich lege einen Durchschlag meiner neuerlichen Eingabe an den Hauptausschuß bei und bitte Dich, ihn nach Kenntnisnahme an Dr. Leuchs weiterzugeben, so daß er ihn noch in dieser Woche erhält. Heil Dir! Dein Paul Bauer.«

Am 1. Mai schreibt Bauer auch an Walter Schmidkunz, den Ideator einer ersten deutschen Himalaya-Initiative:

»Anbei sende ich Freshfields ›Round Kangchenjunga‹ mit Dank zurück. Da ich auf meine Briefe vom 4. und 17. April noch ohne Antwort bin, nehme ich an, daß Deine Finanzierung mißglückt oder nie versucht worden ist. Ich ziehe daher Deine Teilnahme nicht mehr als möglich bei der Organisation der Expedition in Betracht und werde Dich auch nicht weiter informieren. Um keine Mißverständnisse aufkommen zu lassen, muß ich Dir leider auch mitteilen, daß Deine Teilnahme heute auch mir durchaus unerwünscht ist, nachdem ich höre, wie Du über mich redest. Die notwendige Vertrauensgrundlage ist dadurch zerstört, ich bedaure, daß ich Dir bis heute, alle Widerstände seitens der Teilnehmer und interessierter Kreise mit viel Mühe und Arbeit niederkämpfend, die Teilnahme offengehalten habe. Es war unnütze Arbeit. Ich halte es für das Zweckmäßigste, wenn Du Dich stillschweigend von der Sache zurückziehst. Sende mir bitte das große Panorama des Kangchendzönga zurück, ich möchte es mitnehmen. Mit freundlichem Gruß, Paul Bauer.«

Einen Tag später, am 2. Mai, kündigt Bauer die Kameradschaft zu Schmidkunz endgültig:

»Lieber Schmidkunz! Gestern hast Du mir am Telefon mitgeteilt, Dr. Frankau habe Dir gesagt, der Vater von Beigel, Herr Kommerzienrat Beigel, habe ihn (Frankau) um ein Gutachten über die Lawinenverhältnisse im Himalaya gebeten, da er in Sorge um seinen Sohn sei, der mit einer Münchner Expedition heuer dahin reise. Dadurch habe er (Frankau) von der Unternehmung erfahren. Ich bin von anderer Seite genau über die Unterredung Frankau/Beigel unterrichtet. So wie Du sie jedoch wiedergibst, ist sie in ihr Gegenteil verdreht. Ich habe keinen Grund anzunehmen, daß Dr. Frankau an dieser Verdrehung schuld ist. Es ist ziemlich gleichgültig, wer da unrichtig berichtet hat. Ich habe es als absichtlich verletzend empfunden, daß Du Dich unterfängst, den sehr verehrten Vater meines Freundes Dir gegenüber der Indiskretion zu bezichtigen. Ich weise das als eine grobe Ungezogenheit zurück und verbitte mir derartige Klatschmeldungen für die Zukunft. Im übrigen will ich die Sache auf sich beruhen lassen, rege aber an, daß wir das ›Du‹, an dem ich unschuldig bin, kassieren. Mit Gruß, Paul Bauer.«

Schmidkunz, als Urheber beider Himalaya-Initiativen, sollte Geld beibringen. Wie Welzenbach, den Bauer weiter um Hilfe bittet:

»Lieber Willo! Ich danke Dir für Deinen Brief vom 24.4.1929. Es ist schade, daß die Sektion München sich nicht für die Sache erwärmt hat. So wie die Dinge lagen, war es weitaus am besten, den Antrag zurückzuziehen, denn auch eine Bewilligung des Geldes gegen eine so große Opposition wäre unerwünscht gewesen – bei der Unsicherheit des Unternehmens kann man eigentlich nur von dem Geld nehmen, der mit Herz und Hand dabei ist. Die Expedition ist vorerst für fünf Mann bestimmt und für sechs höchstwahrscheinlich gesichert. Auch hoffe ich, daß der Hauptausschuß 10 000 RM beisteuern wird. Dann erst wird die Sache ohne allzu große Einschränkungen möglich sein. Eine geringe Beteiligung, z.B. von 2000 RM seitens der Sektion München, wäre den Sektionen Hochland und Oberland nicht erwünscht, da sie selbst weit mehr aufbringen und von der großen Sektion München natürlich einen entsprechenden Beitrag erwarten. Davon habe ich Leuchs nichts geschrieben, um ihn nicht zu verletzen. Sorge Du dafür, daß die Sache gar nicht mehr zur Besprechung kommt, wenn nur ein so geringer Betrag in Aussicht steht. Indem ich Dir für Deine Bemühungen in der Sache danke, grüße ich Dich herzlichst. Dein Paul Bauer.«

Am 4. Mai 1929 wendet sich Bauer »mit einem scharfen Trennungsstrich« ein letztes Mal an den »sehr geehrten Herrn Schmidkunz«: »Ihre Teilnahme ist nicht nur unerwünscht, sie ist selbst in der allerlosesten Form *nicht einmal geduldet.*«

Weil die Alpenvereinsgelder nicht nach Bauers Wunsch fließen, sieht er seine Expedition plötzlich gefährdet. Bauer spricht von Sabotage durch den Verwaltungsausschuss des Deutschen und Österreichischen Alpenvereins, von feindseliger Einstellung und bittet Welzenbach abermals, im Münchner Ausschuss für die Sache Kangchendzönga einzutreten. Dazu kommen Unstimmigkeiten, die Kaukasus-Expedition von 1928 betreffend, was Bauers Ideal der »hehren Bergkameradschaft« zu untergraben droht.

In seinem Brief vom 12. Juni 1929 an Bauer beklagt Welzenbach, dass der AAVM und sein Verdienst an der geplanten Expedition zum Kangchendzönga geflissentlich totgeschwiegen werden, während die Sektion Hochland des Vereins in den Vordergrund geschoben wird:

»Man kann wohl nicht umhin zu vermuten, daß hier eine bewußte Absicht zur Täuschung vorliegt, und ich werde auch nicht irre gehen in der Annahme, daß Du mit den Veröffentlichungen in dieser Form nicht einverstanden bist. Es liegt mir ganz gewiß fern, das Verdienst der Sektion Hochland an der Finanzierung des Unternehmens schmälern zu wollen. Jeder objektive Beurteiler muß aber andererseits zugeben, daß die Expedition nur dem Geist des AAVM entsprungen ist und daß sie auch in ihrer Durchführung im wesentlichen nur eine AAVM-Unternehmung sein kann. Und diese Tatsache schätze ich mindestens ebenso hoch, wenn nicht höher ein als die finanzielle Unterstützung durch die Sektion Hochland. Es wurde mir übrigens unverbindlich erzählt, daß der Zuschuß vom rheinisch-westfälischen Sektionenverband fast ebensoviel betragen habe als der der Sektion Hochland. Es besteht kein Zweifel, daß durch die Wichtigtuerei Niesners, verbunden mit bewußter Irreführung, sowohl Dein Verdienst an der Expedition als auch jener des AAVM in den Schatten gestellt wird, und ich möchte Dich im Interesse unseres Vereins dringend bitten, hier nach dem Rechten zu sehen. Mit herzlichen Grüßen, Dein Willo Welzenbach.«

Es ist die Gewichtung der Geldgeber, die Welzenbach wichtig ist, Gerechtigkeit ist ihm heilig. Doch Bauer reagiert beleidigt, rechthaberisch, unkameradschaftlich. Die handschriftliche Antwort Welzenbachs ist hingegen offen und klar:

»Lieber Paul! Ich möchte zunächst feststellen, daß ich den letzten Brief aus eigenem Antrieb geschrieben habe, also weder im Auftrag des AAVM noch auf Veranlassung eines AAVMlers. Daß Du meinen Brief kurz vor Deiner Abreise als Beleidigung empfindest, kann ich mir denken. Die Sache schien mir jedoch wichtig genug, um noch seine Erledigung vor Deiner Abreise in den Himalaya zu rechtfertigen. Ich ging dabei allerdings von der Voraussetzung aus, daß Du meine Ansicht teilst oder ihr doch wenigstens eine gewisse Berechtigung zuerkennst. Hätte ich geahnt, daß dies nicht der Fall sein würde und Du meinen Brief sogar als Vorwurf empfindest, so hätte ich mir die Mühe gespart; denn wie ich aus Deinem Schreiben entnehme, stehen sich hier zwei Ansichten gegenüber, die sich nie werden in Einklang bringen lassen. Heil, Dein Willo.«

Damit ist das Band, das die beiden Klubkameraden einte, endgültig gerissen.

1930
Bauer gegen Welzenbach

Paul Bauer, der national gesinnte deutsche Bergsteiger, ist cleverer als der Kosmopolit Welzenbach. Nach der Demobilisierung schon hatte Bauer das Bergsteigen als Kriegsersatz entdeckt: »Als wir das Gewehr aus der Hand geben mußten, tastete die verwaiste Hand nach dem Pickel. Der letzten Grundlage des Lebens scheinbar für immer beraubt, trieb es uns – suchend nach neuem Boden – hinaus in die Natur, dorthin, wo sie einsam, wild und unberührt ist. Dort hat uns der Kampf mit den Bergen das stolze Bewußtsein der Ehre und Wehrhaftigkeit wiedergegeben.« Nicht mehr mit der Waffe, mit seiner Himalaya-Expedition will Bauer dafür sorgen, dass Deutschland die alte Weltgeltung wiedererlangt. Als Angehöriger verschiedener Freikorps sieht er darin sogar seine patriotische Pflicht.

Bauer kämpft seinen Krieg also in den Bergen der Welt weiter. Er findet Mitstreiter und im Deutschen und Österreichischen Alpenverein Gleichgesinnte, die in den »Nürnberger Leitsätzen« ihre Haltung so formuliert haben: »Eines der wichtigsten Mittel, um die sittliche Kraft des deutschen Volkes wiederherzustellen, ist der Alpinismus, und zwar in der Form der bergsteigerischen Arbeit.« Die Kriegsgeneration sieht ihren Verein also kämpferisch: »Im harten Ringen der alpinen Tat liegt Befreiung aus der seelischen

Not«, im »von der Zivilisation noch nicht angekränkelten Felsenland« liegt Erlösung. Im Akademischen Alpenverein München sieht Bauer jetzt seine Elitetruppe im Kampf für Deutschlands Ehre: »Der AAVM hat aus dem Krieg die Lehren für das Bergsteigen gezogen. Die Kühnheit und Kaltblütigkeit, die der Krieg in deutschen Männern geweckt hatte, die Kameradschaft, die in den Schützengräben gewachsen war, hat er ins Bergsteigerische übersetzt. Auf dieser Grundlage konnte der AAVM darangehen, den Wall, den wirtschaftliche Knechtung und die feindliche Haßpropaganda um Deutschland aufgerichtet hatten, niederzureißen, um deutschem Bergsteigertum in der Welt wieder Anerkennung zu verschaffen.«

Welzenbach ist als Bergsteiger über die Grenzen Deutschlands hinaus bekannt, aber er denkt ganz anders. Bauer ist erst nach ihm, im Wintersemester 1922/23, zum AAVM gestoßen, und bei ihren gemeinsamen Touren führte Welzenbach, der nie in Schützengräben gelegen hatte. Bauer, inzwischen Notar, sieht im AAVM nicht die Basis seiner bürgerlichen Karriere, sondern ein Reservoir für seine Expeditionspläne.

Mit diesen geheimen Plänen ist der ehrgeizige und berechnende Paul Bauer aber nicht allein. Der aus Breslau stammende Geologieprofessor Günter Oskar Dyhrenfurth plant schon länger eine Himalaya-Expedition. »Es ist nötig, daß wir dem Ausland zeigen, daß deutsche Tüchtigkeit und Kraft noch weiter bestehen«, schreibt er 1925. Dyhrenfurth, zehn Jahre älter als Bauer und Mitglied der Sektion Bayerland, ist Wissenschaftler, was ihm später den Beinamen »Himalaya-Papst« einbringt. »Sollen die deutschen Bergsteiger zuschauen, während englische Bergsteiger das Höchste, die Besteigung des Mount Everest, wagen? Was ist mit dem Kangchendzönga?«, fragt er.

1928 reist Welzenbachs Lehrmeister Hans Pfann mit Unterstützung des Deutschen und Österreichischen Alpenvereins in die Anden; Rickmer Rickmers in den Pamir; Bauer in den Kaukasus, als erster Deutscher nach dem Krieg. Sind diese Expeditionen eine Art Generalprobe für den Himalaya? Nein, denn Bauer will eigentlich auf den höchsten aller Gipfel, entscheidet sich für den Kangchendzönga nur, weil der Mount Everest den Engländern »gehört«. Noch im gleichen Jahr erhält Kenneth Mason, Präsident des eben erst gegründeten Himalayan Club, einen Brief von Rickmer Rickmers mit der Bitte um logistische Unterstützung für eine deutsche Expedition: »Die Teilnehmer möchten ihre Fähigkeiten an etwas ausgesprochen Schwierigem erproben, sie haben sich einen Berg ausgesucht, der sie an die Grenzen dessen bringen soll, was sie an Mut, Ausdauer und Standhaftigkeit besitzen.«

Der Kangchendzönga – sein tibetischer Name bedeutet »fünf Schatzkammern des Schnees« – ist fast 8600 Meter hoch, und Bauer macht ihn gleich zum »bedeutendsten Berg der Erde«. Mit seinen fünf Gipfeln, an der Grenze zwischen Nepal, Tibet und Sikkim gelegen, ist der »Kantsch« als östlichster aller Achttausender weit gegen die indische Tiefebene vorgeschoben und von Darjeeling aus als einziges, riesiges Bergmassiv zu sehen.

Zweifellos ist dieser Kangchendzönga einer der schwierigsten Gipfel Asiens, mit seiner Besteigung wäre das Monopol der Engländer am Mount Everest also gebrochen.

Francis Younghusband, der »Vater des Everest-Gedankens«, versteht diesen Anspruch mit Skepsis: »Jetzt wollen sie der Welt zeigen, dass Deutschland noch immer Männer hervorbringt, die es wagen, sich mit den Riesen des Himalaya zu messen.« Kein Zweifel, auch klettertechnisch ist der Kantsch schwierig, die Wetterverhältnisse sind dort oft schlecht, denn an seiner breiten Barriere bleibt der Monsun lange hängen, dementsprechend stark sind auch die Niederschläge.

Bauer huldigt einerseits den Engländern, sieht aber gleichzeitig auf sie herab. Sind sie nicht am Mount Everest wiederholt gescheitert: »Ihnen fehlt es am eisernen Willen, an straffer Führung und an einer ›heiligen Idee‹. Richtig, George Mallory hat es schon 1922 eingeräumt: »Wir hatten keinen Führer im eigentlichen Wortsinn, also niemanden, der dem Rest der Gruppe Befehle erteilen konnte. Wir wussten aber alle, was wann zu tun war, und wenn dann der Augenblick kam, dass etwas erledigt werden musste, übernahm das einer von uns.« Für Bauer »eine Horde von Individualisten, gleichberechtigter Gentlemen, die zu viel diskutiert haben, anstatt zu handeln«.

General Bruce, einer der Expeditionsleiter am Mount Everest, hielt dagegen die Frage nach der Befehlsgewalt für so nebensächlich wie das Bergsteigen auch. Liberaler Humanismus und evolutionäres Übermenschgehabe stehen sich jetzt also auch im Himalaya diametral gegenüber. Hier die Demokraten am Mount Everest, dort Bergkameraden wie Paul Bauer – mittlerweile Mitglied der NSDAP – auf dem Weg zum Kangchendzönga. »Eine heilige Idee, wie sie die Kreuzfahrer geführt hatte, leuchtete uns voran«, schreibt er, und die Mannschaft folgt seinem Befehl: »Treu, wie germanische Krieger ihrem Herzog, bis zum Letzten, unzugänglich für Zweifel und Zaghaftigkeit, erfüllt von unbändigem Stolz auf ihre geistige Unerschütterlichkeit, gingen sie ihren Weg, ohne nach seinem Ende zu fragen. Wie eine verlorene Rotte setzten sie sich ein für ein Deutschland, das damals nicht einmal in der Heimat etwas galt – und gerade das band sie am festesten aneinander. Sie waren eine Schicksalsgemeinschaft auf Leben und Tod.«

Gegen den Widerstand des Deutschen und Österreichischen Alpenvereins hat Bauer entschieden, die Besteigung in der Nachmonsunzeit zu wagen: Anreise, Anmarsch und Erkundung während des Monsuns, lautet seine Strategie, dann bei schönem Wetter – im September und Oktober – der Gipfelgang. Dabei will Bauer den Kantsch über den Nordostsporn angehen.

Mitte August ist das Basislager am Zemu-Gletscher errichtet. Es steht auf 4370 Metern Höhe. Die Männer schlagen zigtausend Stufen, hausen in Schneehöhlen – ein Wunder, dass keiner dabei verunglückt. Anerkennend schreibt Bauers Konkurrent Dyhrenfurth, der 1929 nicht zum Zug kommt: »Ein derart schwieriger Weg an einem Achttausender, mit derart wenigen bergsteigerischen Mitteln, ist nie zuvor vorgetragen worden.«

Am 3. Oktober stoßen Allwein und Karl von Kraus bis auf etwa 7400 Meter Meereshöhe vor. Anstelle der erhofften Schönwetterperiode jedoch beginnt es zu schneien, der Winter ist da. Es fallen zwei Meter Neuschnee. Die oberen Lager sind damit von der Hauptgruppe abgeschnitten, eine Versorgung ist unmöglich, der Rückzug im Sturm problematisch. Trotz aller Widrigkeiten sind am 28. Oktober alle

Teilnehmer wieder zurück in Darjeeling. Nur einer, Ernst Beigel, hat Erfrierungen an den Füßen, er wird später nachkommen. Die englische und deutsche Presse berichtet im Grundton positiv über das gescheiterte Unternehmen: »Dieses Abenteuer ist mit all jener Gründlichkeit geplant und durchgeführt worden, die man mit dem Namen Deutschland in aller Welt verbindet«, heißt es. »Es beruht auf dem, was den modernen Kletterer auszeichnet: auf Mut und Hartnäckigkeit.«

Für den Expeditionsleiter Bauer, der mit Selbstlob und »Idealismus« nicht spart, scheint nur wichtig, dass mit der erfolgreich abgewickelten Unternehmung »die Achtung vor den Deutschen« wiederhergestellt ist. Sich selbst stellt er jetzt als unantastbaren Erfolgsgaranten und Führer von Expeditionen in den Himalaya dar: Nur der Wintereinbruch hat den »Gipfelsieg« vereitelt. Ist er wirklich überzeugt, dass sie den Gipfel bei gutem Wetter erreicht hätten? Ob man künftig auf Sauerstoff an den Achttausendern verzichten kann?

Als Bauer mit seiner Expedition aus Sikkim zurück ist, reicht Welzenbach seinen zweiten und endgültigen Plan einer Himalaya-Expedition zum Nanga Parbat beim Hauptausschuss des Deutschen und Österreichischen Alpenvereins ein. Wieder mit der Bitte um finanzielle Unterstützung. Wenig später, am 15. Januar 1930, geht ein detaillierter Expeditionsplan an alle wichtigen Ausschussmitglieder der verschiedenen Sektionen des DÖAV sowie an potentielle Expeditionsmitglieder. Dieser »Plan einer Expedition nach Kaschmir zur Ersteigung des Nanga Parbat« ist – typisch Welzenbach – ein Meisterwerk in Strategie und Taktik.

Anmarsch zum Nanga Parbat: Blick auf die Rupal-Wand

A. Allgemeines

Die vornehmste Aufgabe außeralpiner Betätigung ist die erste Ersteigung eines der 12 Achttausender der Erde. Als aussichtsreiches Ziel für ein derartiges Unternehmen ist der westliche Eckpfeiler der Himalayakette, der 8120 Meter hohe Nanga Parbat (Kaschmir), anzusehen. Es soll mit dem Versuch einer Ersteigung der Bann gebrochen werden, der diese Riesen des Himalaya noch immer umgibt und ihnen bisher den Nimbus der Unersteiglichkeit verlieh.

B. Reiseweg

Die Ausreise von Europa erfolgt in Genua mit dem Dampfer »Genova« der »Marittima Italiana«. Landungshafen in Indien ist Bombay. Von dort aus wird nach etwa 2tägiger Bahnfahrt Rawalpindi (521 m) am Fuße des Gebirges erreicht.

Nanga-Massiv von Süden, rechts unten Tarishing

Von hier aus führt eine moderne Autostraße über Murree (2292 m) ins Tal des Jhelumflusses und diesem folgend über Baramula nach Srinagar (1604 m), der Hauptstadt Kaschmirs. In Srinagar erfolgt die Zusammenstellung der Tragtierkarawane. Der Weg führt nun, der Militärstraße nach Gilgit folgend, nordwärts über den Tragbal-Paß (3650 m) nach Gurais und über den Burzil-Paß (4250 m) nach Astor, dem letzten Stützpunkt am Fuße der Nanga-Parbat-Gruppe (170 km von Srinagar).

In Astor erfolgt die Zusammenstellung der Trägerkolonne. Der Anmarsch vollzieht sich, in einem Bogen nach Norden ausholend, um das Nanga-Parbat-Massiv herum zum Diamarai-Gletscher an der Nordwestseite des Berges (etwa vier Tage Marsch).

Hier wird in einer Höhe von 4500 Metern das Hauptlager

bezogen. Von hier aus sollen in Abschnitten über die von Hängegletschern und Felsrippen durchsetzte Nordwestflanke des Berges die Hochlager emporgeschoben werden. Das letzte dieser Lager ist auf einer flachgeneigten Firnterrasse am Fuß der felsigen Gipfelpyramide in 7500 Metern Höhe gedacht. Von diesem letzten Lager aus soll in einem Ansturm der Gipfel genommen werden.

Ist die Ersteigung des Nanga Parbat geglückt, so soll vom Becken des Diamarai-Gletschers aus der Übergang über den Mazeno-Paß (5500 m) ins Rupaltal auf der Südseite der Gruppe getätigt werden. Dieses Talbecken wird südlich von einer Reihe von Hochgipfeln über 6000 und 7000 Meter umsäumt, die sämtlich noch unerstiegen sind. Die Ersteigung dieser Gipfel ist – sowie die zur Verfügung stehende Zeit es gestattet – als weitere Expeditionsaufgabe anzusehen. Diese südliche Kette der Nanga-Parbat-Gruppe dürfte vor allem vorzügliche Standpunkte für die photogrammetrische Aufnahme der Hauptgruppe bieten.

Nach Beendigung der Expeditionsaufgaben folgt der Marsch durch das Rupaltal nach Tarishing am Südfuß der Nanga-Parbat-Gruppe. Hier wird die Tragtierkolonne zusammengestellt und der Rückmarsch über den Kamri-Paß, den Tragbal-Paß nach Srinagar angetreten. Von Srinagar erfolgt die Rückreise (auf dem gleichen Weg wie die Hinreise) über Rawalpindi nach Bombay. Die Seereise nach Europa wird je nach dem Abreisetermin mit einem Dampfer des »Lloyd Triestino« nach Triest oder der »Marittima Italiana« nach Genua angetreten.

C. Bergsteigerische Aussichten
a) Operationsbasis

Der Nanga Parbat erhebt sich dicht westlich der Durchgangsstraße, die von Srinagar über Astor ins Industal und nach Gilgit führt. Astor, welches noch Sitz von Behörden ist, liegt nur 30 km Luftlinie vom Gipfel entfernt. Dadurch ist die Trägerbeschaffung und der Proviantnachschub außerordentlich erleichtert.

b) Höhe

Die Höhe von 8120 Metern ist ohne künstliche Sauerstoffzuführung zweifelsfrei zu meistern. Der Beweis wurde am Mount Everest erbracht, wo 1924 von Norton und Bruce eine Höhe von 8560 Metern ohne Sauerstoffatmung erreicht wurde.

c) Schwierigkeit

Die meisten Aussichten für das Gelingen des Planes bietet die Nordwestflanke vom Diamarai-Gletscher aus. Die Hauptschwierigkeiten liegen bei dieser Flanke in der Zone zwischen 6000 und 7000 Metern. Nach oben hin nehmen die Schwierigkeiten – wie aus photographischen Aufnahmen hervorgeht – wesentlich ab. Diese schwierigste Zone wurde beim ersten und einzigen Ersteigungsversuch durch Mummery und zwei Ghurkas in wenigen Tagen überwunden (18.–20. August 1895), womit ihre Ersteigbarkeit erwiesen ist. Mummerys Scheitern, nennen wir's Umkehr, erfolgte am 20. August infolge Erkrankung eines der beiden Ghurkas. Am 24. August 1895 wurden Mummery und die beiden Ghurkas beim Marsch zum Diama-Paß vom Hauptlager aus ein letztes Mal gesehen. Seither fehlt jede Spur von ihnen. Vermutlich sind sie in eine Spalte gestürzt oder in Lawinen verunglückt, jedenfalls ist Mummery nicht an den technischen Schwierigkeiten gescheitert.

d) Schlußfolgerung

Aus den Darlegungen geht hervor, daß der Nanga Parbat wahrscheinlich ersteigbar ist.

D. Wissenschaftliche Arbeiten

Neben der Lösung der rein bergsteigerischen Aufgaben sind auch eine Reihe wissenschaftlicher Arbeiten geplant, so die geographische und topographische Erschließung des Gebietes, glaziologische und schneegeologische Beobachtungen und physiologische Untersuchungen.

a) Topographische Aufnahmen des Expeditionsgebietes

Es ist beabsichtigt, das engere Expeditionsgebiet in der Fläche von 1000 qkm auf photogrammetrischem Wege und unter Zugrundelegung der bei der Alai-Pamir-Expedition gewonnenen Erfahrungen topographisch aufzunehmen.

Die Möglichkeit, trotz des verhältnismäßig kurzen Aufenthaltes von zwei Monaten im eigentlichen Expeditionsgebiet ein positives Ergebnis zu erzielen, ist deshalb gegeben, weil der orographische Aufbau des Gebietes die Vornahme der photogrammetrischen Arbeiten begünstigt; fernerhin, weil in Indien bereits eine Triangulation 1. Ordnung vorhanden ist, an die angeschlossen werden kann, so daß geographische Ortsbestimmungen fast völlig entfallen können. Für gletscherkundliche und geographische Arbeiten bieten die topographischen Arbeiten eine wichtige Grundlage.

b) Glaziologische und schneegeologische Beobachtungen

Weiterhin ist beabsichtigt, während der Dauer der Expedition glaziologische und schneegeologische Studien vorzunehmen. Diese Studien sollen in Anlehnung an die bereits in den Alpen von Prof. Dr. Paulcke und W. Welzenbach durchgeführten schneegeologischen Arbeiten vorgenommen werden und insbesondere Vergleichsmaterial zwischen alpinen und himalayischen Verhältnissen liefern.

c) Physiologische Untersuchungen

Der Expeditionsarzt soll physiologische Untersuchungen über den Einfluß des Klimas und der Höhe auf den menschlichen Organismus vornehmen.

E. Zeiteinteilung

a) Anmarsch:

München (ab 30.6.) – Genua (an 1.7.)	1 Tag
Genua (ab 1.7.) – Bombay (an 17.7.) mit Schnelldampfer	16 Tage
Aufenthalt in Bombay (17./18.7.)	1 Tag
Bombay (ab 18.7.) – Rawalpindi (an 20.7.) mit Eisenbahn	2 Tage
Aufenthalt in Rawalpindi (20./21.7.)	1 Tag
Rawalpindi (ab 21.7.) – Srinagar (an 22.7.) mit Auto	1 Tag
Aufenthalt in Srinagar (22./24.7.)	3 Tage
Srinagar (ab 25.7.) – Astor (an 30.7.) mit Packpferden	5 Tage
Gesamt:	<u>30 Tage</u>

Anmarschweg

b) Arbeiten im Expeditionsgebiet:
Vorbereitungen in Astor (30. 7.–2. 8.)	3 Tage
Operationen (2. 8.–1. 10.)	60 Tage
Vorbereitungen zum Rückmarsch (1. 10.–3. 10.)	2 Tage
Gesamt:	**65 Tage**

c) Rückmarsch:
Astor (ab 3. 10.) – Srinagar (an 8. 10.) mit Packpferden	5 Tage
Aufenthalt in Srinagar (8./11. 10.)	3 Tage
Srinagar (ab 11. 10.) – Rawalpindi (an 12. 10.) mit Auto	1 Tag
Aufenthalt in Rawalpindi (12./13. 10.)	1 Tag

Rawalpindi (ab 13. 10.) – Bombay (an 15. 10.)	
mit Eisenbahn	2 Tage
Aufenthalt in Bombay (15./16. 10.)	1 Tag
Bombay (ab 17. 10.) – Triest (an 29. 10.)	
mit Schnelldampfer	13 Tage
Triest (ab 29. 10.) – München (an 30. 10.)	1 Tag
Gesamt:	<u>27 Tage</u>
Gesamtzeitaufwand für die Expedition vom 30. 6. bis 30. 10.	<u>= 122 Tage</u>

Der Zeitaufwand, insbesondere der Aufenthalt im Expeditionsgebiet, läßt sich bei günstigen Witterungs- und Reiseverhältnissen unter Umständen wesentlich kürzen, so daß die Rückreise von Bombay eventuell schon am 25. 9. (Genua an 12. 10.) oder am 1. 10. (Triest an 17. 10.) erfolgen kann.

F. Witterungsaussichten während der Reisezeit

Sehr geteilt sind die Meinungen über die günstigste Reisezeit in Indien. Es herrscht die Ansicht vor, daß für touristische Unternehmungen nur die Vormonsunzeit (Mai–Juni) oder die Nachmonsunzeit (Sept.–Oktober) in Frage kommen, während die Monsunzeit Juli–August wegen der reichen Niederschläge ausscheidet. Dieser Meinung kann jedoch nur eine bedingte Richtigkeit zuerkannt werden. Wohl sind die Monate Juli und August als Regenmonate anzusehen, jedoch reicht die Monsunzone, wie aus zuverlässigen Berichten zahlreicher Himalayaforscher hervorgeht, nicht sehr weit in das Gebirge hinein.

Die Luftfeuchtigkeit wird offenbar schon an den Rand-

Adolf von Schlagintweit

ketten des Himalaya zum Niederschlag gebracht. In den Zentralketten hingegen scheinen die Witterungsverhältnisse etwa denen eines Alpensommers zu entsprechen, mit zeitweisen Niederschlägen, jedoch ohne ausgesprochene Regenzeit.

Aus dem Studium der Himalayaliteratur ist auch ersichtlich, daß alle größeren Unternehmungen im Himalaya, mit Ausnahme der 2 letzten Everest-Expeditionen, in den Sommer- und Herbstmonaten durchgeführt wurden – also zum Gutteil während der sogenannten Monsunzeit – und daß vor allem in den Monaten August–September die bedeutendsten Erfolge erzielt wurden.

Eine kurze Zusammenstellung sämtlicher bisheriger Himalaya-Unternehmungen möge dies erläutern:

1855 Gebr. Schlagintweit: Juni–August, Reisen im Zentral-Himalaya, 19. August Versuch auf den Ibi-Gamin (Kametgruppe).

1857 Adolf von Schlagintweit: Juni–August, Reisen im Karakorum.

1883 W. Graham: September, Versuch auf Pandim (6711), Ersteigung des Jubonu (6000) und Kabru (7311)

1890 Dr. Boeck: Juli–Oktober im Zentralhimalaya.

1892 Conway: Juni–September im Karakorum.

1895 Mummery und Collie: Anf. Juni–Mitte September. Nanga-Parbat-Expedition (Kaschmir).

1899 Freshfield: Anf. September–Mitte Oktober, Expedition zum Kangchendzönga.

1902 O. Eckenstein und Gen.: Anf. Mai–Ende August, Expedition zum Tschogo-Ri (K2), erreichte Höhe 7000 m.

1903 C. F. Ferber: Anf. September–Mitte Oktober, Expedition ins Karakorum (Mustagh-Paß 5800 m).
1905 Dr. Jacot Guillarmod: 8. August–Mitte September, Expedition zum Kangchendzönga, Lawinenunglück in 6300 m.
1907 Rubenson und Aas: Mitte Sept.–Ende Oktober, Versuch auf Kabru (7311 m).
1921 Erste Everestexpedition: Mitte Mai–Ende Oktober, Erreichung des Nordsattels 7010 m am 22. September.
1922 Zweite Everestexpedition: Anf. April–Juli, am 27. Mai 8326 m erreicht.
1924 Dritte Everestexpedition: Ende April–Juli, am 1. Juni Vorstoß bis 8572 m, am 6. Juni Mallory und Irwine zuletzt auf 8600 m gesehen.
1929 Bauer und Gefährten: Anf. Aug.–Mitte Oktober, Kangchendzönga-Expedition.

Über die besonderen Verhältnisse und Witterungsaussichten in Kaschmir geben uns die Reiseberichte von Mummery und Collie Aufschluß. Collie berichtet am 7. Juli von einem Monsunsturm in Rawalpindi, am Rande des Gebirges. Mit der Reise in das Gebirge (von Rawalpindi nach Baramula) wurde das Wetter zusehends besser und blieb nun bis Mitte September mit kurzen Unterbrechungen im wesentlichen schön.

Seinen Bericht über die Reise bis Tarishing (16. Juli) schließt Collie mit den Worten: »Das Wetter war glänzend.« In einem Brief am 28. Juli schreibt Mummery wörtlich: »Das Wetter hier heroben ist – wenn man an Schweizer Wetterverhältnisse denkt – geradezu tadellos …« Mitte August scheinen dann einige Schlechtwettertage gefolgt zu sein, worauf sich jedoch das Wetter wieder besserte und bis Mitte September schön blieb.

In persönlicher Rücksprache mit dem Forschungsreisenden Herrn Oberstleutnant Baumann, welcher im Jahre 1914 Kaschmir besuchte, gab dieser ebenfalls der eingangs dieses Abschnittes dargelegten Meinung Ausdruck, daß es eine eigentliche Regenzeit in Kaschmir nicht gebe, da die Monsunwinde schon am Gebirgsrande ihre Feuchtigkeit abgeben.

Auch die Teilnehmer der letztjährigen Himalayaexpedition berichteten, daß der Monsun seinen Wirkungsbereich nur bis zum Gebirgsrand ausdehnte. Auf dem Marsch von Darjeeling ins Gebirge besserte sich das Wetter zusehends.

Zusammenfassend kann festgestellt werden, daß die von uns gewählte Reisezeit im eigentlichen Operationsgebiet (August–September) wohl die meiste Aussicht für einen Erfolg bietet. Sie umfaßt z. T. die sogenannte »Monsunzeit« (August), in welcher die Erkundigungsvorstöße erfolgen sollen, als auch die Nachmonsunzeit (September), in welcher der Gipfelanstrum geplant ist. Nach den bisherigen Erfahrungen besteht jedoch die begründete Aussicht, daß auch im Monat August das Wetter in den Bergen so günstig ist, daß große bergsteigerische Unternehmungen möglich sind.

Ausschlaggebend für den Erfolg wird jedoch immer, wie auch bei uns in den Alpen, das Wetterglück sein.

G. Kostenaufstellung

Bei der Organisation der letztjährigen Himalaya-Expedition wurde mit einem Kostenaufwand von 3000 RM pro Expeditionsteilnehmer gerechnet. Diese Summe erwies sich als viel zu gering. Tatsächlich wurden pro Kopf 4500 RM benötigt.

Nach Aussagen des Expeditionsleiters, Herrn Notar Bauer, zwingt auch noch ein Geldaufwand von 4500 RM pro Teilnehmer zu empfindlichen Einschränkungen. Um die geplante Nanga-Parbat-Expedition nicht durch Mittelknappheit zu gefährden oder zu erschweren, wurde pro Teilnehmer ein Betrag von 6000 RM zugrunde gelegt.

Außerdem ist noch ein weiterer Betrag von 2000 RM anzusetzen für die Kosten der photogrammetrischen Aufnahmen, insbesondere für Platten- und Gerätematerial.

Zu den so errechneten Kosten ist noch ein Sicherheitszuschlag von 10 % für Unvorhergesehenes hinzuzufügen. Die gesamten Expeditionskosten errechnen sich demnach wie folgt:

7 Teilnehmer à 6000 RM	42 000 RM
Photogrammetrisches Material	2000 RM
10 % Zuschlag für Unvorhergesehenes	4400 RM
Gesamtkosten:	48 400 RM

H. Teilnehmer

Als Teilnehmer für die Expedition sind folgende Herren in Aussicht genommen:

1) Stadtbaurat W. Welzenbach, München, Blutenburgstraße 16/II, als Leiter
2) Dipl. Ing. H. Rüsch, Dornbirn (Vorarlberg), z. Zt. Wiesbaden, Kaiser-Friedrich-Ring 51
3) cand. phys. Karl Wien, München, Kolbergerstr. 16
4) cand. med. Hans Hartmann, Berlin-Dahlem, Im Schwarzen Grund 26, z. Zt. München, Kolbergerstr. 7, als Arzt

5) cand. arch. H. Kunigk, Schattens, Kreis Allenstein (Ostpreußen), z. Zt. München, Schwindstr. 32/II
6) cand. arch. Martin Pfeffer, München, Ringseisstr. 2/I
7) Topograph H. Biersack, München, Zieblandstr. 43/0, als Topograph

Die Teilnehmer sind, mit Ausnahme des Herrn Biersack, aus der Bergsteigerschule des AAVM hervorgegangen. Alle Teilnehmer verfügen über ein hervorragendes alpines Können und über eine ebensolche alpine Erfahrung. Bei der Auswahl der Teilnehmer war vor allem der Gesichtspunkt maßgebend, daß ein reibungsloses Zusammenarbeiten nur dann gewährleistet erscheint, wenn sich die Teilnehmer persönlich nahestehen und wenn sich das Prinzip der unbedingten Kameradschaft auf zahlreichen gemeinsamen alpinen Fahrten bewährt hat. Für die Wahrung dieses Prinzips ist bei sämtlichen in Aussicht genommenen Teilnehmern Gewähr geboten. Von den bergsteigerischen und sonstigen Qualitäten der Teilnehmer ausgehend, kann man behaupten, daß die Zusammensetzung der Expedition eine denkbar gute ist.

Welzenbachs Plan wird zuerst positiv aufgenommen. Von der Sektion München wird sofort Unterstützung signalisiert. Welzenbach korrespondiert dann mit den Engländern vor Ort, die begeistert ihre Hilfe in Kaschmir anbieten. Jetzt kann er seinen Arbeitgeber, die Stadt München, um Sonderurlaub bitten. Die Expedition – sie soll ja 122 Tage dauern – sprengt alle Urlaubsregeln. Am 18. März schon liegt die Einreiseerlaubnis vor.

Im Auswärtigen Amt aber bleiben Welzenbachs Ansuchen hängen. Er kann sich nicht durchsetzen. Warum? Es soll pro

Jahr nur eine deutsche Himalaya-Expedition erlaubt werden – angeblich –, und Dyhrenfurth, der schon vor Bauer in den Himalaya wollte, habe den Vortritt. Sein Ziel ist wieder der »Kantsch«, allerdings von Norden, von der nepalesischen Seite aus. Auch diese Expedition scheitert. Nach einem Todesfall wird der Versuch an der Nordflanke aufgegeben.

Also will Welzenbach 1931 zum Nanga Parbat. Bauer aber wütet: »Welzenbach hat für diese große Aufgabe, handelt es sich doch um eine nationale Angelegenheitt, kein Verständnis.« Bauer sieht im Welzenbach-Projekt nichts anderes als einen »sportlich aufgefaßten Wettkampf in einer Sphäre, wo es einen Kampf auf Leben und Tod gilt, wo unpersönliche Aufopferung im Dienste des Ganzen an die Stelle sportlich-persönlichen Ehrgeizes zu treten hat«. Ihm schwebt als höchstes Ziel ein deutscher Sieg vor: »Deshalb möge die deutsche Bergsteigerschaft ihre Kräfte einig im Ziel Kangchendzönga einsetzen.«

Damit beginnt eine jahrelange Auseinandersetzung. Der Streit wird nicht nur mit Worten geführt, Bauers Waffe ist die Moral. Alle Vermittlungsversuche zwischen Bauer und Welzenbach bleiben erfolglos.

1930
Kameraden der Berge

Das Jahr 1930 beginnt für Welzenbach erfreulich. »Der Alpenverein steht hinter mir!«, jubelt er und darf hoffen, sein Projekt realisieren zu können. In einem offiziellen Schreiben des Vereins an den Himalayan Club heißt es:

»Der Deutsche und Österreichische Alpenverein entsandte im Jahre 1929, unter der Leitung des Herrn Notar Bauer, eine Expedition in den Himalaya zur bergsteigerischen Erforschung der Kangchendzönga-Gruppe. Diese Mannschaft hat in Indien außerordentliche Unterstützung gefunden durch die Hilfe, welche außer den Behörden auch die Vertreter des geehrten Himalayan Clubs unseren Bergsteigern erwiesen haben. Im Laufe des Jahres 1930 beabsichtigen wir eine Expedition nach Kaschmir zu entsenden, welche bergsteigerische und wissenschaftliche Aufgaben in der Nanga-Parbat-Gruppe lösen soll.« Und weiter heißt es: »Zum Leiter dieser Unternehmung ist der Stadtbaurat Dr. Ing. W. Welzenbach in München bestimmt. Wir beehren uns, Ihnen den Leiter unserer Expedition, der schon die allerschwierigsten Bergbesteigungen in den Ost- und Westalpen führerlos durchgeführt hat, aufs Beste zu empfehlen. Insbesondere bitten wir Sie, unserem Expeditionsführer die gewünschten Auskünfte zu erteilen und ihm in der Aufstellung seiner Expeditionskolonne an Ort und Stelle behilflich zu sein. Hamm, 1. Vorsitzender.«

Welzenbachs Hoffnung, dass es endlich klappt mit seinem Nanga-Parbat-Plan, ist also berechtigt. Er ist gesundheitlich wieder auf der Höhe, hat im Sommer 1929 große Touren im Mont-Blanc-Gebiet, in den Dolomiten und den Berchtesgadener Bergen unternommen und ist überzeugt, an seine große Zeit als Allroundbergsteiger anknüpfen zu können. Dass er mit seinen Erfolgen neben Anerkennung auch Neid erntet, will er in seiner positiven Lebenseinstellung nicht wahrnehmen.

Als Ersten bittet er jetzt Ernest Neve, den Local Secretary of the Himalayan Club von Kaschmir, um Hilfe:

»Sehr geehrter Herr! Ihr Name als Bergsteiger und als maßgebende Persönlichkeit im Himalayan Club ist mir nicht unbekannt. Ich gestatte mir deshalb, Sie in folgender Sache um Unterstützung zu bitten: Der Akademische Alpenverein München beabsichtigt, mit Unterstützung des Deutschen und Österreichischen Alpenvereins, eine bergsteigerische und wissenschaftliche Expedition nach Kaschmir zu senden. Bergsteigerisches Ziel der Expedition ist die Besteigung des 8120 m hohen Nanga Parbat, wissenschaftliche Ziele sind die geographische Erschließung der Nanga-Parbat-Gruppe, die topographische Aufnahme des Gebietes und ferner glaziologische Studien.

Die Expedition besteht aus 7 Teilnehmern, Leiter der Unternehmung bin ich selbst. Die Abreise in Europa ist Ende Juni in Aussicht genommen, die Ankunft in Bombay am 17. Juli. Der weitere Reiseweg soll über Rawalpindi nach Srinagar, von dort nach Astor führen. Der Angriff auf den Nanga Parbat soll von Nordwesten (Diamarai-Gletscher) erfolgen.

Ich wäre Ihnen sehr verbunden für alle Auskünfte, die für die Organisation und Durchführung dieses Unternehmens von Bedeutung sind. Insbesondere wäre ich Ihnen dankbar für Angaben über die Reiseverhältnisse in Kaschmir, über die zweckmäßige Wahl des Reiseweges, Transport, Trägerbeschaffung, Stützpunkte, Preisverhältnisse, erforderliche Einreisebewilligungen usw.

Die Gesuche um Einreisebewilligung nach Indien wurden beim britischen Generalkonsulat in München bereits vorgelegt. Indem ich Ihnen für Ihre Mühe im voraus meinen verbindlichsten Dank ausspreche, zeichne ich mit vorzüglicher Hochachtung, Willo Welzenbach.«

Am 1. Februar erreicht Welzenbach ein Brief des 1. Vorsitzenden des Akademischen Alpenvereins München, Max Mayerhofer, betreffend einer »Himalaya-Expedition 1930«: »Lieber Bauer! Lieber Welzenbach! Mit Genugtuung und Freude konnte ich in zwei getrennten, ganz inoffiziellen, freundschaftlichen Unterhaltungen über die Himalaya-Expeditions-Pläne 1930 mit jedem von euch feststellen, daß ihr meinem Plan, eine gemeinsame Expedition in den Himalaya, jedoch mit verschiedenen Zielen, unter der Flagge des AAVM auszuführen, aus ideellen und praktischen Gründen Geschmack abgewonnen habt. Und daß ihr beide, anstelle eines der Sache schädlichen und unwürdigen Konkurrenzkampfes ums liebe Geld, eine geschlossene, zielbewußte Aktion zur Beschaffung der Mittel geneigt wäret einzuleiten.

Ich glaube, ein Weniges konnte ich zum Gelingen des Planes auch beitragen. Ich tue dies aber nur unter der Voraussetzung, die im Vorstehenden skizziert ist. Mich will dünken, wir sollten – um die Mittel rechtzeitig bereit zu haben – jetzt schon anfangen, die richtigen Wege zu beschreiten.

Wir brauchen für die Expedition 80 000 Mk.: die Summe ist zu teilen im Verhältnis 3:5. Die kleinere, kürzere Unternehmung Welzenbach bekäme von allen eingegangenen Beträgen 3/8, die längere und größere Expedition Bauer 5/8.

Damit ich anfangen kann, brauche ich von euch beiden eine ausdrückliche Autorisierung und eine ausdrückliche Erklärung im Sinne des Eingangs meiner Zeilen. Unter diesen Bedingungen freue ich mich, als höheres Semester bei den modernen Aufgaben mitarbeiten zu können. Frühestens in der zweiten Februarwoche hielte ich eine Unterredung zwischen euch beiden unter Vorsitz von Herrn Sanitätsrat Dr. Hamm für gut.

Mit Bergsteigergruß, euer Max Mayerhofer.«

Durchschläge des Schreibens gehen an Sanitätsrat Dr. Hamm sowie Karl Wien.

Gleichzeitig trifft bei Welzenbach ein Schreiben aus Innsbruck ein, für Welzenbach der Beweis, dass im DÖAV sowie im AAVM lebhaft über seine Pläne diskutiert wird:

»Lieber Herr Welzenbach! Mit großem Interesse habe ich von Ihrem Antrag Kenntnis genomen. Ich kann Ihnen in der Geschwindigkeit freilich nur meine persönliche Einstellung zu der Sache sagen und auch diese kann nicht ganz fix sein, weil jetzt die Sache mit den Expeditionsplänen voll im Fluß ist, jeder Tag Neues bringen kann und Verschiedenes gegeneinander abgewogen werden muß. Immerhin, meine persönliche Einstellung ist entschieden positiv, sofern nur die Möglichkeit der Vereinbarkeit mit anderen Plänen besteht. Ihr Projekt scheint mir sehr aussichtsreich. Und was mich besonders freute, Ihrem Brief zu entnehmen: Sie sind gesundheitlich wieder voll da.

Eine gewisse Schwierigkeit für die Behandlung im Plenum besteht, das will ich Ihnen nicht verhehlen: Ich höre schon den Einwurf: ›Wieder Münchner!‹ Da gäbe es aber ein einfaches Mittel, das mir auch sonst sehr sympathisch wäre: eine praktisch ganz unwesentliche Umstellung dahingehend, daß die Sektion München das Unternehmen formal zu ihrem macht (im Einvernehmen mit dem AAVM) und um Subvention des Gesamtvereins ansucht, bei ganz gleichem Zahlenverhältnis. Sie verstehen, nicht wahr? Mir persönlich schiene das auch grundsätzlich sehr begrüßenswert, weil dann endlich eine Sektion in einer Expeditionsangelegenheit aktiv würde und statt für eine überflüssige Hütte für eine solch zeitgemäßere Aufgabe um Subvention ansucht. Der Alpenverein im Ganzen könnte dann viel mehr und viel öfter in dieser Richtung etwas machen, nicht mehr nur alle heiligen Zeiten einmal. Auch aus diesen grundsätzlichen Gesichtspunkten würde ich mich nach Möglichkeit für Ihren Plan einsetzen.

Indem ich Sie bitte, dies lediglich als eine erste, rein persönliche Äußerung und Auskunft zu betrachten, bin ich mit den besten Grüßen und Wünschen für Ihre Unternehmungen – bitte auch Herrn Dr. Leuchs schönen Gruß – Ihr sehr ergebener Klebelsberg.«

Welzenbach antwortet Max Mayerhofer vom AAVM handschriftlich:

»Lieber Mayerhofer! Ich danke Dir für Deinen Brief sowie für Deine Vorschläge zur Finanzierung einer gemeinsam aufzuziehenden Expedition in den Himalaya. Ich habe mir die Sache schon seit unserer letzten Unterredung reiflich überlegt und bin zur Überzeugung gelangt, daß ein gemeinsames Zusammenarbeiten mit Bauer im Interesse der Sache untunlich, in mancher Hinsicht sogar unmöglich ist.

Meinem Schreiben will ich vorausschicken, daß mir jeder Gedanke an eine Konkurrenz fernliegt, und möchte weiterhin betonen, daß ich der Erste war, der den Plan einer Expedition für das Jahr 1930 aufgegriffen hat, und zwar schon im November vorigen Jahres. Ich möchte endlich noch erwähnen, daß Bauer vor nicht allzu langer Zeit erklärte, er plane für das Jahr 1930 keine Expedition. Sollte nach außen hin der Anschein einer gegenseitigen Konkurrenz entstehen, so würde ich das außerordentlich bedauern, auf keinen Fall aber würde die Schuld auf meiner Seite liegen.

Ich möchte nun zu Deinen Vorschlägen in rein sachlicher Weise Stellung nehmen.

Bei Beurteilung der Sachlage ist für mich der Gedanke maßgebend: bietet ein Zusammengehen mit Bauer für mich überhaupt Vorteile? Diese Frage muß entschieden verneint werden. Meine Unternehmung erscheint mir finanziell nahezu gesichert, während dies bei der Bauerschen in keiner Weise behauptet werden kann. Zur Begründung möchte ich Folgendes darlegen. Die Sektion München stellt 12 000 RM in Aussicht, die Teilnehmer haben sich für 5000 RM verpflichtet. Des Weiteren erscheint mir – nach einem jüngst vom Vorsitzenden des Verwaltungs-Ausschusses des Deutschen und Österreichischen Alpenvereins, Herrn Professor von Klebelsberg, erhaltenen Brief – eine Subvention durch den Hauptausschuß in Höhe von 10 000 RM sehr wahrscheinlich. Außerdem hast Du in Deinem Finanzierungsplan seitens des AAVM eine Summe von 8000 RM in Aussicht gestellt. Ich darf also wohl damit rechnen, daß ich, im Falle des Zustandekommens beider Expeditionen, 4000 RM vom AAVM erhalten werde. Das ergibt die Summe von 31 000 RM. Du siehst also, daß mein Unternehmen mit großer Wahrscheinlichkeit als finanziell gesichert anzusehen ist.

Aus einem Zusammengehen mit Bauer ersehe ich für meine Sache demnach keinerlei Vorteil, hingegen schwerwiegende Nachteile. Mir scheint es nämlich durchaus unwahrscheinlich, daß für ein Gesamtunternehmen die gewaltige Summe von 80 000 RM aufgebracht werden kann. Mit dem Scheitern des Gesamtunternehmens würde deshalb auch mein Projekt scheitern, zumindest aber schwer gefährdet werden.

Des Weiteren wäre mir der Gedanke unangenehm, für die Expedition die verschiedensten Kreise oder Stellen in Anspruch nehmen zu müssen, denen gegenüber ich mich lieber nicht verpflichtet fühlen möchte (verschiedene Münchner Sektionen, Presse, Film usw.).

Die Sektion München bringt mit der Bereitstellung des Betrages von 12 000 RM ein großes Opfer für die alpine Sache und ist deshalb auch berechtigt, die Expedition in hohem Maße als eigene Angelegenheit zu betrachten. Ich möchte deshalb der Sektion München nicht zumuten, von diesen ihren Verdiensten etwas preiszugeben, um dann zusammen mit anderen kleinen Sektionen genannt zu werden, die vielleicht nur 500 oder 1000 RM zur Verfügung stellen.

Außerdem habe ich der Sektion München bei Einreichung

meines Antrages die ausdrückliche Zusicherung gegeben, keine anderen Stellen als den AAVM und den Hauptausschuß für die Sache interessieren zu wollen. Es sollte dadurch vor allem verhindert werden, daß ehrgeizige Bestrebungen einzelner Vereinigungen allzu üppige Blüten treiben, wie dies ja bei den letzten Expeditionen in so unangenehmer Weise in Erscheinung trat.

Schließlich und endlich ist für mich noch folgender Gesichtspunkt bestimmend. Bisher habe ich mir 17 000 RM absolut und 27 000 RM mit großer Wahrscheinlichkeit für mein Unternehmen gesichert. Diese Summe müßte ich also zu Gunsten des Gesamtunternehmens in die gemeinsame Kasse legen, während die Gegenseite bis jetzt nichts bieten kann, dessenungeachtet aber 5/8 der Gesamtsumme beanspruchen würde. Du wirst verstehen, daß mein Idealismus für eine gemeinsame Sache nicht so groß sein kann, um damit meine eigene Angelegenheit zu gefährden.

Auch den Vorschlag, die gemeinsam aufzubringende Summe von 80 000 RM nach dem Schlüssel 3:5 aufzuteilen, möchte ich meinerseits nicht unwidersprochen lassen. Bauer macht geltend, daß seine Expedition die größere sei, und beansprucht deshalb 50 000 RM (während er mir gegenüber stets nur die Summe von 40 000 RM nannte). Dazu ist anzumerken, daß ich im Interesse der Sache auch lieber 6 oder 7 Mann mitnehmen will als 5, wenn ich die nötigen Gelder auftreibe, und daß ich mich unter Umständen auch größeren Zielen im Karakorum zuwenden werde, wenn die Lage hierfür günstig erscheint. Von einer wesentlich größeren Bauerschen Expedition kann also (wenigstens zunächst) nicht die Rede sein.

Trotz meiner schwerwiegenden Bedenken wäre ich in den ersten Unterhandlungen mit Bauer noch zu einem gemeinsamen Zusammengehen bereit gewesen, wenn er dieses nicht an Bedingungen geknüpft hätte, die für mich unannehmbar sind. Obwohl ich bereits wesentlich Positives in der Finanzierung der Sache erreicht habe, obwohl ich also der gebende Teil wäre und er der nehmende, hätte ich meine eigene Handlungsfreiheit aufgeben und mich vollkommen dem Diktat Bauers fügen müssen. Und das ist mit meiner Einstellung nicht vereinbar ...«

In diesen Tagen setzt sich auch Regierungsrat Philipp Borchers, dritter Vorsitzender des DÖAV, mit Welzenbach in Verbindung:

»Mit herzlichem Dank empfange ich Ihren freundlichen Brief vom 25.1. – also Nanga Parbat! Die Sache macht mir von vornherein viel mehr Freude als der Kangchendzönga, um den sich die feindlichen Brüder streiten und bei dem die Aussicht, hinaufzukommen, nach wie vor nicht gerade groß ist.

Als ich seinerzeit für meine Denkschrift zur Jahreswende 1926/27 die Hochgebirge der Welt durchstudierte und ferner, als ich im besonderen für die Expeditionspläne Dyhrenfurths und Bauers im Frühling 1929 die Himalaya-Literatur durchstöberte, bin ich zu dem Ergebnis gekommen, daß der Nanga Parbat der aussichtsreichste 8000er ist. Das hütete ich übrigens nicht als Geheimnis, sondern erwähnte es auch in meinem mündlichen Vortrag anläßlich der betreffenden Ausschußsitzung; habe dies auch z.B. Herrn Bauer vor seiner Expedition gesagt. Ja, ich hatte mir sogar vorgenommen, dies als erste Alpenvereinsexpedition über indisches Gebiet in Vorschlag zu bringen, nachdem die beiden eingeleiteten Kangchendzönga-Angriffe erledigt wären. Ich will auch gar nicht verschweigen, daß ich mich mit dem Gedanken trug, selbst die Führung dieser Expedition zu übernehmen. (...)

Sie sehen also, mein lieber Herr Welzenbach, Ihr Nanga-Parbat-Plan fällt auf fruchtbaren Boden. Da ich die Literatur natürlich wieder an die Alpenvereinsbücherei zurückgeschickt habe, ist es mir nicht mehr ganz gegenwärtig, wann in Kaschmir der Winter endet, der Monsun einsetzt und wieder aufhört, und dann wiederum der Winter beginnt. Diese Frage müßte dem Hauptausschuß gegenüber jedenfalls auch noch eingehend geklärt werden.

Was die Teilnehmer betrifft, so freue ich mich in erster Linie über das, was zwischen den Zeilen steht: daß Sie wieder so vollständig gesund geworden sind, um die Strapazen einer solchen Expedition auf sich zu nehmen. Daß Sie seinerzeit bei der Pamir-Expedition zurückbleiben mußten, tat mir immer wieder leid – um so größer ist jetzt meine Freude, Sie wieder ganz gesund zu wissen.

Also Glückauf. Ich hoffe, von Ihnen bald mehr zu hören. Vielleicht ist es noch eine Neuigkeit für Sie: Schneider und Hoerlin werden jetzt mit Dyhrenfurth gehen. Sie hatten strengste Schweigepflicht, und so konnte ich weder Ihnen noch Wien Näheres dazu sagen. Perfekt ist die Sache übrigens erst seit kurzem. Empfehlung an Ihre verehrten Eltern. Herzliche Grüße von meiner Frau und Ihrem Borchers.«

Zufrieden über die Hilfsbereitschaft einerseits und das Detailwissen des Alpenvereinsrates andererseits, sieht sich Welzenbach Bauer gegenüber im Vorteil. Er kann nicht wissen, dass Bauer allerorten jetzt gegen Dyhrenfurth und die Nanga-Parbat-Pläne intrigiert und einflussreiche Verhinderer vorschickt, wie ein Brief des Münchner Bergsteigers Walter Hofmeier an den britischen Alpinisten, Skisportler und Schriftsteller Arnold Lunn zeigt:

»Lieber Herr Lunn! Sie werden natürlich auch von den Plänen und Vorbereitungen für die neue ›internationale Himalaya-Expedition‹ gehört haben. (…)

Die Tatsache, daß so ausgezeichnete und erstklassige Bergsteiger wie Marcel Kurz und F. S. Smythe der Expedition angehören, wird ihr in der Schweiz wie in England und Indien besondere Beachtung und Aufmerksamkeit sichern. Aber gerade der Umstand, daß zwei so bekannte Mitglieder des Alpine Ski Club zu den Teilnehmern gehören, veranlaßt mich, Ihnen im folgenden meine Ansichten bzgl. einiger Punkte mitzuteilen, die mir für eine Bewertung der Expedition wertvoll scheinen.

Die Vorgeschichte will ich kurz skizzieren. Der Deutsche und Österreichische Alpenverein stellt seit 1925 jährlich eine bestimmte Summe für Auslandsunternehmungen bereit. Damit soll auch den jungen deutschen Bergsteigern, die sich in den Westalpen bewährt haben, die Möglichkeit gegeben werden, größere Gebirge fremder Erdteile kennenzulernen und dadurch den Gesichtskreis zu erweitern. Dieser Gedanke wurde anfangs von allzu vielen bekämpft, die noch immer nicht genug Hütten, Wege und ›Zivilisation‹ in den Alpen haben. Es gibt ja überall Leute, deren Horizont ziemlich eng begrenzt ist und die nicht gern über das Tal hinausschauen, in dem die Klubhütte steht. Jedoch gelang es damals den hochtouristischen Sektionen und aufgrund der Bemühungen bekannter Alpinisten (wie Paulcke, Wessely, Rickmers), den DÖAV grundsätzlich zu einer Unterstützung außereuropäischer Expeditionen zu veranlassen.

Seitdem sind in den letzten Jahren die Pläne fast aller Auslandsexpeditionen, an denen Deutsche und Österreicher beteiligt waren, einem besonderen Unterausschuß des Alpenvereins vorgelegt worden, der über die Verteilung dieses Expeditionsfonds zu bestimmen hat.

Im Sommer und Herbst 1929 war eine Anzahl Münchner Bergsteiger unter Führung von Paul Bauer im Sikkim-Himalaya, um einen Angriff auf den Kangchendzönga zu versuchen. (…) Die ganze Fahrt mußte mit einem Betrag von rund 3000 RM pro Teilnehmer durchgeführt werden. (…) Die technischen Schwierigkeiten auf der Seite des Zemugletschers waren außerordentlich groß, weit größer als am Everest. In wochenlanger Eisarbeit mußte systematisch ein Weg für die Träger geschaffen werden, wobei Tunnels durch Eistürme geschlagen und schwere Eiswände sicher gangbar gemacht werden mußten. Diese Arbeit hielt so lange auf, daß schließlich Anfang Oktober der Stoßtrupp, nach Überwindung des technisch schwierigsten Teiles und am Beginn leichteren Geländes, vom Schneesturm überfallen wurde. Der Angriff mußte daher in 7450 Metern Höhe abgebrochen werden.

Bauer war mit seinen Freunden im November wieder zurück in Europa. Er hatte in Indien bei allen Behörden, im besonderen auch bei den Herren des Himalaya Clubs, jede mögliche Hilfe und Unterstützung gefunden. Für den nächsten Sommer (1930) konnten er und die Teilnehmer seiner Expedition sich natürlich beruflich nicht wieder auf so lange Zeit freimachen. Jedoch hatte er bereits in Kalkutta vereinbart, daß er bestimmt 1931 auf dem gleichen Wege den Versuch auf den Kangchendzönga wiederholen würde. (...)

Unterdessen tauchte jetzt der Plan der neuen Expedition von Professor Dyhrenfurth auf. Sie werden die Pläne im wesentlichen kennen, es handelt sich um 8–10 Teilnehmer, denen an Geldmitteln der mehrfache Betrag wie im Vorjahr zur Verfügung steht. Nach meiner persönlichen Auffassung sportlichen Empfindens ist es nicht in Ordnung und nicht zu billigen, daß diese Expedition sich ebenfalls für den Sommer 1930 den Kangchendzönga zum Ziel gewählt hat. (...) Dyhrenfurth hat hier kürzlich in einem Rundfunkvortrag gesagt (da er diese Empfindung natürlich selbst haben muß), es gäbe keine ›Priorität‹ auf einen Berg. Es läßt sich aber wohl nicht bestreiten, daß eine Partie, die diesen Sommer den Kantsch vom Zemugletscher aus angreift, in wörtlichstem Sinne den Spuren ihrer Vorgänger folgt: sie wird die gleichen Träger anwerben, die den Weg kennen; sie wird die vielen Lichtbilder des Vorjahres verwenden; sie wird sich die zeitraubenden Erkundungsvorstöße sparen; sie wird mit Hilfe der Träger die in wochenlanger Arbeit geschlagenen Eistunnels verwenden und wird am Grat wahrscheinlich sogar (wenn die Verhältnisse annähernd denen der Alpen ähnlich sind) in wörtlichstem Sinne in den 8 Monate alten Stufen ihrer Vorgänger emporsteigen. Man mag darüber denken, wie man will. Mir erscheint ein solches Vorgehen nicht richtig ...

Professor Dyhrenfurth als Leiter und Organisator des neuen Unternehmens versuchte in keiner Weise, sich mit Bauer auch nur in Verbindung zu setzen. Er hat (ohne Bauer zu fragen) einen von dessen Teilnehmern und nächsten Freunden zum Mitgehen aufgefordert, aber natürlich eine Absage erhalten. Er wußte, daß Bauer bei nächster Gelegenheit, im Sommer 1931, den Versuch wiederholen wollte. Einen Brief, den Bauer ihm nach Bekanntwerden seiner Pläne schrieb, um wenigstens in irgendeiner Weise eine Anknüpfung zu schaffen, hat er nicht beantwortet. Es scheint mir daher wichtig festzustellen (und ich weiß nicht, ob dies den Teilnehmern bekannt ist), daß zwischen der vorjährigen Expedition und derjenigen von Prof. Dyhrenfurth (die auf den letztjährigen Vorarbeiten aufbauen wird) nicht der geringste Zusammenhang besteht und daß kein Versuch gemacht wurde, deren Zustimmung einzuholen oder auch nur die geringste Verbindung herzustellen.

Dem Hauptausschuß des DÖAV war diese Sachlage bekannt. Er lehnte es daher ab, die Expedition Dyhrenfurths aus seinem Fonds zu unterstützen, da er aus Loyalität gegenüber Bauer und seinen Kameraden nicht billigen konnte, daß nun gerade 1930 von anderer Seite ein Versuch auf den Kangchendzönga gemacht wird. Deshalb wird die diesjährige Fahrt seit Einrichtung des Expeditionsfonds die erste sein, die ohne Unterstützung des Alpenvereins (oder sogar nach Ablehnung seiner Mithilfe) ins Ausland geht. (...)

Da die Expedition nach Ablehnung des Alpenvereins nur durch die britische Unterstützung ermöglicht wurde, halte ich es trotzdem für notwendig, den Alpine Ski Club von der Sachlage zu unterrichten. Ich nehme an, daß Sie meine

Mitteilung weitergeben werden; eine Kopie dieses Briefes sende ich dem Akademischen Alpenverein Berlin, von dem ebenfalls zwei Mitglieder an der Fahrt teilnehmen. Soviel ich weiß, ist M. Kurz jetzt noch in der Schweiz. Ich wäre Ihnen sehr dankbar, wenn Sie ihn als Ihren persönlichen Bekannten wenigstens von dem Inhalt meines Briefes unterrichten würden. Wenn es wirklich nicht mehr möglich ist, etwa in Indien das Ziel der Expedition noch nachträglich zu ändern, so würde ich es doch schon als einen Erfolg begrüßen, wenn nicht wie im Vorjahr der Aufstieg von der Zemuseite gewählt würde.

Wenn der Angriff von Nepal aus erfolgt, so wird die alpine Welt wenigstens nicht den fatalen Eindruck haben, daß ein etwaiger Erfolg auch auf der Leistung von Vorgängern beruht, denen man selbst zuvorkommen wollte. Das zweitgrößte alpine Problem der Erde würde dadurch zu einer Tagessensation herabgewürdigt, was mir keinesfalls im Interesse der alpinen Kreise Deutschlands, Englands oder der Schweiz zu liegen scheint.

Vielleicht ist es noch nötig hinzuzufügen, daß ich an Plan und Durchführung der vorjährigen Expedition natürlich in keiner Weise beteiligt war und daß ich bisher weder Bauer noch einen seiner Begleiter seit ihrer Rückkehr gesprochen habe. Sie werden aber verstehen, daß sich die Teilnehmer des Vorjahres bei der geschilderten Sachlage aus begreiflichen Gründen zu der Expedition Dyhrenfurths nicht äußern wollen und können. Daher hielt ich es für richtig, als persönlich Unbeteiligter die Aufgabe zu übernehmen, den Alpine Ski Club – und damit die beteiligten britischen Stellen – auf dem Wege meiner persönlichen Beziehungen zu Ihnen von der Sachlage zu unterrichten. Mit herzlichen Grüßen, gez. Walter Hofmeier.«

Dieser Walter Hofmeier versucht einerseits die Briten – Arnold Lunn ist ein Bewunderer Welzenbachs! – gegen Dyhrenfurth aufzubringen, andererseits dem Bauer'schen Plan, 1931 den Kantsch erneut anzugehen, Vorteile zu verschaffen.

Zeitgleich sendet Bauer eine Postkarte an Welzenbach: Er will sich mit ihm besprechen, ohne allerdings die Karten auf den Tisch zu legen. Inzwischen liegt Welzenbachs Ansuchen um eine Nanga-Parbat-Genehmigung im Survey of India. Zwischen Rawalpindi und Gilgit wird korrespondiert. Zum Vorteil Welzenbachs, wie ein Schreiben von Major Kenneth Mason an den »Political Agent« Herbert John Todd zeigt:

»Ich habe Dir heute telegrafiert bzgl. der Frage, ob es irgendwelche politischen Einwände gibt gegen die von Welzenbach geleitete Gruppe des Deutschen Alpenvereins, die diesen Sommer einen Besteigungsversuch am Nanga Parbat unternehmen möchte. Ich lege Dir eine Kopie seines Briefes bei. Wie Du weißt, unternahm eine ganz ähnliche bayrische Gruppe, unter dem hervorragenden Paul Bauer, letztes Jahr einen recht tapferen Versuch am Kangchendzönga. Woran wir vom Himalayan Club sehr interessiert waren. Weir, der politisch Zuständige in Sikkim, kabelte der Gruppe nach deren Abreise, dass sie immer willkommen wäre. Doch unglücklicherweise schnappte Dyhrenfurth ihnen die Möglichkeit vor der Nase weg, mit seiner ›internationalen‹ Expedition. So entschlossen sich die Bayern, es nun an diesem Ende des Himalaya zu versuchen. Wenn keine politischen Einwände dagegensprechen, wäre ich persönlich sehr dankbar, wenn Du ihnen alle nur mögliche Unterstützung zukommen lässt.

In vielerlei Hinsicht ist der Nanga Parbat wesentlich schwieriger als der Kangchendzönga. Es ist dort keine Versorgung mit Lebensmitteln möglich, und auch Brennstoff ist teilweise knapp. Deshalb ließ ich Welzenbach wissen, dass er alles Benötigte mitbringen muss und in möglichst wenigen Packstücken untergebracht, wegen des Kuli-Transportes. Und dass die Verpflegung für die Kulis vielleicht von Kaschmir her importiert werden muss. Ich rate die Route Burzil-Astor-Rupal-Nala-Mazeno-Pass.

Die Kulis stellen übrigens ein Problem dar: Kaschmiris sind vollkommen unbrauchbar, ebenso die Leute, die auf der Burzil-Strecke anzutreffen sind. Am besten wären Leute aus Gilgit oder idealerweise Hunzas. Obwohl Letztere sich am Berg hervorragend machen, haben sie nur wenig Gespür für Schnee und würden auch sicher keine Lasten tragen, die schwerer sind als 35 bis 40 lbs/engl. Pfund. Es könnte nützlich sein, ein paar Sherpas oder Bhotias von der Darjeeling-Seite mitzubringen. Oder auch Ladakhis vom Indus, unterhalb Leh. Ich wäre froh, Deine Ansicht zu diesem Punkt zu erfahren.

Wir waren alle sehr beeindruckt von der Art, wie die Bayern sich letztes Jahr um ihre Kameraden kümmerten. In dieser Hinsicht können wir ihnen nichts mehr beibringen. Welzenbach werde ich einschärfen, dass einige Reisende mit dieser Thematik aber eher nachlässig umgehen, und ihn daher bitten, vorsichtig zu sein. Ich werde ihm auch raten, sich mit Dir und Kenneth Hadow in Srinagar in Verbindung zu setzen. Letzterer wird wahrscheinlich als lokaler Sekretär des Clubs fungieren, da Dr. Neve abreist. Der neue Sekretär wird ihm in Srinagar mit der Organisation der Vorräte helfen können. (…)

Ich werde vorschlagen, dass er sich an den Sekretär des Himalayan Club, Mackworth Young, wendet und sich erkundigt, ob es Mitglieder, vielleicht zwei, gibt, die sich der Unternehmung anschließen würden. Mackworth Young habe ich bereits geschrieben und C. G. Bruce, G. B. Gourlay oder C. T. Morris vorgeschlagen. Doch natürlich wäre es für die Expedition erheblich nützlicher, wenn jemand von Euch aus Gilgit sich dafür freimachen könnte. Ich will damit nicht sagen, dass nun jemand von Euch an dieser Unternehmung teilnehmen soll, vermutlich habt Ihr keine Zeit dafür.

An Hadow sende ich eine Kopie von Welzenbachs Brief, zusammen mit einer Kopie von diesem hier. Vielleicht sehe ich Welzenbach noch, bevor er kommt; da ich jedoch schon auf dem Sprung bin nach England, kann ich nicht viel mehr für ihn tun.

Sobald Du mich wissen lässt, ob es einen grundlegenden Einwand gibt oder nicht, werde ich Welzenbach bitten, Dir und Hadow seine voraussichtlichen Anforderungen bzgl. des Transports mitzuteilen. Mit freundlichen Grüßen, Kenneth.«

Der Hüttenwirt und Bergführer Franz Nieberl aus Kufstein, der von Dr. Klebelsberg erfahren hat, dass die Bergsteiger Martin Pfeffer und Hans Hartmann wenig Aussicht hätten, die Genehmigung zur Teilnahme zu erhalten, macht Welzenbach am 3. März einen Vorschlag. Er möge Peter Aschenbrenner mitnehmen: »Seine Leistungsfähigkeit wird wohl von wenigen überboten werden; seine Technik ist außerordentlich, er ist ein Mensch von ungemein praktischer Veranlagung, der überall seinen Ausweg findet und als Kamerad unübertroffen anständig, ehrlich, aufopfernd ist.«

Aus Schloss Trausnitz bei Landshut kommen Glückwünsche zur beabsichtigten Himalaya-Expedition und am 11. März ein weiterer Vorschlag: »Wir haben im Alpenkränzchen ›Berggeist‹ ein junges, außerordentlich tüchtiges Mitglied, Walter Stösser aus Pforzheim, er würde sicher ausgezeichnete Dienste leisten. Er hat die schwersten Fels- und Eisfahrten hinter sich: Civetta-Nordwestwand, Tofana (erste Begehung der direkten Südwand), Peutereygrat und direkte Brenvaflanke.«

Welzenbachs Gefühl, seine Expedition sei erwünscht, die besten Bergsteiger würden dabei sein wollen, die Alpenvereinssektionen stünden hinter ihm, festigt sich. Und am 18. März erhält er vom britischen Generalkonsulat die erfreuliche Nachricht: Die Einreise nach Indien und Kaschmir ist genehmigt.

Am gleichen Tag aber äußert das Auswärtige Amt in Berlin – unter dem Aktenzeichen VI. C.1426/I, VERTRAULICH! – seine Bedenken in der Sache Nanga Parbat:

»Wenn auch, nach den Berichten der zuständigen deutschen Auslandsvertretungen, die vorjährige Himalaya-Expedition des Notars Bauer aus Nabburg seitens der britischen und indischen amtlichen Stellen eine durchaus freundliche Förderung erfahren hat, so muß doch darauf hingewiesen werden, daß eine plötzliche Hochflut deutscher alpinistischer Unternehmungen in Indien zweifellos nicht erwünscht wäre. Wie bekannt, ist z. Zt. unter Führung des

Professors Dr. Dyhrenfurth bereits eine weitere Expedition zur Erschließung des Himalaya unterwegs. Einem dritten Vorhaben in so schneller Folge würde mit ziemlicher Gewißheit die Einreisebewilligung durch die in Frage kommenden amtlichen Stellen versagt werden, da nicht verkannt werden darf, daß bei der englischen Bevölkerung Indiens noch immer ein gewisses Mißtrauen in persönlicher und sachlicher Hinsicht deutschen Unternehmungen gegenüber vorhanden ist. Dazu kommt, daß eine Häufung solcher Expeditionen, die erhebliche Mittel in Anspruch nehmen, ein völlig falsches Bild von der wirtschaftlichen Lage in Deutschland ergeben muß, was uns bei der Stellungnahme in der Reparationsfrage nicht gleichgültig sein kann. Unter diesen Umständen hat das Auswärtige Amt gegen den vorliegenden Plan starke Bedenken und bittet von seiner Weiterverfolgung bis auf weiteres absehen zu wollen. Im Auftrag gez. Freytag.«

Das offizielle Schreiben dazu geht an Oberbaudirektor Robert Rehlen in München:

»Sehr geehrter Herr Oberbaudirektor! Ich hatte bisher jeweils die Aufgabe, bei den Expeditionen des Herrn Notar Bauer die erforderlichen diplomatischen Verhandlungen zu führen. Wie ich nun erfuhr, haben Sie in Ihrer Eigenschaft als Vorsitzender des Hauptausschusses das Auswärtige Amt um gutachtliche Äußerung über eine Expedition von Herrn Welzenbach in das Kaschmir-Gebiet gebeten. Das Auswärtige Amt teilte mir mit, daß es dieses Gutachten dahingehend abgegeben habe, daß unter den obwaltenden Umständen heuer eine deutsche Expedition in das Himalayagebiet keinesfalls eine Unterstützung durch das Amt finden wird.

Notar Paul Bauer

Zu Ihrer persönlichen Orientierung gestatte ich mir, zu dieser Stellungnahme des Auswärtigen Amtes noch Folgendes mitzuteilen:

Das Verhalten des Herrn Professor Dyhrenfurth, der durch Briefe an den Alpine Ski Club und Himalayan Club in London seine angeblichen Prioritätsansprüche darstellen zu müssen glaubte, hat in England so starkes Befremden hervorgerufen, daß man dort eine Invasion von deutschen Himalaya-Expeditionen fürchtet. Diese Befürchtung wird noch verstärkt durch Briefe des Herrn Dr. Borchers und von Mitgliedern des Alpine Ski Clubs, in denen die Expedition Welzenbachs angekündigt wurde. Gerade die Tätigkeit des Herrn Borchers scheint diese Stimmung in den englischen Kreisen noch verstärkt zu haben, und sowohl die Deutsche Botschaft in London als auch das Generalkonsulat in Kalkutta teilten mit, daß bei den englischen Behörden keinerlei Neigung zur Genehmigung einer weiteren Himalaya-Expedition für dieses Jahr besteht. Deshalb kam das Auswärtige Amt zu der Ihnen mitgeteilten Stellungnahme, und es besteht unter diesen Umständen keinerlei Aussicht, daß ein diesbezüglicher Antrag die Unterstützung des Auswärtigen Amtes finden wird, da mit größter Sicherheit zu erwarten wäre, daß ein Antrag auf Genehmigung einer solchen Expedition von den englischen Behörden abgelehnt werden würde und man sich bekanntlich im diplomatischen Verkehr der Gefahr einer Ablehnung eines Antrags nicht aussetzt. Ein etwaiger Versuch, ohne die Unterstützung des Auswärtigen Amtes eine solche Unternehmung vorzunehmen, würde sich auf dessen Einstellung gegenüber dem Bergsteigertum außerordentlich ungünstig auswirken. (...)

Es tut mir außerordentlich leid, daß für Herrn Welzenbach, der ja ebenso wie ich selbst Mitglied des AAVM ist, heuer absolut keine Möglichkeit besteht, eine Himalaya-Expedition durchzuführen.

Ich bitte Sie, meine Mitteilungen vertraulich zu behandeln, und stehe selbstverständlich jederzeit gerne zu Ihrer Verfügung. Mit den besten Grüßen bin ich Ihr sehr ergebener, gez. Dr. A. Wihr.«

Rehlen will es nicht glauben und setzt seinen Bergsteigerfreund Reinhold von Sydow, den Ehrenvorsitzenden des Deutschen und Österreichischen Alpenvereins, darauf an, die Situation zu retten. Noch ahnt niemand, wer hinter den Ränken im Auswärtigen Amt steht. Rehlen schreibt:

»Hochverehrter Freund! ... Nachdem Welzenbach mir mitteilen konnte, daß er am 18. vom Münchner Britischen Generalkonsulat die erfreuliche Nachricht erhalten habe, daß seine Einreise nach Indien und Kaschmir bereits genehmigt sei, ist die Überraschung über die ablehnende Haltung des Auswärtigen Amtes um so größer, als nach der Unterredung, die Sie selbst am 6. Februar mit dem Sachbearbeiter dort hatten, die jetzige Stellungnahme nicht erwartet werden konnte. Damals wurde es sogar vom Auswärtigen Amt als unbedenklich angesehen, daß Dyhrenfurth und Bauer heuer nacheinander den Kangchendzönga angehen. Entscheidend für uns ist natürlich die Antwort des Auswärtigen Amtes, das ich nach dem anliegenden Schreiben vom 7. des Monats über den Plan des Herrn Welzenbach unterrichtet habe.

Daß das Auswärtige Amt der Meinung ist, die Einreisebewilligung würde durch die in Frage kommenden englischen Stellen versagt werden, läßt darauf schließen, daß es von der Herrn Welzenbach bereits erteilten Bewilligung nichts weiß. Die Berufung auf die Reparationsfrage mutet etwas merkwürdig an, nachdem die Deutsche Regierung eben den Young-Plan mit ›Hurra‹ angenommen hat. Offenbar hat das Auswärtige Amt auch keine Kenntnis davon, daß die Mittel, die das Unternehmen Welzenbach verbraucht, für einen Engländer eine Bagatelle bedeuten.

Schließlich möchte ich noch darauf hinweisen, daß die Expedition Dyhrenfurths durchaus nicht ein rein deutsches Unternehmen ist, da er selbst seine Expedition als »international« bezeichnet und daß wahrscheinlich der geringste Teil der von ihm benötigten Mittel aus Deutschland stammt. Nun kommt die große Frage:

Halten Sie es für möglich, daß man gegen das Schreiben des Auswärtigen Amtes vom 18. des Monats eine Vorstellung macht und von einem schlecht informierten Auswärtigen Amt an ein besser zu informierendes Auswärtiges Amt eine Eingabe macht? Ich weiß, daß Sie sich Ende der Woche auf Reisen begeben, und wage kaum zu bitten, ob es Ihnen selbst möglich wäre, nochmals im Auswärtigen Amt in der vorliegenden Sache vorzusprechen. Ich würde auf keinen Fall etwas unternehmen, bevor ich nicht weitere Mitteilung von Ihnen erhalte.

Herrn Welzenbach habe ich über den augenblicklichen Stand informiert. Welzenbach besitzt auch die Briefe, die Borchers nach England schrieb, sowie die Rückäußerungen, aus denen zu entnehmen ist, daß die Ansicht im Brief des Herrn Dr. A. Wihr vom 20. März durchaus irrig ist.

Mit besten Empfehlungen und Grüßen von Haus zu Haus, Ihr stets ergebener R. Rehlen.«

Welzenbach, inzwischen vom negativen Bescheid des Auswärtigen Amtes unterrichtet, ist am Boden zerstört. Als er die endgültige Absage seiner Expedition in Händen hält, ahnt er eine Intrige, nicht aber, wer dahintersteckt.

Auch Reinhold von Sydow – er antwortet Rehlen postwendend am 26. März 1930 – ist sprachlos:

»Verehrter Freund! Als ich gestern vormittag Ihre eingeschriebene Sendung empfing, machte ich mich sofort auf die Socken und hielt im Auswärtigen Amt ein längeres Palaver mit dem Sachreferenten für Sport (einem Min. Amtmann), unter Hinzuziehung des politischen Referenten für Indien (einem Leg.-Rat), wobei ich nicht nur das Schreiben des Auswärtigen Amtes vom 18.3., sondern auch die in dem Wihrschen Brief vom 20.3. entwickelten Gründe ›einer Betrachtung zugrunde legte‹. Ich konnte dabei bemerken, daß die Herren vom Auswärtigen Amt sich der von Wihr gegebenen zusätzlichen Begründung verschlossen.

Bei der Zergliederung der im Schreiben des Auswärtigen Amtes enthaltenen Gründe, habe ich den Hinweis auf den Young-Plan glatt abgelehnt und erklärt, der Alpenverein werde sich durch diesen in der Entsendung von Mitgliedern ins Ausland auf keine Weise beschränken lassen. Da zogen dann die Herren auch zurück, dieser Grund sei ja wohl ›überholt‹.

Den Hinweis auf die Herrn Welzenbach inzwischen zugegangene Einreisebewilligung suchte der politische Referent durch die Bemerkung zu parieren, diese müsse, nach der zwischen uns und der Britischen Regierung getroffenen Abrede, immer erteilt werden, wenn nicht im Einzelfall besondere Ablehnungsgründe vorlägen. Im übrigen habe sie nur formale Bedeutung, da z. B. trotz erteilter Einreiseerlaubnis immer noch die Landungsbewilligung versagt werden könne. Ich bin nicht in der Lage zu beurteilen, ob dies nur ein dialektischer Einwand ist oder ob so etwas auch praktisch vorkommt.

Immer wieder kamen die Herren auf das Argument zurück, daß sowohl die Botschaft in London als auch der Generalkonsul in Kalkutta neuerdings nachdrücklich vor der Häufung deutscher Expeditionen nach Indien gewarnt hätten (ich werde den Eindruck nicht los, daß beide Behörden durch Bauer und seine Leute aufgeputscht worden sind, habe aber kein Material als Beweis dafür in der Hand). Auf meinen Einwand, daß das Auswärtige Amt früher einen anderen Standpunkt eingenommen habe, wich der politische Referent mit der Bemerkung aus, die Luft in Indien sei seitdem dicker geworden. Dyhrenfurth und Bauer hätten sich zusammentun sollen. Bauer sei dazu bereit gewesen. Ich setzte den Herren auseinander, daß bei der Verschiedenheit der Ziele (Wissenschaft mit Sport und eine sportliche Leistung) und der Persönlichkeiten die Zusammenschweißung unmöglich gewesen wäre. Auf meinen weiteren Einwand, die Dyhrenfurthsche Unternehmung sei international, nicht speziell deutsch, wurde mir erwidert, die Mehrzahl der 5 Teilnehmer seien Deutsche. Überdies sei dem Auswärtigen Amt von den Herren Hoerlin, Schneider und Wieland als deren Verbindungsmann Dr. Borchers in Bremen angegeben, woraus doch die Beteiligung des Alpenvereins zu ersehen sei. Ich konnte darauf nur antworten: Die ganze Mitwirkung des Alpenvereins bestehe aus den beiden Zuschüssen (Schwaben und Hauptausschuß) für die deutschen Teilnehmer Hoerlin und Schneider; die Vermittlung habe Borchers persönlich übernommen. Der Alpenverein habe keinerlei Einfluß auf das Unternehmen.

Ob Borchers bei Übernahme der Rolle des Verbindungsmannes klug und vorsichtig gehandelt hat, ist mir zweifelhaft. Die bona fides wird man ihm, nachdem der Alpenverein den Zuschuß von 6000 RM bewilligt hat, nicht absprechen dürfen.

Was den Hinweis auf das Mißtrauen der in Indien lebenden Engländer gegen deutsche Unternehmungen betrifft, so wurde er auf die Kreise der englischen Kaufleute in Indien, die deutsche Konkurrenz im Geschäft befürchteten, bezogen. Im Himalayan Club seien Sportsleute und Offiziere, die andere Interessen hätten. Bei der Gelegenheit erfuhr ich, daß der Himalayan Club der Dyhrenfurthschen Gesellschaft dieselbe gastliche Aufnahme bereitet habe, wie im vorigen Jahre der Bauerschen.

Da die Herren immer wieder auf die neuesten Berichte der Botschaft in London und des Generalkonsuls in Kalkutta zurückkamen, stellte ich sie direkt vor die Frage, wie sich ihrer Ansicht nach das Generalkonsulat verhalten würde, wenn eine deutsche Unternehmung gegen dessen Rat in den Himalaya ginge. Die Antwort war: es würde ja wohl den Deutschen keine Schwierigkeiten bereiten, aber zu einer aktiven Förderung würde in solchem Fall das Generalkonsulat auch vom Auswärtigen Amt nicht bestimmt werden können.

Aus dem Laufe der Unterhaltung ergab sich mir, daß von dem Vorhaben der Nanga-Parbat-Expedition weder die Botschaft in London noch das Generalkonsulat in Kalkutta bisher etwas wußte. Da dies nun augenblicklich im Vordergrund unseres Interesses steht, unterrichtete ich die beiden Sachreferenten des Auswärtigen Amtes noch einmal genauer (...). Der Politische Referent kam rasch ins Bild, da er früher in Srinagar war. Ich suchte ihnen klarzumachen, daß das doch eine ganz andere Gegend sei als der Kantsch und ich mir sogar vorstellen könnte, daß der Himalayan Club sich für dieses Unternehmen interessieren würde.

Man gab zu, daß sich der Generalkonsul vielleicht anders dazu stellen würde, wenn in Indien in englischen Kreisen dafür Interesse bestehe.

Das Ergebnis der ganzen Unterhaltung war: Das Auswärtige Amt versprach mir, sofort den Generalkonsul über das Nanga-Parbat-Vorhaben telegrafisch zu informieren und ihn, ebenfalls telegrafisch, zu einer Äußerung (nach Fühlungnahme mit dem Himalayan Club) darüber zu veranlassen, ob seitens des Clubs Bedenken gegen eine heurige deutsche Unternehmung dorthin bestünden und wie sich danach das Generalkonsulat zu einem solchen deutschen Vorhaben stelle. Wenn die telegrafische Antwort des Generalkonsuls bis Freitag hier vorliegt, wird sie an mich weitergegeben werden, sonst an Sie nach München.

Ich bin mir natürlich klar darüber, daß dies nur der letzte Notanker ist, um die Situation wenn möglich noch zu retten: mehr war aber nicht zu erreichen. Sollte die Antwort des Generalkonsuls (...) günstig ausfallen, so würde wohl auch das Auswärtige Amt sein Veto aufheben.

Bleibt der Generalkonsul bei seiner Ablehnung, so muß das Welzenbachsche Unternehmen für dieses Jahr unterbleiben, aber der Hauptausschuß hat dann unseren beteiligten Bergsteigern gegenüber eine gute Position, da er nachweisen kann, daß er bis zuletzt für die deutsche Unternehmung gekämpft hat.

Angesichts der bremsenden Haltung des Auswärtigen Amtes werden wir, wie auch immer die Antwort von Kalkutta lauten mag, die ganze Sache im Zusammenhang wohl im Mai noch einmal in Innsbruck durchsprechen müssen. Einerseits müssen wir verhindern, daß unsere Bergsteiger von dem Wettbewerb um die Achttausender des Himalaya ausgeschaltet werden. Andererseits ist es offenbar nicht tunlich, Unternehmungen dorthin zu entsenden, wenn das Generalkonsulat in Kalkultta schmollend beiseite steht. Das heißt also: ehe die Unternehmung in Gang gesetzt wird, werden wir uns irgendwie seiner Unterstützung versichern müssen. Sollte dies dahin führen, daß die Unternehmungen dorthin auf mehrere Jahre verteilt werden müssen, so wäre dies meines Erachtens, vom Standpunkt der Leitung des Alpenvereins aus gesehen, kein großes Unglück. In dem gegenwärtigen Wettlauf liegt eine gewisse Übertreibung des alpinen Ehrgeizes.

Viele freundliche Grüße von Haus zu Haus, Ihr, gez.: R. Sydow.«

Am 16. April schreibt Alois Wihr an Welzenbach:
»Mein lieber Welzenbach, wie Dir bekannt ist, hat das Auswärtige Amt aufgrund der Vorstellungen der Londoner Botschaft starke Bedenken gegen Deinen Kaschmir-Plan

und sich dementsprechend auch auf eine Anfrage von Rehlen geäußert. Das Auswärtige Amt, zu dem ich sehr gute Beziehungen unterhalte, die sich ja auch bisher als sehr vorteilhaft erwiesen haben, hatte mich nun gebeten, Rehlen im besonderen noch ausführlich die Gründe der Ablehnung mitzuteilen. Daraufhin hat Sydow nochmals beim Auswärtigen Amt vorgesprochen und erreicht, daß in Kalkutta wegen Deiner Angelegenheit abermals angefragt wurde. Der dortige Himalayan Club hat sich nun an sich positiv geäußert. Das Auswärtige Amt steht jedoch nach wie vor auf dem Standpunkt, daß die Stimmung für Deinen Plan, trotz der Nichtablehnung in Kalkutta, in England nicht sehr rosig ist, und hat sich deshalb nochmals mit der deutschen Botschaft in London in Verbindung gesetzt.

Ich persönlich habe durchaus das Gefühl, daß von der deutschen Botschaft keine zustimmende Äußerung eintreffen wird, vor allem aufgrund der neuesten Meldungen, die durch die Expedition Dyhrenfurth aus Londoner Zeitungen nach Deutschland gedrungen sind. Ich habe auch noch einmal ausführlich mit Siemens und Hofmeier über Deine Sache gesprochen. Wir fanden keinen Weg, wie wir sie fördern könnten. Ein Unternehmen gegen die Absicht der Engländer ist außerordentlich gefährlich, und wir würden Dir hiervon abraten. Ich glaube, es ist am besten, Du stellst Deine Pläne unter diesen Umständen rechtzeitig für nächstes Jahr um und sicherst Dir dadurch eine viel bessere Position, als es bei einem Abbruch kurz vor der Abreise der Fall wäre.

Sollte Dir irgend etwas in meinen Ausführungen unklar

erscheinen, so stehe ich Dir gern zur Verfügung. Außerdem wäre es mir sehr angenehm zu wissen, welche Schritte Du weiterhin zu unternehmen gedenkst, schon damit ich für alle Fälle beim Auswärtigen Amt alles tun kann, damit nicht irgendwelche taktischen Fehler begangen werden und somit auch die guten Beziehungen zum Auswärtigen Amt, die sich bis jetzt für uns immer nur als nützlich erwiesen haben, geschädigt werden. Ich bedaure ja selbst außerordentlich, daß man Dyhrenfurth nicht umgehend mit einem Gegenschlag antworten kann, aber ich muß mich zu der Ansicht umstellen, daß es unter den gegebenen Umständen zurzeit unmöglich ist. Mit den besten Grüßen für die Osterfeiertage, Dein A. Wihr.«

Es wird immer offensichtlicher: Hinter Wihr steht Paul Bauer, der Dyhrenfurth diskreditieren und Welzenbach stoppen will. Als ob die erste Achttausenderbesteigung ihm und nur ihm zustünde. Welzenbach will und kann es nicht glauben. Haben sie nicht gemeinsam Bergtouren unternommen, war er selbst nicht noch 1929 bereit, zugunsten Bauers auf seine eigene Expedition zu verzichten? Und hat er Bauer nicht im Deutschen und Österreichischen Alpenverein und im Akademischen Alpenverein München, dem sie beide angehören, nach Kräften unterstützt?

Welzenbach antwortet Wihr am 18. April 1930 privat:

»Lieber Wihr! Ich danke Dir für Deinen Brief vom 16.4. Was Du mir darin über die Einstellung des Auswärtigen Amtes zu meiner Unternehmung mitteilst, hat mich nach den bisherigen Erfahrungen, die ich mit diesem Amt gemacht habe, nicht überrascht.

Dir ist vielleicht nicht bekannt, welche Vereinbarungen zwischen dem Auswärtigen Amt und Exzellenz von Sydow vor nunmehr 4 Wochen getroffen wurden. Verabredet wurde, daß das Auswärtige Amt telegrafisch Informationen in Kalkutta einholen wollte, um nach Eingang dieser Informationen seine Stellungnahme einer nochmaligen Revision zu unterziehen. Das Auswärtige Amt versprach, innerhalb weniger Tage eine endgültige Stellungnahme abzugeben. Es befremdet uns hier in München außerordentlich, daß daraufhin vom Auswärtigen Amt überhaupt nichts zu hören war. Die Herren dort wissen natürlich ganz genau, daß ich, in Anbetracht der Kürze der mir bis zur geplanten Abreise noch zur Verfügung stehenden Zeit, dringend auf Nachricht warte und daß die Unternehmung scheitern muß, wenn mir die Stellungnahme des Auswärtigen Amtes zu spät mitgeteilt wird. Und darauf scheint es seine Taktik zu gründen. Mir erscheint die Einstellung des Auswärtigen Amtes zu meinem Plan um so merkwürdiger, als ich aus meiner Fühlungnahme mit englischen Kreisen unbedingt den Eindruck gewonnen habe, daß die Engländer meinem Plan durchaus wohlwollend gegenüberstehen. Der englische Generalkonsul hier versicherte mir, daß ich gewiß mit wärmster Unterstützung meiner Unternehmung durch die Engländer in Indien rechnen darf. Auch die Einreisegenehmigung wurde mir sofort erteilt. Jedenfalls wirkt es außerordentlich befremdend, wenn eine internationale Unternehmung vom Auswärtigen Amt unterstützt wird, während eine nationale deutsche Sache abgelehnt wird.

Selbstverständlich werde ich meine Expedition nicht gegen die Meinung des Auswärtigen Amtes durchführen, doch besteht für mich zunächst noch immer kein Anlaß, die Sache abzublasen bzw. auf nächstes Jahr zu verschieben, solange das Auswärtige Amt sich noch nicht zu einer endgültigen Stellungnahme bequemt hat.

Ich wäre Dir sehr dankbar, wenn es Dir gelänge, beim Auswärtigen Amt auf beschleunigte Behandlung der Angelegenheit zu wirken. Herzlichen Gruß auch an alle Bekannten und freundlichen Dank für Deine Bemühungen, Dein Welzenbach.«

Eine Woche später folgt ein zweiter Brief von Wihr, wieder an den »lieben Welzenbach«:

»Besten Dank für Deinen Brief vom 18.4. Ich nehme an, daß Du inzwischen über Rehlen von dem Ergebnis der Information des Auswärtigen Amtes erfahren hast. Rehlen hatte sich nochmals dorthin gewandt. Die Mitteilung an ihn war jedoch schon abgegangen; die Briefe hatten sich gekreuzt. Ich habe mich heute nochmals beim Auswärtigen Amt erkundigt. Eine Stellungnahme aus London zu der telegrafischen Mitteilung aus Kalkutta ist noch nicht eingetroffen, wird aber in Bälde erwartet. Ich bin sehr gespannt darauf, ob und wie sich die deutsche Botschaft äußern wird. Das Auswärtige Amt war übrigens bisher immer der Meinung, der englische Generalkonsul hätte noch keine Einreiseerlaubnis erteilt. Jedenfalls bat ich nochmals darum, daß Deine Angelegenheit möglichst beschleunigt behandelt wird. Das Auswärtige Amt ist aber eine so riesige Behörde, daß man auf dem normalen Dienstweg nur langsam etwas erreicht.

Zu Deiner Information muß ich Dir übrigens mitteilen,

daß das Auswärtige Amt nichts mit der Sache Dyhrenfurth zu tun hat und dieses Unternehmen offiziell nicht unterstützt.«

Inzwischen liegen Welzenbach Informationen des britischen Brigade-Generals Charles Granville Bruce vor. Der beste Kenner des Nanga-Parbat-Gebietes hat sich bei Philipp Borchers in Bremen gemeldet:

»Ich bin im Besitz Ihres Briefes vom 18. März. Selbstverständlich will ich Ihnen gern alle Informationen erteilen, die ich geben kann. Es ist wohl am klarsten, sie unter Ziffern aufzuführen. Ich will damit beginnen, jene Maßnahmen zu beschreiben, die nötig sind, um Erlaubnis und Reise-Beistand in Kaschmir und im Gilgit-Distrikt zu erhalten.

1) Natürlich muss man eine Erlaubnis der indischen Regierung (Government of India) haben, um dort reisen zu dürfen.

2) Eine Erlaubnis vom Residenten in Kaschmir muss ebenfalls beschafft werden. Wenn Sie die Bestätigung der indischen Regierung erhalten haben, bitten Sie den Residenten um Hilfe und Beistand sowie um die Erlaubnis für eine Reise im Gilgit-Gebiet. Ich erwähne hierbei, dass nur eine begrenzte Anzahl britischer Offiziere (Beamter) innerhalb eines Jahres in diesem Distrikt reisen darf, hauptsächlich, weil es ein sehr armer Distrikt ist und Lebensmittel schwer zu beschaffen sind.

3) Wesentlich sind Empfehlungsbriefe an den politischen Beauftragten (Political Agent) in Gilgit, der diesen Distrikt unter sich hat. Es ist ganz besonders wichtig, dass Sie eine gute Empfehlung an ihn haben. Er kann Ihnen die größten Schwierigkeiten bereiten. Wenn Sie sich

aber die örtlichen Behörden geneigt machen können, wird Ihnen das sehr viel nützen.

4) Wegen der Armut des Gebietes müssen, wie ich glaube, immer noch die Reisenden die für die Zeit ihres dortigen Aufenthaltes benötigten Getreidevorräte mitbringen. Ich bin mir dessen nicht ganz sicher, habe aber allen Grund anzunehmen, dass es noch der Fall ist.

5) Der Transport bis Astor ist sehr einfach: Ponys und Maultiere können in Bandipur gemietet werden. Sobald man aber die Hauptstraße verlassen hat, ist man auf Träger (Kulis) angewiesen.

6) Wenn Sie vorhaben, den Berg von der Diamirai-Seite über den Mazeno-Pass anzugreifen, werden Sie Ihre Träger vom Dorf Tarishing im Rupaltal nehmen. Wenn Sie aber lieber vom Buldar-Rakhiot ansteigen wollen, müssen Sie Ihre Träger von Astor selbst oder vom Dorf Dakshin mitnehmen. Auf jeden Fall ist es schwer, Träger in großer Zahl anzuwerben. Sie sind auch schwer zu unterhalten, infolge der Ausdehnung des Landes. Außerdem glaube ich, kann man sie überhaupt nur auf Befehl des ›Political Officers‹ in Gilgit erhalten.

7) Ich weiß nicht, inwieweit Sie die verschiedenen Vormärsche studiert haben; meine Erfahrungen sind: die Südseite ist ganz unmöglich. Die Diamirai-Seite, das ist dort, von wo Mummery seinen Versuch unternahm, ist ganz besonders schwer zu ersteigen. Die anderen Seiten, Buldar-Rakhiot sowie zwischen Rakhiot und den Chongra-Spitzen sind, soviel ich weiß, noch nicht hinreichend erforscht. Aber der Berg ist nirgends auch nur einigermaßen leicht zu besteigen.

8) **Wetter:** Obgleich der Nanga Parbat vor den Monsun-Winden durch Bergketten gut geschützt ist, kommen doch einige bis dorthin, und es muss auch ein gewisses Auftreten von örtlichem schlechtem Wetter erwartet werden. Aber es herrscht nicht fortgesetzt schlechtes Wetter, so wie man es infolge des Monsuns weiter östlich findet, das geeignet wäre, Ihre Bergsteiger Ende Juli, August und September zu hindern. Ich würde mir jedoch reichlich Zeit nehmen; nach dem 20. September wird es hoch oben sehr kalt.

9) **Dienerschaft:** Besorgen Sie sich Diener in Kaschmir mit der größten Sorgfalt. Man kann gute bekommen, aber es gibt einen guten auf ein halbes Dutzend schlechte. Ich empfehle Ihnen, sich auf das Beste beraten zu lassen, und denke, dass mein Freund Major Hadow, der in Kaschmir lebt, wahrscheinlich in der Lage sein wird, verlässliche Männer für die Expedition zu beschaffen.

10) Je größer Ihre Gesellschaft ist, desto größer werden die Schwierigkeiten sein, infolge der wenigen zur Verfügung stehenden Träger.

Zurückkommend auf das Wetter möchte ich noch erwähnen, dass die trockenste Zeit des ganzen Jahres zwischen dem 1. Juni und 20. Juli liegt. Wenn Ihre Expedition bis dahin gut fertig werden könnte, in guter Verfassung und gutem Training ist und den Versuch früh im Juli unternähme, so wäre das die günstigste Zeit. Sie werden aber wenig Zeit haben, bis dahin anzukommen, wenn Sie die Reise noch in diesem Jahr vornehmen wollen. Ihr ergebener, gez. C. G. Bruce Brig. Gen.«

Welzenbach – sein Unternehmen ist blockiert – nimmt am 2. Mai Kontakt mit Paul Bauer auf. Um sich für 1931 mit ihm abzusprechen? Oder um weiteren Intrigen vorzubeugen?

»Lieber Paul Bauer! Freundlichen Dank für Deinen Brief vom 1. 5.1930. Auch meine Expedition kann heuer nicht stattfinden, nachdem der ›böse Feind‹ (in diesem Fall das Auswärtige Amt) nicht will. Ich bin seit Monaten über den Hauptausschuß in Unterhandlung mit dem Auswärtigen Amt, ohne daß es gelungen wäre, eine zustimmende Stellungnahme zu erzielen. Vielleicht spielen hier die augenblicklichen Verhältnisse herein, vielleicht hat auch Dyhrenfurth dagegen gearbeitet, um sich jedwede Konkurrenz für das Jahr 1930 vom Hals zu halten.

Ich wäre zwar nicht grundsätzlich auf die Unterstützung des Auswärtigen Amtes angewiesen gewesen, insbesondere auch deshalb nicht, weil mir Major Mason in Indien die Wege geebnet hat, doch wäre es praktisch wohl kaum möglich gewesen, gegen die Meinung des Auswärtigen Amtes die Sache durchzuführen. Der Hauptausschuß kann und will nämlich die Sache nur unterstützen, wenn das Auswärtige Amt einverstanden ist. Diese Einstellung ist ja wohl auch verständlich, da der Alpenverein bei allen späteren Unternehmungen doch wieder auf die Hilfe des Auswärtigen Amtes angewiesen ist. Durch die Stellungnahme des Alpenvereins wäre natürlich auch wieder jene der Sektion München beeinflußt worden.

Ich habe nun beschlossen, den Abreisetermin für meine Expedition bis zum Frühjahr 1931 zu verschieben, dies hat auch einen gewissen Vorteil, da ich dann für meine Operationen im Nanga-Parbat-Gebiet den ganzen Sommer zur Verfügung habe.

Major Mason hat sich außerordentlich entgegenkommend gezeigt, ich füge Dir den Briefwechsel mit ihm zur Kenntnisnahme bei.

Ich vermute, daß auch Du für das Jahr 1931 wieder etwas planst. Es wird wohl zweckmäßig sein, wenn wir uns gelegentlich einmal darüber unterhalten, wie unsere beiden Unternehmungen reibungslos nebeneinander zustande kommen können. Irgendwelche Schwierigkeiten in finanzieller Hinsicht kann ich nicht erblicken, da Du ganz andere Geldgeber hast als ich und meine Unterstützung von seiten des Hauptausschusses aus dem Etat von 1930 genommen wird, während die Deine im gegebenen Fall aus dem Etat von 1931 geschöpft würde. An die Münchner Neuesten Nachrichten beabsichtige ich nicht heranzutreten, da ich inzwischen mit einer norddeutschen Zeitung in Fühlung getreten bin. Mit herzlichen Grüßen, Dein Willo.«

An Rickmers schreibt Welzenbach, dass er seine Expedition bis zum Frühjahr 1931 verschoben habe. Und weiter: »Von Major Mason bekam ich kürzlich einen Brief aus London. Er hatte mein Schreiben noch kurz vor seiner Abreise in Indien bekommen und mir dort durch seine Empfehlungen, insbesondere an den Himalayan Club und den ›Political Agent‹ von Gilgit, die Wege sehr geebnet. Ich habe ihn nunmehr von der Änderung meines Planes in Kenntnis gesetzt.«

Am 13. Mai 1930 schreibt Alois Wihr an den Oberbaudirektor Robert Rehlen:

»Leider ist Ihr Brief vom 29.4. durch die Ungeschicklichkeit der Post so spät in meine Hände gelangt, daß es mir nicht mehr möglich war, Ihnen vor der Hauptausschußsitzung zu antworten. Die Entwicklung der politischen Verhältnisse in Indien in der letzten Zeit ist eine so entscheidende gewesen, daß man zweifellos – und dies ist auch die Ansicht des Auswärtigen Amtes, wie ich mich erkundigt habe – der englischen und auch der indischen Regierung den größten Gefallen erweist, wenn man das Projekt Welzenbach – wenigstens für dieses Jahr – fallen läßt. Die telegrafische Antwort des Himalayan Clubs wurde vor allem wohl infolge der guten Beziehungen, die Herr Notar Bauer angeknüpft hat, so entgegenkommend als nur irgend möglich gehalten, wurde daher vom Auswärtigen Amt nur als ein Akt internationaler Höflichkeit angesehen und konnte folglich zu keiner Änderung der Stellungnahme führen.

Hinsichtlich der Beurteilung des Verhaltens von Herrn Dr. Borchers scheint ein Mißverständnis vorzuliegen. Die Sachlage ist folgende: Die Expedition Bauer war eben beendet, als die englischen Behörden sich schon mit einem neuen Unternehmen, nämlich demjenigen Dyhrenfurths, das natürlich auch in erster Linie als von Deutschland ausgehend betrachtet wurde, beschäftigen mußten. Fast gleichzeitig erfuhren dann die englischen Behörden durch die Briefe Dr. Borchers' von einem dritten Unternehmen, nämlich demjenigen Welzenbachs. Diese Tatsache war für die englischen Behörden bestimmend, daß sie an die deutsche Londoner Vertretung, in dem Ihnen ja bereits bekannten Sinne, herantraten. Vor allem in dieser Richtung war daher das Vorgehen des Herrn Dr. Borchers nicht ganz richtig.

Im übrigen teile ich Ihre Ansicht über die Art der Berichterstattung der Dyhrenfurthschen Expedition vollkommen. In ernsthaften Bergsteigerkreisen wird hier durchaus dieselbe Meinung vertreten, und es wäre nur zu wünschen, daß der Hauptausschuß möglichst eindeutig von Unternehmungen solcher Art abrücken würde.

Ich stehe Ihnen selbstverständlich jederzeit außerordentlich gern zur Verfügung, vor allem, wenn es sich um die Inanspruchnahme des Auswärtigen Amtes handelt.«

Es wird immer offensichtlicher: Nicht nur Welzenbach, alle, die Bauers Ziele im Himalaya tangieren, haben in Wihr – als sei er ein Sprachrohr Bauers – einen Gegner. Und gegen das Auswärtige Amt anzukommen ist schwieriger, als einen Achttausender zu besteigen.

Handschriftlich fordert Paul Bauer am 18. Mai 1930 Welzenbach auf, gegen Dyhrenfurth vorzugehen – »ein Kameradschaftsdienst«:

»Lieber Willo! Anbei sende ich Dir einen Schriftsatz in Sachen Dyhrenfurth, der durch die Entwicklung der letzten Monate nötig wurde. Wir sind gezwungen, die Unterstellung, wir Himalayafahrer und der AAVM hätten die Pläne Dyhrenfurths gestohlen, ganz energisch zurückzuweisen. Alle anderen Fragen sollen zunächst noch zurückgestellt bleiben. Ich bitte Dich, im Sinne der Denkschrift aufklärend zu wirken. Am Dienstag kommt Mr. Shebbeare aus Darjeeling. Wir wollen uns zu einem gemütlichen Abendessen zusammensetzen, wozu ich Dich höflichst einlade. Nähere Einladung ergeht noch durch Allwein. Antwort auf Deinen letzten Brief folgt später. Heil Dir, Dein Paul Bauer.«

Welzenbach meldet seine neue Planung am 23. Mai 1930 an Dr. Alois Wihr, in dem er immer noch einen Unterstützer sieht:

»Mein lieber Wihr! Ich komme erst heute dazu, Dir für Deinen letzten Brief zu danken. Inzwischen hast Du ja durch Rehlen erfahren, daß ich meine Expedition bis zum Frühjahr 1931 verschoben habe. Natürlich habe ich nicht den Wunsch, im Frühjahr 1931 wieder vor derselben unklaren Situation zu stehen wie heute. Ich möchte deshalb die diesbezüglichen Verhandlungen mit dem Auswärtigen Amt schon beizeiten einleiten.

Meine Bitte an Dich geht nun dahin, beim Auswärtigen Amt womöglich darüber Erkundigungen einziehen zu wollen, wie sich die Herren zu meinem veränderten Plan verhalten und ob, bei Erneuerung meines Ansuchens um Unterstützung der Expedition, in absehbarer Zeit mit einer Stellungnahme zu rechnen ist. Du wirst es selbst am besten wissen, wie die Sache anzupacken ist.

Ich kann nicht glauben, daß die ablehnende Haltung des Auswärtigen Amtes auf eine Einflußnahme durch britische Stellen zurückzuführen ist. Vielmehr nehme ich an, daß sie einer übergroßen und unbegründeten Vorsicht der Deutschen Botschaft in London entspringt.

Es liegt mir selbstverständlich fern, das Auswärtige Amt in der Sache vor den Kopf stoßen zu wollen. Sollte es sich jedoch abermals einer ablehnenden Haltung oder passiven Resistenz befleißigen, so wäre ich wohl oder übel gezwungen, mich unter Umgehung des Auswärtigen Amtes durch das »Foreign Office« in London an die indische Regierung zu wenden. Ich glaube sicher, daß ich auf diesem Wege Erfolg haben würde, nachdem mir alle indischen Stellen, mit denen ich bisher in Fühlung getreten bin (Himalayan Club, Survey of India, Residency of Kashmir, Political Agent of Gilgit) ihre Unterstützung zugesichert haben. (...)

Ich wäre Dir sehr verbunden, wenn es Dir bei Deinen Beziehungen zum Auswärtigen Amt gelänge, in günstigem Sinn auf die Herren dort einzuwirken und ihnen begreiflich zu machen, welch großes Interesse ich an einer baldigen Lösung der Angelegenheit habe. Mit weiteren Schritten in der Angelegenheit warte ich, bis ich Deinen Bescheid erhalte. Ich bitte Dich jedoch, mir bald Deine Meinung in der Sache mitzuteilen.«

Welzenbach zeigt im Briefverkehr mit dem Kameraden Wihr nach wie vor großes Vertrauen. So wenig er Paul Bauer zutraut, ihn zu blockieren, kann er sich vorstellen, daß es Wihr sein könnte, der als Handlanger Bauers seine Pläne hintertreibt. Seine Expeditionsvorbereitungen setzt der »Eispapst« also unbeirrt fort.

Inzwischen schreibt der Kartograph Richard Finsterwalder an Welzenbach:

»Vielen Dank für Ihren lieben Brief vom 14. Mai. Ich freue mich sehr darüber, daß der Hauptausschuß die Unterstützung Ihrer Expedition genehmigt hat und damit das ganze Unternehmen für 1931 gesichert ist. Ebenso freue ich mich darüber, daß Sie nicht abgeneigt sind, einen wissenschaftlich vorgebildeten Geographen mitzunehmen. Ich halte es, wie Sie und Klebelsberg, ebenfalls für richtig, die Notgemeinschaft für die Aufbringung der Kosten zu gewinnen, die dadurch entstehen. Das Gesuch um Subventionierung könnte vielleicht der betreffende Teilnehmer, der in Frage kommt, an die Notgemeinschaft richten; Sie, ich, evtl. Ficker und Drygalski müßten das Gesuch befürworten. Es handelt sich nun darum, einen geeigneten Geographen zu finden. Das ist das Schwierigste. Schwierig ist es wenigstens dann, wenn man von dem Geographen auch die topographische Aufnahme verlangt. In Deutschland gibt es derzeit bloß zwei, nämlich Dr. Troll und Dr. Louis, beide am geographischen Institut in Berlin, die gute Geographen sind und photogrammetrisch aufnehmen können.

Von beiden käme, da Troll sehr überlastet ist, nur Dr. Louis in Frage, der sich gut eignen würde, soweit ich ihn kenne. Ich habe mit ihm nicht persönlich darüber gesprochen, sondern zunächst Troll und Geheimrat Penck, dessen Schüler Dr. Louis ist, dazu befragt. Beide hielten Dr. Louis für sehr geeignet, nur Penck hatte Bedenken, ob Dr. Louis bei dem Sommerübungsbetrieb am geographischen Institut in Berlin entbehrt werden kann. Ich weiß natürlich nicht, ob Sie Dr. Louis ins Auge fassen wollen, wenn das aber der Fall ist, dann wenden Sie sich vielleicht an ihn selbst mit einer Anfrage, evtl. unter Berufung auf mich und Professor Troll. Verlangt man von Geographen keine photogrammetrische Aufnahme, hat man eine sehr große Auswahl: man würde sich dann wohl an Klebelsberg oder Penck wenden, zwecks Nennung besonders geeigneter Persönlichkeiten.

Übrigens habe ich mich noch gar nicht bedankt für die Einladung, selbst an dieser Expedition teilzunehmen. Das täte ich natürlich sehr gern und habe mich auch persönlich über Ihre Einladung und das darin liegende Vertrauen zu mir gefreut, doch aus beruflichen Gründen wird es mir nicht gut möglich sein mitzugehen, so daß ich leider absagen muß.

Daß Borchers eine Expedition nach Peru vorbereitet, hörte ich schon von anderer Seite. Was ich darüber denke, können Sie sich wohl vorstellen. Es ist recht bedauerlich, daß es in Norddeutschland anscheinend keine für Auslandsexpeditionen geeigneten Bergsteiger gibt. Andererseits wollen die Norddeutschen, die sehr wesentlich den Alpenverein finanzieren, auch bei den Auslandsexpeditionen dabeisein. So erkläre ich mir, daß Leute wie Borchers schließlich Führer von Auslandsexpeditionen werden, obwohl es in Süddeutschland objektiv geeignetere Leute gäbe. Daß Schneider schon wieder teilnehmen soll, halte ich für groben Unfug. Man sollte wirklich einen Antrag einbringen, daß ein und dieselbe Persönlichkeit mehrmals hintereinander für Auslandsexpeditionen nicht subventioniert werden darf, weil dadurch einerseits eine üble Art von Berufsbergsteigertum gezüchtet wird, andererseits einer Anzahl anderer geeigneter Leute die Möglichkeit genommen wird, an Auslandsexpeditionen teilzunehmen.«

Es ist – wie in diesen Zeilen zu lesen – unter Bergsteigern nicht anders als im alltäglichen bürgerlichen Leben. Eifersucht, Neid und Rivalität köcheln vor allem dort hoch, wo Außergewöhnliches geschieht. Erwin Schneider, ein Tiroler Bergsteiger – klein von Statur, aber zäh und geschickt –, ist der erfolgreichste Höhenbergsteiger dieser Jahre, und wohl deshalb wollen alle ihn bei ihren Expeditionen dabeihaben: als Erfolgsgarant.

Auch gegen Welzenbach läuft die Intrige weiter, wie sich zeigt, als ihm Wihr am 28. Mai 1930 erneut schreibt:

»Mein lieber Welzenbach, besten Dank für Deinen Brief vom 23.5. Es tut mir sehr leid, daß Du Deine Sache für das nächste Jahr zurückstellen mußtest, aber unter den gegebenen Verhältnissen und bei den augenblicklichen Zuständen in Indien, die doch ziemlich ernster Natur sind, ist es zweifellos das Richtigste. Es hat zunächst absolut keinen Zweck, irgend etwas, sei es hier oder in England, zu unternehmen. Inzwischen ist ja schon eine entsprechende Notiz in der Zeitung erschienen. Ich würde Dir empfehlen, darauf zu sehen, daß bis auf weiteres überhaupt nichts mehr in der Presse erscheint.

Dagegen ist es unbedingt erforderlich, daß Du überall die Augen offenhältst, ob irgendjemand auch in das dortige Gebiet will, damit man sofort entsprechende Schritte unternehmen kann. Denn ich vermute stark, daß die bisherigen Expeditionen und das, was über sie und die noch geplanten in der Presse erschienen ist, bewirken, daß derartige Pläne in Massen auftauchen werden und – bei der Einstellung der Engländer – Deinen und Bauers Plänen Schwierigkeiten bereiten könnten. Sobald Du irgend etwas in dieser Richtung erfährst, wäre ich Dir für sofortige Mitteilung dankbar. Ich selbst werde inzwischen die Verbindung mit dem Auswärtigen Amt aufrechthalten. Irgend etwas zu unternehmen ist nicht vor Beendigung der Dyhrenfurthschen Sache und überhaupt erst gegen Ende des Jahres oder Anfang nächsten Jahres möglich.

Ist Dir übrigens bekannt, welche Pläne Borchers hat? Ich möchte vor allem wissen, ob auch er irgendwie englisches

Gebiet betreten will. Sein Vorgehen in der Angelegenheit war bis jetzt nicht sehr glücklich, und ich würde Dir also dringend raten, wenn dies der Fall sein sollte, von vornherein auf Trennung zu halten.

Jedenfalls wäre ich Dir dankbar, wenn Du mir streng vertraulich das von Borchers ausersehene Gebiet mitteilen könntest, damit ich entsprechende Dispositionen treffen kann. Jedenfalls werde ich Dich in Zukunft, wenn ich irgend etwas Dich Betreffendes vom Auswärtigen Amt erfahre, auf dem laufenden halten und bitte Dich, ebenfalls das gleiche zu tun.«

Merkt Welzenbach nicht, dass ihn sein »lieber Freund« Wihr auszuhorchen versucht? Wer im Hintergrund die Fäden zieht? Paul Bauer will offensichtlich die Kontrolle über das gesamte deutsche Expeditionswesen, nicht nur im Himalaya. Welzenbach soll ihm dabei zuarbeiten und am Ende zu Hause bleiben.

Der Antwortbrief Welzenbachs vom 14. Juni 1930 an Wihr – handschriftlich – zeigt, dass Welzenbach etwas ahnt, aber vorsichtig bleibt:

»Ich danke Dir für Deinen lieben Brief vom 28.5. Ich kann Deiner Meinung, es wäre das Zweckmäßigste, mit einem neuen Antrag an das Auswärtige Amt zu warten, bis Dyhrenfurth zurückgekehrt ist, eventuell das Ganze sogar bis zum Beginn des Jahres 1931 zu verschieben, nicht beipflichten. Dem möchte ich entgegenhalten, daß ein so langes Zuwarten praktisch gar nicht möglich ist. Den nunmehrigen Abreisetermin habe ich für Ende April oder Anfang Mai 1931 festgesetzt. Wenn ich die Expedition gründlich und in

Ruhe vorbereiten will, brauche ich dafür – neben meiner Berufstätigkeit – mindestens ein halbes Jahr. Dasselbe gilt für die wissenschaftlichen (topographischen) Arbeiten, die von Dr. Finsterwalder und Biersack vorbereitet werden.

Die mir selbst gestellte Vorlaufzeit von einem halben Jahr bedingt aber weiterhin, daß ich, bei dem bekanntlich sehr langsamen Arbeitstempo der maßgebenden Stellen, meinen Antrag beim Auswärtigen Amt mindestens schon ein dreiviertel Jahr vor der geplanten Abreise stellen muß, sofern ich nicht im Winter wieder vor derselben unklaren Situation stehen möchte wie im vergangenen Frühjahr. Ich glaube, es kann doch wirklich kein triftiger Grund dafür vorliegen, die Sache nunmehr wieder auf die lange Bank zu schieben.

Soweit ich unterrichtet bin, plant für die nächste Zeit niemand (außer Bauer) eine Expedition in den Himalaya, und ich glaube auch nicht, daß derartige Pläne in Massen auftreten werden. Vor allem deshalb, weil niemand die Mittel aufbringt und die Presse, nach den Mißerfolgen Dyhrenfurths, sicher auch nicht mehr so splendid ist.«

Welzenbach klettert, steigt Wochenende für Wochenende auf irgendeinen Gipfel, geht seinen Verpflichtungen als Stadtbaurat in München nach und führt eine so umfangreiche Korrespondenz, dass für Schlaf wenig Zeit bleibt. Die Begeisterung für die Berge, seine Idee, den Nanga Parbat an der richtigen Seite anzupacken, der ferne Himalaya, geben ihm schier unerschöpfliche Energie.

Als der Akademische Alpenverein München Ende Juli ein Rundschreiben an seine Mitglieder verschickt, erkennt Welzenbach, daß er hintergangen wird. Von den eigenen Kameraden.

»Betrifft: Vorläufiger Bericht über den Stand der Angelegenheit Himalaya-Expedition Welzenbach.

Von unseren 273 Mitgliedern haben 89 einen Gesamtbetrag von 6571 RM gezeichnet. 69 Mitglieder nahmen in warmen Worten wenigstens Anteil an der Frage und drückten ihr Bedauern aus, daß sie aus der wirtschaftlichen Notlage der gegenwärtigen Zeit heraus nicht in der Lage sind, sich zu beteiligen, obwohl sie es gerne möchten. All diesen Stiftern und wohlwollenden Freunden des AAVM sei namens der Vorstandschaft des A. H.-Verbandes des AAVM herzlicher Dank ausgesprochen. Zur Ehre dieser 158 Mitglieder muß aber auch hervorgehoben werden, daß die übrigen 115 Mitglieder, trotz zweimaligen Schreibens, die Zeit nicht fanden, die Mühe der Vereinsleitung durch eine kurze Antwort – ob positiv oder negativ – zu lohnen. Es sei daher die Bitte ausgesprochen, es möchten doch die Vereinsmitglieder in ihrem Interesse am AAVM, dem sie zumindest in früheren Zeiten vieles zu verdanken hatten, nicht so weit erlahmen, daß jede Antwort auf die Versuche einer Fühlungnahme seitens des Vereins unterbleibt.

Zum Plan der Himalaya-Expedition Baurat Welzenbachs 1930 ist zu sagen, daß im Laufe der Vorarbeiten für eine Expedition 1930, ziemlich in letzter Stunde von seiten des Auswärtigen Amtes Schwierigkeiten gemacht wurden. Welzenbach hielt es daher für richtig, die Ausführung seines Planes für das Jahr 1930 aufzugeben und seine Expedition auf das Jahr 1931 zu verschieben, den Vorteil gründlicherer Vorbereitungsmöglichkeiten ausnützend. Nach wie vor bleibt es also sein Ziel, eine Expedition zur Besteigung des Nanga Parbat, als einem seiner Meinung nach mit größerer Erfolgswahrscheinlichkeit erreichbaren Achttausender, durchzuführen.

Nun bestand schon seit längerem seitens unseres Mitgliedes Notar Paul Bauer der Plan, im Jahre 1931 abermals den Kangchendzönga zu versuchen. Es sei hier mitgeteilt, daß Bauer von vornherein diesen Gedanken für dieses Jahr ausgeschaltet hat, um ein unschön aussehendes Konkurrenzunternehmen zur Dyhrenfurthschen Expedition zu vermeiden.

Der A. H.-Verband (Altherren-Verband) des AAVM steht nunmehr vor einem Dilemma. Er besitzt einerseits die Zeichnungslisten über 6571 RM von seinen Mitgliedern für die Welzenbachsche Expedition, andererseits wollen sich nun nächstes Jahr möglicherweise zwei Expeditionen nach dem Himalaya in Marsch setzen. Und der Ausschuß des A. H.-Verbandes sieht keinen Grund, eine davon mit Geldmitteln zu unterstützen und der anderen Expedition, der ja ein gewisses Prioritätsrecht zukommt, das unserem Mitglied Bauer hinsichtlich Himalaya nicht abgesprochen werden kann, die Unterstützung zu versagen. Die zur Verfügung stehenden Mittel aber nach irgendeinem Schlüssel aus eigener Vollmacht zu teilen, hält sich die Vorstandschaft nicht für befugt, weil die Mitglieder ihre Zeichnung zunächst für die Nanga-Parbat-Expedition vollzogen.

Wir fragen hiermit jedes Mitglied, das einen Betrag gezeichnet hat, ob es damit einverstanden ist, daß der Ausschuß nach seinem Ermessen paritätisch über den Betrag verfügt, oder ob es darauf besteht, daß sein gezeichneter Betrag nur und ausschließlich für die Nanga-Parbat-Expedition verwendet wird.

Die weitere Schwierigkeit für den Ausschuß besteht nun

wieder darin, daß durch eine Aufteilung der eingegangenen Summe auf zwei Expeditionen der Wert der Unterstützung mit Geldmitteln des AAVM erheblich geschmälert wird. Hier sei angemerkt, daß die Beihilfen von anderer Seite, wie Hauptausschuß, Sektionen usw., für die 2. Expedition Bauer auf den Kangchendzönga im Jahre 1931, nach Mitteilung Bauers und nach dem jetzigen Stand der Verhandlungen, wohl ungefähr die gleichen sein dürften wie die der Nanga-Parbat-Expedition zugesagten Geldmittel. Soweit uns mitgeteilt wurde, kann damit gerechnet werden, denn die Fonds für die Welzenbachsche Expedition stammen aus dem Budget 1930, die Fonds für die Bauersche Expedition werden hingegen aus dem Rechnungsjahr 1931 entnommen.

Der Wunsch des A. H.-Verbandes des AAVM, beide Expeditionen mit Beträgen – und zwar hinreichend – zu unterstützen, wäre natürlich am ehesten erfüllbar, wenn die Mitglieder, deren finanzielle Lage es erlaubt und deren Interesse am hohen Ziel der Himalaya-Unternehmungen rege ist, ihre Zeichnungen erhöhen wollten. (…)

Es mag wohl manchem Mitglied der Gedanke kommen, ob es jetzt Mode würde, jedes Jahr durch nicht unerhebliche, allerdings freiwillige Umlagen die alpinen Unternehmungen einzelner Mitglieder zu finanzieren. Wäre die wirtschaftliche Lage eine andere, so wäre unseres Erachtens nichts dagegen einzuwenden, wenn die nicht mehr in vollem Maße hochalpin aktive Altherrenschaft auf diese Weise dem AAVM zur Seite stünde. Unter den heutigen Verhältnissen muß aber doch gesagt werden, daß wir diese Übung der letzten 2 Jahre nicht fortsetzen wollen, sondern daß der Ausschuß verbindlich erklärt, mit dieser Sammlung seine Zuschüsse zu alpinen Unternehmungen auf einige Zeit einzustellen. (...) Mit Bergsteigergruß, Akademischer Alpenverein München e. V., gez. Dr. Hamm, Vorstand des A. H.-Verbandes.«

Mit dieser Vorgehensweise kann Welzenbach nicht einverstanden sein. Er hätte ansonsten zwei Jahre lang für Bauer gearbeitet, der seinerseits Welzenbachs Vorhaben zu blockieren versucht. Sein Antwortschreiben fällt eindeutig und negativ aus. Er will endlich, dass Versprechungen eingelöst werden, er ist Bergsteiger und kein Intrigant. Ein Rechthaber vielleicht, aber großzügig und korrekt. Am 25. Juli 1930 schreibt er an den Ausschuss des Altherren-Verbandes im AAVM, zu Händen von Hamm und Mayerhofer:

»Herr Oberbaurat Schneider hat mir im Auftrag des A. H.-Ausschusses Mitteilung gemacht vom Beschluß der A. H.-Sitzung vom Dienstag, den 22. Juli 1930 in Angelegenheit der von mir geplanten Nanga-Parbat-Expedition. Ich gestatte mir hierzu meine Stellungnahme wie folgt bekanntzugeben:

Am 1. Mai 1930 teilte ich dem A. H.-Verband offiziell mit, daß hinsichtlich der von mir geplanten Expedition Schwierigkeiten eingetreten sind, welche die Durchführung des Planes im Jahr 1930 unmöglich machen. Gleichzeitig gab ich bekannt, daß ich die Verschiebung der Expedition für das Jahr 1931 vorgesehen habe.

In einem weiteren Schreiben vom 12. Mai 1930 bat ich den A. H.-Ausschuß, die Tatsache von der Verschiebung des Planes in einem Rundschreiben den Mitgliedern bekanntgeben zu wollen.

Ich bedaure, daß eine diesbezügliche Mitteilung an die

Altenherrenschaft bis jetzt nicht erfolgte. Es mußte auf die Altherrenschaft einen befremdenden Eindruck machen, wenn sie erst in dringlichen Rundschreiben von der geplanten Expedition unterrichtet und zur Zeichnung von Spenden veranlaßt wurden und dann über den Gang der Dinge, insbesondere aber von der Verschiebung der Expedition monatelang in Unwissenheit gehalten wurden. Noch peinlicher ist für mich die Situation, wenn in der nunmehr geplanten Mitteilung der Versuch gemacht wird, die Altherrenschaft zu veranlassen, einen Teil der meiner Unternehmung zugedachten Gelder einer anderen Unternehmung zukommen zu lassen.

Ich möchte in der Angelegenheit zunächst folgendes feststellen: Die ganze Sammlungsaktion wurde nur im Hinblick auf meine Expedition unternommen. Es war im Rundschreiben vom 3.4.30 nur von meiner geplanten Nanga-Parbat-Expedition die Rede.

Ich gebe einige Stellen aus dem in der Angelegenheit geführten Schriftwechsel wieder: Am 27.3. schrieb mir Herr Direktor Max Mayerhofer: ›Beiliegend schicke ich Dir Entwurf zu dem Rundschreiben an die Mitglieder des AVM wegen finanzieller Beihilfe zu Deiner Expedition ... Ich mache den Vorschlag, daß die Denkschrift von Dir über Deine Expedition dem Schreiben beigelegt wird ...‹

Daraufhin fügte ich dem Rundschreiben des AAVM meinen Expeditionsplan bei. Unter Zugrundelegung dieses Expeditionsplanes haben die Altherren ihre Zeichnungen getätigt.

Der Zeichnungsschein, der außerdem dem Rundschreiben beigegeben wurde, lautete wie folgt: ›Ich erkläre mich bereit, dem Akademischen Alpenverein München e.V. für die geplante Himalaya-Expedition 1930 Welzenbach ... zur Verfügung zu stellen.‹

Von dem vorläufigen Ergebnis der Zeichnungen unterrichtete mich Herr Direktor Mayerhofer mit folgendem Schreiben: ›Wir können Ihnen heute zu einem Zeitpunkt, an dem die Zeichnungen des AAVM für die Himalaya-Expedition bei weitem noch nicht abgeschlossen sind, mitteilen, daß wir aller Voraussicht nach glauben, mindestens mit einem Betrag von 5000,– diese Expedition unterstützen zu können.‹

Es besteht also nach Lage der Dinge kein Zweifel, daß die ganze Sammlungsaktion nur für meine Sache unternommen wurde und daß die eingelaufenen Zeichnungen nur meiner Expedition zugedacht sind, selbst wenn dies in den Schreiben der Altherrenschaft nicht ausdrücklich betont wurde. An dieser grundsätzlichen Tatsache ändert auch der Umstand nichts, daß die Expedition heuer nicht stattfindet, sondern auf nächstes Jahr verschoben wurde. Die Spenden wurden für die Nanga-Parbat-Unternehmung gezeichnet, ohne daß daran die Bedingung geknüpft wurde, daß die Expedition heuer stattfinden müßte.

Ich erkenne das Bestreben des Altherren-Ausschusses, beide geplante Unternehmungen in gleicher Weise zu unterstützen, durchaus an. Ich muß es aber als Unrecht auffassen, wenn dieses Bestreben so weit geht, daß die meiner Unternehmung zugestandene Unterstützung nachträglich ohne meine Zustimmung zu Gunsten einer anderen Unternehmung beschnitten wird.

Es liegt mir durchaus fern, der Unternehmung Bauer

Schwierigkeiten bereiten zu wollen. Ich bin auch stets zu Zugeständnissen bereit, soweit diese sich irgendwie mit den Interessen meiner Sache vereinbaren lassen. Ich hätte es aber gerade bei der loyalen Einstellung des Altherren-Ausschusses erwartet, daß er, wenn er eine meine Interessen so eng berührende Änderung seiner bisherigen Stellungnahme beschließen will, sich vorher mit mir ins Benehmen gesetzt hätte.

Wenn ich recht unterrichtet bin, liegt von Bauer noch gar kein Antrag auf Unterstützung seiner Expedition vor. Mir erscheint es auch durchaus noch nicht sicher zu sein, ob Bauer im nächsten Jahr wirklich etwas unternimmt. Es hieße also der tatsächlichen Sachlage und den noch wenig geklärten Verhältnissen vorauszugreifen und Verwirrung in die ganze Angelegenheit bringen, wollte man jetzt schon die eventuellen Pläne von Bauer berücksichtigen.

Ich stelle deshalb an den Altherren-Ausschuß das Ansuchen, den Beschluß vom 22.7.30 rückgängig zu machen und die bereits wesentlich weiter gediehene Angelegenheit der Nanga-Parbat-Expedition nicht mit jener der Kantsch-Expedition zu verquicken. Gleichzeitig bitte ich, von der Verschiebung meiner Expedition die Altherrenschaft baldigst in Kenntnis setzen zu wollen.

Mit Berggruß ergebenst
W. W.«

Am 8. August 1930 schreibt der Vorstand des Altherren-Verbandes an Welzenbach:

»Wir sollten es im allgemeinen vermeiden, den freundschaftlichen Ton einer Vereinigung, wie es der AAVM ist, mit mehr Schriftwechsel und Akten zu belasten, als unbedingt erforderlich ist. Aus diesem Grunde wurde auch Freund Schneider gebeten, Ihnen die Sachlage mündlich auseinanderzusetzen. Deshalb schlage ich Ihnen für die Folge auch vor, Sie möchten, sofern und wann Ihnen eine weitere Aussprache notwendig erscheint, diese mit mir suchen. Geradeso, wie Sie sich ja auch früher, als Ihre Gedanken bzgl. einer Himalaya-Expedition sich regten und zu reifen begannen, mit mir und verschiedenen anderen unserer Freunde mündlich besprachen.

Nachdem mir nun aber Ihr offizieller Brief an den Ausschuß des Altherren-Verbandes vorliegt, muß ich wohl oder übel ebenfalls in schriftlicher Form darauf eingehen. Denn aus Ihren Zeilen spricht in mehrfacher Hinsicht eine Auffassung, die ich aus grundsätzlichen Erwägungen heraus nicht teilen kann und die ich im Interesse des AAVM nun in sachlicher Weise richtigstellen möchte. Ich weiß mich dabei einig mit der Auffassung der Altherrenschaft, insbesondere mit der Anschauung der Ausschußmitglieder.

Wenn Sie zu Beginn Ihres Schreibens, das Sie mit dem Ansuchen, einen Ausschuß-Beschluß rückgängig zu machen, beenden, eine gewisse Kritik an unserer Geschäftsführung üben, so scheint mir von vornherein in Ihrer Auffassung über die ganze Tätigkeit des Ausschusses, hinsichtlich der Unterstützung von Auslandsunternehmungen durch die Mitglieder des AAVM, ein Fehler zu liegen. Solange ich Vorstand des A. H.-Verbandes bin, müssen Sie es schon mir als Vorsitzendem überlassen, wann und wie ich Anregungen behandle und weiterleite.

Es ist somit ein Irrtum von Ihnen, wenn Sie glauben,

›Ihr Bedauern aussprechen‹ zu müssen, daß Ihre Bitte vom 12. Mai um Bekanntgabe der Verschiebung Ihrer Pläne auf 1931, von uns in Art und Terminstellung anders behandelt wurde, als Sie annahmen. Sie überschätzen nämlich die ganze Angelegenheit, z. B. den Eindruck der Himalaya-Expedition, die Wertung Ihrer eigenen Pläne usw. auf die Altherrenschaft, meiner Meinung nach ganz erheblich. Von einem »dringlichen« Rundschreiben an die Altherren kann nicht die Rede sein. Ich hätte mich auch wohl gehütet, in derartigen Wohlfahrtsangelegenheiten unseren Mitgliedern gegenüber dringlich zu werden. Sie gehen meiner Meinung nach auch zu weit, wenn Sie annehmen, die A. H., die sich in wohlwollender Art zur freiwilligen Spende bereit erklärt haben, hätten nichts anderes zu tun, als in Ihnen die Empfindung aufkommen zu lassen, aus irgendwelchen Gründen ›monatelang in Unwissenheit gehalten zu werden‹.

Anders läge der Fall, wenn wir die Gelder eingezogen hätten. Dann hätte der Ausschuß aus rechtlichen und aus Gründen der Gewissenhaftigkeit und Fürsorglichkeit, den Spendern sofort mitteilen müssen, daß das von ihnen aufgewendete Geld zunächst zurückgelegt werden muß wegen einer Verschiebung der Expedition. Solange wir aber in unserem Portefeuille doch mehr oder weniger nur unverbindliche Zeichnungsscheine haben, trifft meiner Meinung nach der leichte Vorwurf, den Ihre Gedankengänge mitklingen lassen, nicht zu. (...)

Es ist ein weiterer Einstellungsfehler von Ihrer Seite, dem ich mich, und wie ich überzeugt bin, wohl die überwiegende Mehrheit der gesamten Mitgliedschaft, unter keiner Bedingung anschließen kann, daß Sie nämlich die versprochenen

Gelder als Ihr Geld ansehen. Hierin liegt nach meiner Auffassung der wesentlichste Fehler Ihrerseits.

Wir warben um Beiträge für eine Expedition des AAVM, und die Altherren haben diesem Zuwendungen versprochen. Ihnen hat man als Leiter der Nanga-Parbat-Expedition das Vertrauen geschenkt, in Ihnen sieht man den verantwortlichen Führer einer Expedition, von der man selbstverständlich annimmt, daß sie im übrigen auch nur von Mitgliedern des AAVM ausgeführt wird. Die Teilnehmer an der Expedition, Mitglieder des AAVM, haben oder werden sich Ihnen, im Falle des Zustandekommens der Expedition, freiwillig unterstellen. Doch ein natürliches Besitzrecht in irgendeiner Form haben Sie nicht.

Wenn wir wiederholt von ›Ihrer‹ Expedition gesprochen und geschrieben haben, so bedeutet das nicht mehr, als wenn der Kompaniechef oder Oberst von ›seiner‹ Kompanie oder ›seinem‹ Regiment spricht.

Es muß also eindeutig festgehalten werden: bei den gezeichneten Beträgen handelt es sich um Zuwendungen seitens der Mitglieder an den AAVM, die Beträge werden einem Vertrauensmann des AAVM, im vorliegenden Falle dem Expeditionsleiter Welzenbach, lediglich zur Verfügung gestellt, und zwar unter ganz bestimmten Voraussetzungen. Hierzu gehört, daß die Expedition in einer Form durchgeführt wird, wie sie dem AAVM entspricht, daß sie von Mitgliedern des AAVM besetzt ist, daß sie Aussicht auf Erfolg hat und letztlich, daß dem AAVM gegenüber vom Führer bzgl. der Beträge Rechenschaft abgelegt wird. Trotz dieser vorhandenen Merkmale kann von einem Verfügungsrecht Ihrerseits, wie Sie es Ihrem Briefe nach beanspruchen, nach der Auffassung des AAVM bzw. dessen Vertretung seiner Altherrenschaft nicht die Rede sein. (...)

Als Beweis für Ihre Auffassung führen Sie ein Schreiben unseres Kassenwarts an. Dieser hat in dem von Ihnen selbst angezogenen Schreiben nur mitgeteilt, daß wir (Vertreter der Altherrenschaft des AAVM) glauben, die Expedition mit einem Betrag von mindesten 5000 RM unterstützen zu können. Inwiefern Sie hieraus lesen können, daß Sie als Person Welzenbach hierauf mit derartigen Forderungen an die Stiftungen der A. H. herantreten können, wie Sie es in Ihrem Brief taten, verstehe ich wirklich nicht.

Entschieden zu weit gehen Sie, wenn Sie auf Seite 3 gewissermaßen verlangen, daß ohne Ihre Zustimmung hinsichtlich der Stiftungen der Altherrenschaft nichts unternommen werde usw. Ich muß hier nochmals wiederholen: die Gelder, die wir gesammelt haben, verwaltet der Ausschuß und über die Mittel zu bestimmen hat einzig und allein der jeweilige Spender. Solange wir glauben, im Sinne der Spender zu handeln, treffen wir die einzelnen Verfügungen selbständig, gestützt auf das Vertrauen der Mitglieder, das sie dem Ausschuß durch die Wahl zum Ausdruck gebracht haben. Sind wir uns des Einverständnisses nicht ganz sicher, scheinen wir im Tragen der Verantwortung zu weit zu gehen, so bleibt uns nichts anderes übrig, als die Zuständigen zu befragen, wie dies im vorliegenden Falle geschehen ist.

Kein Mitglied würde es verstehen, wenn wir über die Verwendung der Gelder statt dessen Sie befragt hätten. Überlegen Sie sich doch einmal, wo in aller Welt Sie zu einer solchen Forderung den Gebern gegenüber das Recht hernehmen wollten. Das einzige, wozu Sie vielleicht berechtigt sind, wäre, dem Altherren-Ausschuß bzw. mir als Vorstand den Vorwurf zu machen, daß ich bzw. der Ausschuß die Auffassung habe, es müßten bei der gegenwärtigen Lage die Mitglieder eigens befragt werden, ob sie auch bei einem Zustandekommen zweier Expeditionen den gezeichneten Betrag nur der einen Expedition zur Verfügung stellen wollen. Das aber, mein lieber Herr Welzenbach, ist mindestens subjektive Auffassung, und da ich zufällig augenblicklich der 1. Vorstand bin, müssen Sie die Art, wie ich die Geschäfte führe und verantworte, schon mir und dem mir beigegebenen Ausschuß überlassen. (...)

Die Bauersche Expedition auf den Kantsch steht noch nicht fest. Wer aber kann behaupten, daß die von Ihnen zur Führung beabsichtigte Expedition auf den Nanga Parbat für 1931 feststeht? Sie kann 1931 ebensowenig zustande kommen, wie sie 1930 nicht zustande gekommen ist. Sie übersehen in der Befangenheit, daß man, ohne irgendeinen Vorwurf zu verdienen, unter Umständen noch auf ganz andere Lösungen kommen kann, auf Lösungen, von denen noch gar nicht feststeht, ob sie letzten Endes nicht in starker Form sogar aus Mitgliedskreisen heraus an uns herangetragen werden. Der Nanga Parbat ist, nachdem – soweit ich weiß – die Dyhrenfurthsche Expedition einen, wenn auch weniger angesehenen Achttausender erreicht hat, heute nicht mehr das Wertobjekt wie im Frühjahr 1930. Man könnte sich sehr wohl auch auf den Standpunkt stellen: Der AAVM hat wiederum eine bestimmte Summe für eine Expedition in Aussicht. Geplant war der Nanga Parbat. Zufälligkeiten ließen diese Expedition nicht zustande kommen. Nun besteht nochmals die Möglichkeit einer Kantsch-Expedition. Wem könnte verwehrt werden zu fragen, warum wir uns nicht auf den höheren Achttausender konzentrieren, nämlich den Kangchendzönga? Den wir bereits versucht haben und der gegenwärtig viel mehr im Brennpunkt der bergsteigerischen Interessen steht als irgend etwas anderes?

Und kommt schließlich die eine oder andere der geplanten Expeditionen nicht zustande, dann sind es immer noch wir und letztlich die Spender, die über das Geld zu verfügen und sich Rechenschaft zu geben haben, wie mit den in Aussicht gestellten Zuschußmitteln zu verfahren ist. Weder Herr Bauer noch Sie hätten hier zu bestimmen. Ihnen und Bauer käme, wenn beispielsweise gar nichts unternommen würde, höchstens ein Vorschlagsrecht zu. Und aller Wahrscheinlichkeit nach würde ein verantwortungsbewußter Ausschuß von sich aus über die Köpfe der Spender hinweg solche evtl. eingehenden Vorschläge nicht entscheiden wollen, sondern die Geber wiederum befragen. (...)

Wie die Sache ausgeht, weiß ich nicht. Ich kann und will keinen Propheten machen, halte es aber wohl für möglich, daß sowohl Sie als auch Bauer, sofern es sich tatsächlich um reine und hinreichend aussichtsreiche AAVM-Expeditionen handelt, Zuschüsse bekommen können, die das hohe Maß von Besorgnis, das aus Ihrem Brief spricht, gar nicht notwendig macht.

Eingangs meines Briefes bat ich, wir möchten uns, wie es allgemein unter uns sein soll, auf das Gebiet der mündlichen Verständigung verlegen. Ich wiederhole diese Bitte, der ich praktisch die weitere Bitte anfüge, Sie möchten es beim Empfang dieser Zeilen damit bewenden lassen und sich, wenn es Ihnen noch weiter notwendig erscheint, über die einzelnen Zusammenhänge mit mir mündlich aussprechen. Schließlich möchte ich Sie aber noch in Ihrem Interesse und überhaupt im Interesse der von Mitgliedern subventionierten Expeditionen bitten, Sie möchten die mancherlei wirklich irrtümlichen Gedankengänge, die Ihr Brief enthält, nicht zum Gegenstand von Erörterungen außerhalb des engsten Kreises machen. Denn ich befürchte, daß sonst manchem Freund im AAVM und besonders manchem wohlwollenden Spender, ein bitterer Geschmack aufsteigt, wenn er auch hier, wo er reine Kameradschaftlichkeit und Gegenseitigkeit erwartet, den Kampf ums Geld entbrennen sehen muß; und daß er daraus für sich einen Schluß zieht, der der Sache und den Personen nicht unwesentlich Nachteil bringen könnte. Mit Bergsteigergruß, 1. Vorstand, Dr. Hamm.«

Welzenbach sieht sich am Ende. Er weiß, dass sein Kampf verloren ist. Bauer hat sich mit seinen Intrigen nicht nur beim Auswärtigen Amt, sondern auch beim Akademischen Alpenverein München durchgesetzt. Trotzdem schreibt Welzenbach am 19. August an Hamm:

»Sie sprachen in Ihrem Schreiben vom 8.8.1930 den Wunsch aus, es möge der freundschaftliche Ton im AAVM nicht mit mehr Schriftwechsel belastet werden, als unbedingt erforderlich ist. Ich stimme im Grunde durchaus Ihrer Meinung zu. Da ich jedoch gerade in nächster Zeit beruflich sehr in Anspruch genommen und zum Teil von hier abwesend sein werde und anschließend einen längeren Urlaub antrete, ist mir die Herbeiführung einer mündlichen Aussprache für die nächste Zeit leider nicht möglich. Nachdem ich aus Ihren Ausführungen ersehen mußte, daß Sie meiner Stellungnahme in der zur Debatte stehenden Angelegenheit durchaus unzutreffende Motive zugrunde legen, erscheint es mir auch deshalb wichtig, in diesem Fall das geschriebene Wort wieder durch ein geschriebenes zu erwidern. Ich glaube jedoch, daß auch in einer schriftlichen Aussprache, trotz bestehender Meinungsverschiedenheiten, der freundschaftliche Ton durchaus gewahrt bleiben kann, und würde bedauern, wenn Sie aus meinem Schreiben vom 25.7.30 einen gegenteiligen Eindruck gewonnen haben sollten.

Sie erblicken in meinem Schreiben eine Kritik an der Geschäftsführung des Altherren-Ausschusses. Es liegt mir fern, hier eine Kritik üben zu wollen, ich möchte nur sagen, daß ich gerne eine andere Behandlung der Angelegenheit gesehen hätte. Um meine Stellungnahme würdigen zu können, bitte ich Sie, die ganze Situation einmal von meinem Standpunkt aus zu betrachten.

Im November 1929 hatte ich erstmals den Plan einer Nanga-Parbat-Expedition gefaßt und mit meinen Freunden besprochen. Zu Beginn des Jahres 1930 trat ich zuerst mündlich, später in einem schriftlichen Antrag an den Altherren-Ausschuß heran mit der Bitte, die von mir geplante Expedition, welche auch von anderen alpinen Vereinen mitfinanziert würde, zu unterstützen. Diese Unterstützung wurde vom Altherren-Ausschuß zugesichert. Ich möchte demnach feststellen: Die Anregung ging nicht vom AAVM aus, sondern von mir, und der AAVM hat nicht mir als Leiter dieser AAVM-Expedition das Vertrauen geschenkt, sondern als Veranstalter bin ich von vornherein selbst aufgetreten. Auch glaube ich nicht, daß der AAVM bei einer beabsichtigten Zuschußleistung von etwa 10 % der Gesamtkosten das Recht für sich in Anspruch nehmen könnte, diese Expedition ausschließlich als Sache des AAVM zu betrachten.

In der Meinung, daß es sich hier um eine Expedition des AAVM handle, von der man selbstverständlich annimmt, daß sie im übrigen auch nur von Mitgliedern des AAVM ausgeführt werde, liegt meines Erachtens ein grundsätzlicher Irrtum in der Auffassung des Altherren-Verbandes vor. Es war zwar Gegenstand meiner besonderen Bemühungen, als Teilnehmer nur AAVMler zu gewinnen, mit Ausnahme des Topographen Herrn Biersack, der eben durch einen AAVMler nicht ersetzbar ist. Die Sektion München ist auch durchaus nicht so ehrgeizig wie z. B. eine gewisse andere Münchner Sektion und hat mir deshalb in der Personalfrage durchaus freie Hand gelassen. Doch wäre nicht beispielsweise der Fall denkbar, daß die Sektion München, welche aus eigener Kasse den namhaften Betrag von 12 000 RM beizusteuern gedenkt, den Wunsch äußern könnte, es möchte noch dieses oder jenes Mitglied der Sektion an der Expedition teilnehmen? Wer möchte (in einem solchen angenommenen Fall) auftreten wollen, um der Sektion München die Berechtigung eines derartigen Wunsches abzustreiten?

Ich bitte jedoch aus diesen Darlegungen nicht den Schluß zu ziehen, es könnten durch mich die Interessen des AAVM irgendwie vernachlässigt werden. Ich werde vielmehr bei der von mir geplanten Expedition die Interessen des AAVM so zu wahren wissen, daß dieser dabei sicher nicht zu kurz kommt. Wenn ich hier diese Darlegungen machte, so geschieht es nur, um die Tatsache zu erhärten, daß es sich hier nicht ausschließlich um eine AAVM-Expedition handelt, als deren Leiter nun zufällig ich ausersehen bin, sondern um die Expedition Welzenbach, die zu unterstützen sich verschiedene alpine Korporationen, darunter der AAVM, in dankenswerter Weise bereit erklärt haben. Als Teilnehmer an dieser Expedition wurden vom Leiter in der Hauptsache AAVMler ausersehen, so daß nach außen der Charakter dieser Expedition als eine AAVM-Expedition weitgehendst (oder besser: im Rahmen des Möglichen) gewahrt bleibt.

Für die Expedition Welzenbach wurde also die Sammlung veranstaltet. Diese Tatsache wird, neben den in meinem letzten Schreiben dargelegten Gesichtspunkten, noch dadurch erhärtet, daß mir der Kassenwart des AAVM das zweite Rundschreiben an die Mitglieder in entgegenkommender Weise im Entwurf zur Durchsicht zuleitete und mir das Recht einräumte, Änderungen oder Ergänzungen daran vorzunehmen. Ich glaube, daß mir dieses Recht nicht eingeräumt worden wäre, wenn der A. H.-Ausschuß damals schon den Standpunkt vertreten hätte, es handle sich ganz allgemein um eine Expedition des AAVM.

In diesem dringlichen Rundschreiben wurden jene Mitglieder, die auf das erste noch nicht geantwortet hatten, gebeten, ihren Zeichnungsschein bis zu einem befristeten Termin einzusenden, da zu diesem Zeitpunkt (10. Mai) das Zeichnungsergebnis des AAVM dem Hauptausschuß vorgelegt werden müsse, welcher dann seinerseits auf Basis dieses Zeichnungsergebnisses über die von mir beantragte Zuwendung beschließen sollte. Die allerdings unverbindlich gehaltene Mitteilung des Altherren-Ausschusses über das vorläufige Zeichnungsergebnis lag also dem damaligen Beschluß des Hauptausschusses zugrunde. Die seinerzeitige

Stellungnahme des AAVM ist demnach in diesem Beschluß verankert, ebenso wie in jenem des Ausschusses der Sektion München, und ich finde, daß darin auch eine gewisse, sagen wir, ›moralische‹ Bindung liegt.

Um diese Zeit war es auch, als durch die aufgetretenen Hindernisse mein Entschluß reifte, die Expedition auf das Jahr 1931 zu verschieben. Diesen Entschluß teilte ich dem Altherren-Ausschuß erstmals am 1. Mai mit und sprach damals schon die Bitte aus, nach der Hauptausschuß-Sitzung in Innsbruck die Mitglieder entsprechend zu verständigen. Dieses Ansuchen wurde mit Schreiben vom 12. Mai wiederholt, dem ich noch, um dem Altherren-Ausschuß die Arbeit zu erleichtern, den Entwurf eines Rundschreibens beifügte.

Sie betonen in Ihrem Schreiben, daß ich es schon Ihnen als Vorsitzendem überlassen müßte, wann und wie Sie Anregungen behandeln und weiterleiten. Dieses Recht des Vorstandes erkenne ich durchaus an; ich bitte Sie jedoch zu bedenken, daß es sich bei meinen damaligen Schreiben nicht um eine Anregung, sondern um ein offizielles Ansuchen an den Ausschuß des Altherren-Verbandes handelte. Dieses Ansuchen hätte meines Erachtens entweder Berücksichtigung finden oder im negativen Sinne beschieden werden müssen. Da ich nun auf mein Ansuchen keinen Bescheid bekam, mußte ich annehmen, daß der Altherren-Ausschuß es in meinem Sinne erledigt und die Mitglieder verständigt habe. Diese Annahme lag um so näher für mich, als ich bisher (wohl durch ein Versehen) keines der in meiner Sache versandten Rundschreiben zugeschickt bekam. Deshalb war ich sehr überrascht, als ich nach vielen Wochen aus Anfragen über den Stand meiner Expeditionsangelegenheit seitens der Altherrenschaft entnehmen mußte, daß eine solche Benachrichtigung nicht erfolgt war.

Wenn ich in meinem letzten Schreiben zum Ausdruck brachte, daß ich ob dieser Tatsache etwas unangenehm berührt war, so glaube ich nicht, daß man mir daraus den Vorwurf machen kann, »ich überschätze die Angelegenheit, die Wertung meiner eigenen Pläne und den Eindruck meiner geplanten Expedition auf die Altherrenschaft«. Es liegt mir durchaus fern, mit »Forderungen« an den AAVM herantreten zu wollen, es liegt mir überhaupt nicht, etwas zu fordern, sondern ich würde nur das haben wollen, was man mir gerne gibt, wenn man die von mir vertretene Sache als gut und aussichtsreich erkannt hat. Ich bin jedoch der Auffassung, daß sich der Altherren-Ausschuß durch die Art, in der er sich meiner Sache annahm, mir gegenüber nicht ›juristisch‹, aber doch ›moralisch‹ etwas gebunden hat. (...)

Ich gebe zu, daß meine Expedition auf den Nanga Parbat noch nicht unbedingt feststeht, weil niemand wissen kann, wie sich die politischen und sonstigen Verhältnisse bis zum Jahre 1931 entwickeln. Es steht jedoch fest, daß meine Expedition finanziell durch Beschlüsse so viel wie gesichert ist, während Bauer noch keinen Pfennig nachweisen kann. Deshalb entbehrt auch die Behauptung im Rundschreiben vom Juli (welches mir von dritter Seite zugeschickt wurde) jeder Grundlage, daß die von anderer Seite für die geplante Expedition Bauer geleisteten Beihilfen wohl ungefähr die gleichen sein dürften wie für meine Expedition. Da es durchaus noch nicht feststeht, ob Bauer die Mittel für seine Expedition aufbringt, habe ich in meinem Schreiben vom 25.7. gebeten, den Beschluß des A.H.-Ausschusses rückgängig zu machen und meine finanziell gesicherte Sache nicht mit dem Plan Bauers zu verquicken, der bisher jeglicher finanziellen Grundlage entbehrt. Diesem Wunsch wurde seitens des Altherren-Ausschusses nicht entsprochen, und ich werde mich in diese nunmehr geschaffene Sachlage fügen, ohne weiter daran nörgeln zu wollen. (...)

Es ist mir selbstverständlich, diese Dinge nicht zum Gegenstand von Erörterungen zu machen, wogegen ich mir jedoch eine Stellungnahme gestatte zum Vorwurf, ich würde um das Geld kämpfen und Bauer nichts vergönnen. Ich möchte hier etwas weiter ausholen. Als im Frühjahr dieses Jahres nach meinem Plan jener von Bauer auftauchte und Bauer sich deshalb mit mir ins Benehmen setzte, da erklärte ich ihm, daß mir jeder Gedanke einer Konkurrenz fernläge und daß – wenn wir beide gleichzeitig weggingen – ich es als Selbstverständlichkeit erachte, wenn die Mittel des AAVM unter uns geteilt würden. Bauer hingegen stellte an mich das Ansinnen, ich sollte von meinem Plan abstehen, da er hierdurch eine Schädigung seiner eigenen Interessen fürchte. Ich habe in meinem letzten Brief schon erklärt, daß es mir fernliegt, Bauer Schwierigkeiten bereiten zu wollen. Bauer scheint jedoch nicht auf dem gleichen Standpunkt zu stehen, denn von einer ihm nahestehenden Seite wurde an den Hauptausschuß mit dem Ansinnen herangetreten, die für meine Expedition bewilligten Gelder möchten zurückgezogen werden, da sonst die Expedition Bauers zu kurz käme. Ich überlasse es Ihrer Beurteilung zu entscheiden, von welcher Seite aus der Kampf ums Geld geführt wird und ob diese Mittel dem Geist echter Kameradschaft entsprechen.

Etwas verletzt in Ihrem Schreiben hat mich die Geringschätzung meiner eigenen Pläne gegenüber der Hochschätzung, die Sie den Plänen Bauers entgegenbringen. Ich möchte feststellen: Der Nanga Parbat ist nach wie vor das lockende Ziel eines der schönsten 8000er. Diesem Ziel kommt um so mehr Bedeutung zu, als ein 8000er – entgegen Ihrer Meinung – bis jetzt noch nicht erstiegen wurde, denn der höchste von der Expedition Dyhrenfurth erreichte Punkt (Jongsong Peak) mißt nur 7418 Meter. (...)«

Welzenbach, der in diesem Jahr 71 Gipfel bestiegen, hundert und mehr Briefe geschrieben hat, gibt nicht auf. Er und alle anderen wissen: Er ist der bessere Bergsteiger, die Erfolgsaussichten am Nanga Parbat sind weit größer als am Kangchendzönga, und 1931 steht ihm der Vorrang zu. Nach so viel Vorarbeit! Eugen Allwein aber, der mit beiden – Bauer und Welzenbach – befreundet ist, hatte schon am 29. Januar 1930 eine indirekte Warnung, das Welzenbach-Projekt betreffend, von der deutschen Botschaft in London erhalten:

»Nachdem uns nun alle amtlichen und nichtamtlichen Berichte über Eure Himalaya-Expedition vorliegen, möchte ich Dir noch einmal sagen, wie sehr ich mich über den erfolgreichen Verlauf Eures Unternehmens freue. Besonders erfreulich und wichtig erscheint mir dabei die Tatsache, daß auch die britisch-indischen Stellen, Clubs und Privatpersonen, bei denen ja zum Teil noch bis in die letzte Zeit hinein erfahrungsgemäß vielfach eine nicht sehr freundliche Einstellung gegenüber allem Deutschen bestand, eine so entgegenkommende Haltung eingenommen haben. Ich denke, daß der ausgezeichnete Eindruck, den Eure Expedition gemacht und somit sicher ihren guten Teil dazu beigetragen hat, von nicht geringer Bedeutung für die Hebung des deutschen Ansehens dort drüben gewesen sein dürfte.

Ich möchte aber doch diese Gelegenheit nicht vorübergehen lassen, ohne davor zu warnen, aus der Euch zuteil gewordenen Aufnahme allzu weitgehende Folgerungen zu ziehen. Wenn ich persönlich auch vermute, daß Ihr bei einer Wiederholung Eures Versuches nach angemessener Zeit mit dem gleichen Maß von Entgegenkommen rechnen könnt, so glaube ich doch auch, daß es sich recht ungünstig auswirken würde, wenn nun plötzlich eine Hochflut deutscher Expeditionen nach Indien einsetzen würde.«

Im Gegensatz dazu liest Welzenbach aus einem Brief von Major Mason vom Oktober 1930 die Aufforderung, nicht aufzugeben: »Lieber Welzenbach! Es ist mir unangenehm, dass ich Ihren Brief vom 14. August so lange nicht beantwortet habe, aber ich war außerordentlich beschäftigt ... Ich glaube nicht, dass unsere gegenwärtigen politischen Schwierigkeiten in Indien in der Stellungnahme der Regierung der Expedition gegenüber von irgendwelchem Einfluss sind oder dass sie ihre Expedition irgendwie berühren könnten ... Es kann auch keinerlei Einwände gegen Ihre beabsichtigten photogrammetrischen Aufnahmen des Nanga-Parbat-Gebietes geben ...«

Inzwischen sind aus den Intrigen Bauers gegen Welzenbach handfeste Streitigkeiten geworden, die Stimmung im Deutschen und Österreichischen Alpenverein ist zugunsten Bauers umgeschlagen. Philipp Borchers in Bremen ist einer der wenigen, die nach wie vor zu Welzenbach und seinen Nanga-Parbat-Plänen stehen:

»Eigentlich ist alles traurig dran, ja es hat einen sehr üblen Nachgeschmack, Bauers Intrigen zu sehen. Der von mir so hoch geschätzte Dichter Busch hat schon recht: ›Katz und Hund enteilt im Lauf, der größte Lump bleibt obenauf.‹ Als Exzellenz von Sydow seinen 80. Geburtstag feierte, setzten Rehlen und ich uns in eine stille Ecke und besprachen Deine Angelegenheit sehr genau. Wir waren uns einig darin, daß Du unbedingt den Vorrang und auch die weit größeren Erfolgsaussichten hättest; aber nachdem die Sache nun schon mal so unglücklich gelaufen war, sahen wir für 1931 keine Möglichkeit mehr, Deine Expedition durchzudrücken. Auch mit Klebelsberg habe ich ausführlich korrespondiert. Er schrieb mir schließlich, Du habest den Plan für 1931 zurückgezogen, und das sei von Dir unter den vorliegenden Umständen das Klügste gewesen. Traurig, traurig, kann ich nur immer wieder sagen.

Nun haben wir Hauptausschuß-Mitglieder über Bauers Subventionsantrag im Umlaufschreiben abzustimmen. Du wirst es ja gleichfalls vor einigen Tagen erhalten haben. Was solch eine schriftliche Abstimmung bedeutet, wissen wir. Es hat meines Erachtens keinen Zweck mehr, ›Nein‹ zu sagen, obwohl ich glaube, daß Bauer nicht auf den Gipfel hinaufkommt. Es war auch Rehlens Meinung. Bauer wird allerdings nicht eher Ruhe geben, bis er sein Ziel in einem unerhörten Glücksfall vielleicht doch erreicht oder aber abstürzt. Da wir nicht seine Kindermädchen sind, mag er tun, was er nicht lassen kann. In diesem Sinne habe ich auch an Paulcke geschrieben.«

Im Alpenverein, in dem Kameradschaft zu den höchsten Werten zählt, ist Bauer zuletzt Sieger. Dafür wird getrickst und gelogen, vor allem das Projekt des Konkurrenten hintertrieben. Es geht zu wie im richtigen Leben. Welzenbach versteht es über Jahre, sich zur Wehr zu setzen, seine Pläne zu verfolgen – doch gegen die Machenschaften Bauers im Deutschen und Österreichischen Alpenverein kommt er nicht an. Auch weil er zu gutgläubig und großzügig ist. Seine Bergbegeisterung ist es, die ihn blind macht für die Ränke der »Bergkameraden«. Innerhalb des DÖAV ist Bauer Welzenbachs Rivale, in der Streitsache Himalaya-Expeditionen aber bleibt Welzenbach sachlich – bis die Drohungen Bauers über die Darstellung des Sachverhaltes hinaus bekannt werden. Welzenbach schreibt:

»Zwischen Bauer und mir bestanden seit längerer Zeit Differenzen wegen der geplanten Himalaya-Expeditionen. Am 20. September kam mein Freund Tillmann nach München, der sich damals in Schwandorf aufhielt und von dort aus Bauer öfters in Nabburg besuchte. Aufgebracht berichtete er etwa Folgendes: ›Ich habe versucht, Bauer zu einer Verständigung mit Dir zu bewegen. Meine Bemühungen blieben jedoch erfolglos. Bauer erklärte, eine Verständigung könne nicht in Frage kommen. Du solltest von Deiner Expedition zurücktreten, und wenn Du das nicht gutwillig tätest, so würde er Dich an die Wand quetschen. Weiterhin erklärte Bauer, daß er es durch seine Beziehungen in der Hand habe, Dir die Wege in Indien zu ebnen oder nicht, und versicherte außerdem, daß Du im Jahr 1931 ebensowenig nach Indien kämest wie heuer. Bauer erklärte weiter, es sei vom Hauptausschuß unverantwortlich, für Deine Expedition so viel Geld zu bewilligen, denn Du seiest nicht fähig, eine solche Expedition zu leiten. Nur er sei in der Lage, eine Himalaya-

Expedition richtig zu organisieren, und er erhebe Anspruch auf die Dir zugesagten Geldmittel.‹

Tillmann erklärte im weiteren: ›Ich bin überzeugt, daß Bauer mit allen Mitteln gegen Dich arbeitet, Du mußt auf der Hut sein und Dich rühren, sonst kommst Du ins Hintertreffen.‹ Kürzlich habe ich Tillmann nochmals zu seinem Bericht befragt. Er erklärte, daß er seine getätigten Äußerungen vollinhaltlich aufrechthalte.

Diese Mitteilungen Tillmanns – zu den Aussagen Bauers – haben mich außerordentlich empört. Einerseits fühlte ich mich sehr verletzt durch die abfälligen Bemerkungen Bauers über mich und meine Fähigkeiten, eine Expedition zu organisieren, andererseits erblickte ich in den Worten Bauers eine Drohung, an der ich – nach den Darlegungen Tillmanns – nicht zweifeln konnte. Er würde sie verwirklichen oder vielleicht schon verwirklicht haben. Zur Stärkung dieser Meinung trugen noch verschiedene andere Umstände bei, auf die ich später noch zurückkommen werde. Ich fühlte mich aus diesen Gründen veranlaßt, sowohl zur Wahrung eigener Interessen wie auch im Interesse der Expeditionssache, Herrn Oberbaudirektor Rehlen davon in Kenntnis zu setzen, mit dem Hinweis, daß die Äußerungen Bauers die in den Kreisen des Hauptausschusses wiederholt geäußerten Vermutungen zu bestätigen scheinen, daß Bauer gegen meine Unternehmung arbeite.

Herr Oberbaudirektor Rehlen glaubte, daß solche Differenzen zwischen zwei Vereinsbrüdern am besten im Kreise des AAVM wieder ausgeglichen werden könnten. Er wandte sich deshalb an den Vorstand des Altherren-Verbandes, Herrn Sanitätsrat Dr. Hamm, mit der Bitte, in der Sache zu vermitteln. Herr Dr. Hamm schrieb daraufhin in der Angelegenheit an Bauer, wodurch dieser vom Schritt Rehlens und von den Informationen, die ich Rehlen gab, erfuhr.«

Es folgt Bauers Stellungnahme gegen die Vorwürfe – ein Verfahren droht. Welzenbach muss reagieren:
»Nach Mitteilungen des Herrn Dr. Burnhauser, welcher im Auftrag Bauers mit mir verhandelt, fühlt sich Bauer vor allem aus folgenden Gründen verletzt:
1) Weil ich ihn angeblich beim Hauptausschuß beschuldigt habe, daß er beim Auswärtigen Amt gegen mich arbeite.
2) Weil ich ihn einer solchen Handlung überhaupt für fähig halte.
3) Weil ich die Sache, die nach Auffassung Bauers lediglich eine AAVM-Angelegenheit sei, aus dem Kreise des AAVM hinausgetragen und eine prominente Persönlichkeit, wie sie Herr Oberbaudirektor Rehlen darstellt, davon in Kenntnis gesetzt habe.

Zu 1) Die Meinung, daß Bauer im Auswärtigen Amt gegen mich und meine Pläne arbeite, stammt nicht von mir. Diese Vermutung wurde im Kreis des Hauptausschusses von prominenten Mitgliedern desselben erstmals schon im März dieses Jahres und seither wiederholt geäußert und diskutiert. Zeuge: Herr Oberbaudirektor Rehlen. Dieser Meinung schloß ich mich nicht an, bis zum Zeitpunkt, da Bauer selbst erklärte, er werde mich an die Wand quetschen, wenn ich von meinem Plan nicht gutwillig zurückträte.

In der Mitteilung, die ich über die Äußerungen Bauers Herrn Oberbaudirektor Rehlen machte, erklärte ich nicht, daß ich Beweise dafür hätte, daß Bauer gegen mich arbeite, sondern ich gab der Ansicht Ausdruck, daß die Vermutungen über Intrigen Bauers, die von Hauptausschußmitgliedern ausgesprochen wurden, nach den Berichten über die Haltung Bauers gerechtfertigt erscheinen.

Zu 2) Wenn Bauer sich dadurch verletzt fühlt, daß ich ihn überhaupt einer solchen Handlung für fähig hielt, so ist dem entgegenzuhalten: Wie kann sich denn jemand verletzt fühlen, wenn man dessen eigenen Worten Glauben schenkt? Die Äußerung ›Ich werde ihn an die Wand quetschen‹, klingt wahrlich so eindeutig, daß es dem so Angegriffenen nicht verargt werden kann, wenn er aus solchen Drohungen die nötigen Konsequenzen zieht. Außerdem liegen verschiedene Umstände vor, die eine solche Meinung durchaus rechtfertigen können.

Zunächst muß hier ein Präzedenzfall erwähnt werden: Im Frühjahr dieses Jahres schrieb Dr. Hofmeier als Wahrer der Bauerschen Interessen einen Brief an den Präsidenten des Alpine Ski Club, Herrn Arnold Lunn in London. Darin wurde, unter unrichtiger Darstellung des Sachverhaltes, gegen die Expedition Dyhrenfurths in nicht zu billigender Weise intrigiert (Abschrift liegt an). Dieser Brief hat in allen ernsthaften Bergsteigerkreisen – wie auch immer sie zur Expedition Dyhrenfurths standen – einmütige Ablehnung gefunden. Es mag die Frage offenbleiben, ob dieser Brief im Auftrag Bauers geschrieben wurde oder nicht. Jedenfalls erscheint es unwahrscheinlich, daß Hofmeier ihn lediglich aus eigener Initiative schrieb. Auch hat Bauer diesen Brief nicht mißbilligt.

Ein weiterer Fall sei hier erwähnt: Vor nicht allzu langer Zeit ging hier beim Altherrenausschuß des AAVM ein Schreiben ein, das von Dr. Hofmeier, Dr. Wihr (der die Interessen Bauers im Auswärtigen Amt vertritt) und anderen Berliner AAVMlern unterzeichnet war. Darin wurde das Ansinnen gestellt, der AAVM sollte im Jahre 1931 nur die geplante Expedition Bauer unterstützen. Sollte wohl diese Aktion ohne Wissen und Wollen Bauers unternommen worden sein?

Weiterhin gebe ich Folgendes zur Erwägung: Wenn Bauer sich in abfälliger und geringschätziger Weise, wie es unter Klubkameraden nicht üblich sein sollte, über meine Expedition äußert, so ist damit eigentlich schon die Tatsache gegeben, daß Bauer gegen mich arbeitet; denn indem er mich und meinen Plan herabsetzt, erschwert er meine Position und schädigt meine Sache in offensichtlicher Weise.

Diese Darlegungen sollen zeigen, daß meine Meinung, Bauer arbeite gegen mich, durchaus nicht so unberechtigt war. Meines Erachtens handelt es sich bei Beurteilung meines Verhaltens gar nicht darum, ob Bauer tatsächlich gegen mich gearbeitet hat oder nicht (ein eindeutiger Beweis oder Gegenbeweis wird vielleicht gar nicht geführt werden können), sondern darum, ob ich nach all den äußeren Umständen und nach den eigenen Äußerungen Bauers berechtigt sein konnte, dies anzunehmen, und ich glaube, es wird mir wohl niemand abstreiten können, daß nach Lage der Dinge diese Vermutung gerechtfertigt war.

Es kann mir deshalb auch keinerlei Vorwurf daraus gemacht werden, wenn ich, in Wahrung berechtigter Interessen, Herrn Oberbaudirektor Rehlen als diejenige Persönlichkeit von den Äußerungen Bauers in Kenntnis setzte, die in erster Linie in der Lage und gewillt war, meine Interessen zu vertreten.

Zu 3) Bauer ist der Meinung, daß die Frage der beiden Expeditionen eine AAVM-Angelegenheit sei, er ist deshalb ungehalten, daß ich die Sache an Herrn Rehlen weiterberichtet habe. Hierzu möchte ich Folgendes bemerken:

Die Sache meiner Expedition ist durchaus keine ausschließliche AAVM-Angelegenheit, gedenkt doch der AAVM nur etwa 10 % der Gesamtkosten beizusteuern. Meine Expedition ist in der Hauptsache eine Alpenvereinsangelegenheit, da der weitaus größte Teil der Kosten durch den Hauptausschuß und die Sektion München aufgebracht wird. Der Hauptausschuß betrachtete meine Expedition auch immer als Alpenvereinsangelegenheit, und Herr Oberbaudirektor Rehlen führte als Präsident des Alpenvereins die Verhandlungen mit den maßgebenden politischen Stellen. Wenn nun gegen die von mir zu organisierende Expedition, die der Alpenverein in weitgehendstem Maß als seine Angelegenheit betrachtet, derart scharfe Angriffe erfolgen, wie es der Fall war, so ist es doch eigentlich selbstverständlich, die Persönlichkeit zu unterrichten, die für den Alpenverein die Interessen der Expedition vertritt.

Ich möchte zum Schluß feststellen, daß ich mir nicht bewußt bin, in der ganzen Angelegenheit unkorrekt gehandelt zu haben oder durch mein Vorgehen Bauer beleidigt zu haben. Wenn die für Bauer unangenehme Situation entstanden ist, so hat er sich diese selbst und seinen Äußerungen zuzuschreiben. Hingegen muß ich feststellen, daß ich mich durch das geringschätzige Urteil Bauers über mich und meine Fähigkeiten sehr verletzt fühle. Ich glaube nicht, im Verlaufe meiner bisherigen bergsteigerischen und sonstigen Tätigkeiten irgendwie einen Anlaß gegeben zu haben, der Bauer zu solch einem Urteil berechtigen würde. Daher muß ich meinerseits entschieden verlangen, daß Bauer diese außerordentlich kränkenden Äußerungen wieder zurücknimmt.«

Damit ist die Seilschaft Bauer/Welzenbach endgültig zerrissen. Mit dieser Auseinandersetzung beginnt nicht nur die Tragödie Nanga Parbat. Viel schlimmer noch: Der Verein unterwirft sich nach und nach auch den Bauer'schen Idealen, wodurch er zum Komplizen eines Rufmörders wird, der seinerseits nur aus dem Schatten jenes Bergkameraden treten will, der ihn weit überstrahlt.

Am 21. September schreibt Welzenbach an Rehlen:

»Sehr geehrter Herr Oberbaudirektor! Wie verabredet habe ich mich vor geraumer Zeit an Dr. Wihr gewandt mit der Bitte, er möchte im Auswärtigen Amt sondieren, welche Stellung man einem neuerlichen Ansuchen um Unterstützung der geplanten Nanga-Parbat-Expedition gegenüber einnehmen würde. Ich habe bisher noch keine Antwort von ihm erhalten, darf aber wohl mit großer Wahrscheinlichkeit annehmen, daß diese ungünstig ausfallen wird.

Was ich bisher schon immer vermutete, ist nun Gewißheit geworden. Bauer (und seine Helfer) arbeitet nämlich in rücksichtsloser Weise mit allen ihm zur Verfügung stehenden Mitteln daran, meine Expedition zu hintertreiben. Die Vermutung von Exzellenz von Sydow, daß Bauer im Auswärtigen Amt gegen mich arbeite, erscheint nach den neuesten Nachrichten über die Haltung Bauers durchaus gerechtfertigt. Was ihn zu dieser feindlichen Stellungnahme veranlaßt, ist mir allerdings unerfindlich. Offenbar erblickt er in meiner Unternehmung eine Gefährdung seiner eigenen ehrgeizigen Pläne.

Freunden gegenüber, die versuchten, eine Verständigung zwischen mir und Bauer anzubahnen, erklärte er, eine Zusammenarbeit könne gar nicht in Frage kommen. Er verlange nämlich, daß ich von meinem Plan Abstand nähme und wenn ich das nicht gutwillig täte, würde er mich eben an die Wand quetschen. Er gab zu verstehen, daß er es durch seine Beziehungen in der Hand habe, mir die Wege in Indien zu ebnen oder nicht, und versicherte außerdem, daß ich im Jahre 1931 ebensowenig nach Indien käme wie im Jahre 1930. Eine unglaubliche Selbstüberschätzung Bauers spricht daraus.

Es sei vom Hauptausschuß unverantwortlich, für meine Expedition so viel Geld zu bewilligen, denn erstens sei ich nicht fähig, eine Expedition zu leiten, zweitens sollte ich mich – wenn ich schon fortginge – mit viel weniger Geld behelfen. Nur er sei in der Lage, eine Himalaya-Expedition zu organisieren, und er habe Anspruch auf die mir zugesagten Mittel. Ein weiterer (sicherer) Anhaltspunkt dafür, daß Bauer vor allem auch bei den Engländern gegen mich arbeitet, scheint mir darin gegeben zu sein, daß englische Kreise, die sich ursprünglich außerordentlich entgegenkommend zeigten, seit einiger Zeit auf verschiedene Briefe meinerseits nicht mehr antworteten. Bauer versucht eben, mir gegenüber dieselbe Taktik anzuwenden, die er schon Dyhrenfurth gegenüber anwandte. (…)«

Als Welzenbach den Brief von Wihr vom 14. Oktober 1930 liest, weiß er, dass er hintergangen worden ist. Aus. Endgültig!

»Mein lieber Welzenbach, das Auswärtige Amt vertritt den Standpunkt, daß es den Engländern vermutlich nicht sehr angenehm sein wird, wenn nächstes Jahr wiederum Expeditionen von deutscher Seite unternommen werden. Es wird dabei betont, daß man englischerseits die Expedition Dyhrenfurths beinahe ganz auf deutsches Konto schreibt, vor allem, weil sie nicht vollständig einwandfrei verlaufen ist. (...)

Das Auswärtige Amt hat sich außerdem nach den Plänen Bauers erkundigt. Aufgrund des letzten Rundschreibens sei wohl auch von seiner Seite für nächstes Jahr eine Unternehmung geplant. Das Auswärtige Amt erklärte ausdrücklich, daß es sich keinesfalls für zwei Expeditionen einsetzen werde. Die Expedition Dyhrenfurths mit ihrem gewaltigen Aufwand hat leider auch in dieser Hinsicht nachteilige Folgen. (...)

Ich bitte Dich also, Dich mit Bauer ins Benehmen zu setzen, wie ihr Euch die Durchführung der Sache denkt. Es bleibt meines Erachtens, so unangenehm es für den einzelnen sein wird, nichts anderes übrig, als daß einer seine Pläne um ein Jahr verschiebt. An Bauer ging eine Abschrift dieses Briefes. Wihr.«

Bauer hat über Wihr damit nicht nur Dyhrenfurth diskreditiert, er hat vor allem den Star unter den deutschen Bergsteigern ausgebremst und sein eigenes Projekt durchgesetzt. Welzenbach will es zwar nicht glauben, gibt aber auf. Am 30. September erreicht ihn ein Brief von Dr. Otto

Eberl aus dem deutschen Generalkonsulat für Britisch-Indien in Kalkutta. Ist er ein letzter Hoffnungsschimmer?

»Lieber Welzenbach, meiner Erkundigung nach handelt es sich bei Dir um jenen Wilhelm Welzenbach (Rupprechtskreis-Realschule!), mit dem ich einst die gleiche Schulbank gedrückt habe. Ich mag mich natürlich irren, dann ist dieser Brief, soweit das Duzen in Frage kommt, gegenstandslos und ich müßte mich einem Unbekannten gegenüber für meinen vertraulichen Ton entschuldigen … Den Schilderungen von Bauer, Wieland, Hoerlin und Schneider nach glaube ich, daß Du der Richtige bist und daß ich das Risiko auf mich nehmen kann.

Eben erhielt ich vom Himalayan Club, dessen Mitglied ich bin, das beiliegende Rundschreiben. Ich freue mich außerordentlich über das von Dir geplante Unternehmen (…)«

Kann es stattfinden? Trotz allem?

Von überall her erfährt Welzenbach Anerkennung, Begeisterung, Hilfsbereitschaft – aber nicht mehr vom Deutschen und Österreichischen Alpenverein. Alle wissen, dass der Bergsteiger Welzenbach als Alpinist viel erfolgreicher ist als Bauer. Wer – wenn nicht er – ist geradezu prädestiniert, eine Himalaya-Expedition zu leiten? Welzenbachs engste Freunde drängen inzwischen zur »Befriedung der verlorenen Sache«. Aber sein ehemaliger Seilpartner und Klubkamerad Bauer hat viel Hass geschürt, der jetzt Welzenbach trifft.

Auch Tillmann, der Welzenbach von den Drohungen Bauers berichtet hat, rät seinem Freund am 24. Oktober zum Einlenken:

»Lieber Willo! Nach meinem letzten Dortsein habe ich es

sehr bedauert, vor meiner Abreise nach Schwandorf nicht mehr mit Dir in Verbindung treten zu können. Ich hätte Dir noch gern Mitteilung gemacht über eine Zusammenkunft mit Bauer bei Schorsch Kraus. Dort vernahm ich leider zu meiner großen Überraschung von Bauer, daß er durch eine wohl gutgemeinte, aber ungeschickt inszenierte Vermittlung Karlo Wiens zur Kenntnis der Dir seinerzeit vertraulich gemachten Mitteilung gelangt war. Abgesehen davon, daß es wohl zweckmäßiger gewesen wäre, nicht noch mehr Vermittler in diese Angelegenheit hereinzuziehen, hätte ich Karlo Wien ein derartiges diplomatisches ›Talent‹ nicht zugetraut. Er hätte sich doch denken müssen, daß er Öl ins Feuer schüttet und jede weitere Vermittlung unmöglich macht, wenn er Bauer diese Anschuldigungen vorhält, andererseits mich aufs schwerste bloßstellt.

Leider hat jetzt die Angelegenheit noch eine weit unerfreulichere Wendung genommen. Gestern erfuhr ich von Bauer, den ich zufällig traf, daß diese Dir mitgeteilten Äußerungen Bauers jetzt schon in der Öffentlichkeit sind und er gedenkt, wegen dieser Anschuldigungen gegen Dich vorzugehen. Ich persönlich bin natürlich nicht sehr entzückt über diese Wendung.

Vor Bauer, der mir schwere Vorhaltungen machte, bin ich glänzend blamiert. In der Verbreitung der Vermutungen, zu denen Bauers Äußerungen Anlaß gaben, hätte man viel vorsichtiger sein müssen. Aber nichts für ungut!

Du wirst wohl nicht umhinkönnen, die Sache wieder beizulegen, damit sie nicht noch in- und außerhalb des AAVM breitgetreten wird und das Ansehen des Vereins schädigt. Kommst Du Allerheiligen mit auf die Gaudihütte? Bauer wird wohl nicht hinkommen, denke ich mir, in der Annahme, daß Du hinkommst.«

Am 7. November 1930 schöpft Welzenbach nochmals Hoffnung. An Robert Rehlen schreibt er:

»Zur Frage der zwei Expeditionen. Auch ich bin durchaus der Meinung, daß zwei deutsche Himalaya-Expeditionen im kommenden Jahr ein Unding sind, und ich würde es außerordentlich bedauern, wenn durch die zwei unvereinbaren Expeditionsbestrebungen Mißstimmung und Uneinigkeit in den Kreis des AAVM getragen werden. Ich will Dir noch einmal meinen Standpunkt in der Angelegenheit darlegen.

Meines Erachtens liegt die Hauptschuld an dem gegenwärtigen unerquicklichen Zustande darin, daß bisher von höherer Instanz kein Entscheid darüber gefällt wurde, welche Expedition gehen soll. Ich hätte mich jedenfalls so einem Urteil unterworfen. So aber hat der Altherrenausschuß sich zuerst für meine Expedition entschieden und dann, als der Plan Bauers auftauchte, hat er sich ebenso der Bauerschen Sache angenommen, ohne zu bedenken, welche Schwierigkeiten gerade dadurch innerhalb des AAVM entstehen mußten. (...) Meine Expedition ist finanziell im wesentlichen gesichert, sie wird vom Hauptausschuß in jeder Weise unterstützt. Bauers Sache ist hingegen erst im Anfangsstadium. (...)«

Im Namen des Hauptausschusses des Deutschen und Österreichischen Alpenvereins schreibt Rehlen am 21. November 1930 »zu N VI C 5467/30« nochmals ans Auswärtige Amt. Ist im DÖAV immer noch nicht entschieden worden?

»Es ist dem Hauptausschuß des DÖAV bekannt, daß Herr Notar Bauer in Nabburg beabsichtigt, seinen Versuch im Himalaya baldmöglichst zu wiederholen. Die Gesamtheit des Hauptausschusses hat sich mit dem neuen Projekt des Herrn Notar Bauer bisher nicht befaßt, da formulierte Anträge desselben noch nicht vorliegen. Lediglich eine Anfrage des Herrn Bauer über etwaige Unterstützung seines Unternehmens durch den Hauptausschuß ist vom geschäftsführenden Verwaltungsausschuß in Innsbruck, einstweilen in unverbindlicher Form, beantwortet worden. Über die Finanzierung des Bauerschen Unternehmens ist dem Hauptausschuß Näheres noch nicht bekannt.

Dagegen hat sich der Hauptausschuß durch ordnungsgemäßen Beschluß im Vorjahr dazu verpflichtet, die Expedition Welzenbach in bestimmtem Umfang zu unterstützen. Damit ist, weil auch eine weitere Unterstützung dieses Unternehmens durch die Sektion München des DÖAV feststeht, die Finanzierung des Unternehmens Welzenbach sichergestellt. Daran, daß die letztgenannte Unternehmung nicht schon in diesem Jahr ins Werk gesetzt werden konnte, ist die wohl überwundene politische Lage in Indien vom Frühjahr dieses Jahres schuld.

Leider stehen sich nun in Münchner Alpinistenkreisen zwei konkurrierende Unternehmungen nach Indien gegenüber. Das im Jahre 1929 von Notar Bauer und seinen Freunden Geleistete hat nicht nur in Indien, sondern auch in der Heimat das höchste Lob geerntet. Der Hauptausschuß bedauert es sehr, daß nun die Fortsetzung des Bauerschen Unternehmens um ein Jahr verschoben werden muß, kann es aber bei der Stellungnahme des geehrten Auswärtigen Amtes nicht ändern und muß bei der geschilderten Sachlage dem Unternehmen Welzenbach den Vorzug geben. Herr

Notar Bauer ist vom Hauptausschuß auch davon unterrichtet, daß dieser am 7. des Monats beim geehrten Auswärtigen Amt um die Erwirkung der Einreiseerlaubnis für die Welzenbachsche Unternehmung nachgesucht hat. Wie bereits in dieser Eingabe ausgeführt, hat der Hauptausschuß nicht die Absicht, für eine zweite deutsche Himalaya-Expedition im Jahr 1931 um Einreiseerlaubnis nachzusuchen. Der Hauptausschuß hat demnach auch keinen Anlaß, das Bauersche Unternehmen für das Jahr 1931 zu unterstützen. Rehlen, 1. Vorsitzender des Hauptausschusses.«

Rehlen ist Welzenbachs letztes Rettungsseil, um in der Bergsteigersprache zu bleiben. Inzwischen aber wird ein Untersuchungsausschuß in der Sache Bauer/Welzenbach eingerichtet.

Am 22. November 1930 ist es wieder Wihr, der antwortet: »In der Expeditionsangelegenheit gestatte ich mir, aufgrund meiner Informationen aus dem Auswärtigen Amt, Folgendes mitzuteilen:

1) Das Auswärtige Amt nimmt nach wie vor unbedingt den Standpunkt ein, daß es im nächsten Jahr nur eine Expedition wünscht und unterstützen wird, und begründet dies damit, daß die Ausführung von zwei immerhin kostspieligen Unternehmungen außenpolitisch unliebsame Folgerungen haben werden. Dieser Standpunkt ist dem Hauptausschuß schriftlich mitgeteilt worden.

2) Das Auswärtige Amt vertritt weiterhin den Standpunkt, daß nach Möglichkeit einer Bauerschen Expedition der Vorrang erteilt werden solle, und zwar hauptsächlich aufgrund der Erfahrungen, die es mit dieser Expedition im Jahre 1929 gemacht hat, die auf

ausführlichen Berichten der deutschen Vertretungen in Indien und England beruhen. Auch dieser Standpunkt ist dem Hauptausschuß mitgeteilt worden.
Aufgrund der vorgefundenen Tatsachen ergibt sich folgendes Bild: Der AAVM hat allen Grund, das gute Einvernehmen mit dem Auswärtigen Amt weiter zu pflegen. Die Wirkungen haben sich bei der letzten Expedition deutlich gezeigt und werden auch bei einer neuen Unternehmung nur nützlich sein. Aus diesen Gründen muß der AAVM unbedingt seinerseits den Wünschen des Auswärtigen Amtes nachkommen. Ich halte es demnach für zweckmäßig, daß der AAVM sich in seiner nächsten Vollversammlung unbedingt dahin entscheidet, daß er den Standpunkt des Auswärtigen Amtes billigt und die in Frage kommenden Mitglieder auffordert, sich diesem Standpunkt zu fügen. Außerdem ist es erforderlich, daß der AAVM diesen Standpunkt dem Hauptausschuß offiziell mitteilt.«

Welzenbach möchte endlich frei sein, bergsteigen und über das Verhältnis Mensch/Berg nachdenken. Zugleich ist er dabei, im Beruf große Verantwortung zu übernehmen – beim Bau von Schulen, Untertunnelungen, Flugplätzen –, die Vorbereitung der Nanga-Parbat-Expedition hat viel Energie gekostet.

Aber Bauer hat seine Leute inzwischen in Stellung gebracht. Mit seinem nationalistischen Ansatz begeistert er die Mehrheit im Deutschen und Österreichischen Alpenverein, auch ein Großteil der Entscheidungsträger ist jetzt für ihn und gegen Welzenbach eingenommen. Der eingesetzte Untersuchungsausschuss verkündet:

»Es bestehen keine Zweifel, daß die Kangchendzönga-Expedition 1929 eine bergsteigerische Tat war, welche durch die ganze Art, wie sie durchgeführt wurde (geringe Mittel, nationales Auftreten, günstiger Eindruck bei den deutschen und englischen Behörden, reibungslose Durchführung), weit über die bergsteigerischen Interessen hinaus Bedeutung hat. Obwohl das Ziel nicht erreicht wurde, steht – aufgrund Äußerungen all derer, die diese Unternehmung mit Interesse verfolgt haben – fest, daß eine Wiederholung der Expedition unter günstigen Wetterverhältnissen Ehrensache ist, nicht nur für den AAVM, sondern ganz besonders für das Deutschtum.

Es bliebe allen Kreisen, in Indien angefangen über London-Berlin bis zu uns, wie wir hier sitzen, unverständlich, wenn die Absicht eines nochmaligen Angriffs auf den Kangchendzönga nicht unterstützt würde. Dieser darf nach allem, was wir aus der Expedition 1929 und aus der Dyhrenfurth'schen Expedition ersehen können, nicht einfach als ›auch eine Expedition in den Himalaya‹ gewertet werden. Er ist nichts anderes, als das deutsche Parallelunternehmen zu den von den Engländern als nationale Angelegenheit betrachteten Unternehmungen auf den Mount Everest. Daß der Kangchendzönga nicht von jeder Expedition, selbst wenn sie erstklassige Bergsteiger mitnimmt, eingenommen werden kann, haben wir ja an der Dyhrenfurthschen Expedition gesehen. Entscheidend für den Erfolg oder Mißerfolg an diesem Berg sind die Persönlichkeiten, welche die Unternehmung durchführen. Nach den Darlegungen Bauers ist aller Voraussicht nach das Jahr 1931 die letzte Möglichkeit, sowohl für ihn selbst als auch für die meisten seiner bewährten Gefährten, um einen nochmaligen Versuch zu unternehmen. Zweifellos sind auch die Faktoren in Indien im Jahre 1931 noch günstiger als später.

Unter dem immerhin noch frischen Eindruck der letzten Expedition werden die englischen Kreise jetzt eine Kangchendzönga-Expedition des AAVM als die Fortsetzung der letzten betrachten, für die sie nach dem Abbruch mehr ehrliche Begeisterung hatten als zu Beginn. Läßt man diese Stimmung verrauchen, so wird eine Expedition späterer Jahre alles wieder von vorne anfangen müssen.

Für die bergsteigerische Durchführung ist es sehr wichtig, daß jetzt die Träger, welche von Bauer und seinen Gefährten in mühsamer Arbeit erzogen worden sind, noch zur Verfügung stehen. Nach einigen Jahren wird die ganze Arbeit verloren sein. Man kann mit großer Wahrscheinlichkeit annehmen, daß eine spätere Expedition an den Kangchendzönga ohne Bauer und ohne seine Kameraden überhaupt von vorne anfangen muß. Es wäre vollkommen unverständlich, wenn ein Volk derartig schwer erkämpfte Unterlagen zu einem Erfolg leichtsinnig verschleudert.

Im Gegensatz zum geplanten Kangchendzönga-Unternehmen ist die Nanga-Parbat-Expedition in die 2. Reihe zu stellen. Nachdem einmal der Kantsch von deutschen Bergsteigern mit anerkanntem Erfolg versucht wurde, würde es als Zeichen von Schwäche aufgefaßt werden, wenn man nun, weil er auf den ersten Anhieb nicht fiel, das Problem beiseite stellen und sich einem weniger bedeutenden Gipfel zuwenden würde. Die Nanga-Parbat-Expedition konnte mit Freuden unterstützt werden, solange eine Expedition an den Kantsch nicht geplant war oder solange beide Expeditionen gleichzeitig möglich schienen. Nachdem jetzt feststeht, daß nur eine Expedition möglich ist, müssen wir uns für die Kangchendzönga-Expedition entscheiden.

Aber nicht nur als Problem hat der Nanga Parbat zurückzustehen: Es muß bei aller Anerkennung von Welzenbachs Qualitäten gesagt werden, daß seine Unternehmung von uns in größerem Umfang als Versuch zu werten ist als das Unternehmen Bauers. Von Bauer und seinen Leutern wissen wir, daß sie eine Expedition in Indien leiten können, wir wissen, wer von den Leuten in 7000 Metern Höhe noch als Kampftruppe in Frage kommt, und dieses Wissen gibt uns ja das Recht zu den großen Hoffnungen, die wir auf die Expedition Bauer setzen.

Von der Welzenbachschen Expedition wissen wir in dieser Beziehung bis heute noch nichts. Also muß auch dieser Vergleich zu Ungunsten der Nanga-Parbat-Expedition ausfallen. Eingehend wurde von der Kommission die Frage geprüft, inwieweit der AAVM durch Zusagen an die beiden Expeditionsleiter Bindungen eingegangen ist.

In einem Schreiben vom 7. Mai 1930 an Welzenbach wurde diesem mitgeteilt, daß er für 1931 mit einer Summe von mindestens 5000 RM rechnen könnte. Aufgrund dieses Schreibens wandte sich Welzenbach an den Hauptausschuß des DÖAV, welcher seinerseits die Angelegenheit Welzenbachs so weit förderte, daß er am 7. November 1930 an das Auswärtige Amt schrieb, mit der Bitte um Förderung der Welzenbachschen Expedition durch die englischen Behörden. Die Bindung, welche der Verein Bauer gegenüber eingegangen ist, wurde nicht schriftlich gegeben. Herr Dr. Hamm erklärte dem Untersuchungsausschuß gegenüber, daß er im

Juni 1930 Bauer mitteilte: Der Verein werde seine Kangchendzönga-Pläne für 1931 in gleicher Weise unterstützen wie die Welzenbachschen und daß er diese Form der Bindung für gleichwertig erachte wie die schriftliche Bindung gegenüber Welzenbach. Im übrigen wies er darauf hin, daß er bei allen Reden, die er in der Öffentlichkeit und beim Verein zur Sache Kangchendzönga 1929 gehalten habe, immer betont habe, daß der AAVM eine baldige Wiederholung der Expedition erhoffe. Er erblicke darin ebenfalls eine schwerwiegende Bindung des Vereins, Bauer bei eintretender Gelegenheit zu einer Kantsch-Expedition zu unterstützten.

Während bei den früher besprochenen Fragen im Unterausschuß Einstimmigkeit bestand darüber, daß der Kangchendzönga-Expedition der Vorzug vor der Nanga-Parbat-Expedition zu geben sei, ergab eine Abstimmung über das Gewicht der vom Verein eingegangenen Bindungen folgendes Resultat:

Drei Stimmen sprachen sich für Gleichwertigkeit der Bindungen aus, zwei Stimmen sahen größere Bindungen gegenüber Welzenbach. Diese letztere Ansicht wurde damit begründet, daß Welzenbach ein Schriftstück über die Zusage einer bestimmten Summe für 1931 zu dem bestimmten Zweck der Verwertung beim Hauptausschuß des DÖAV ausgehändigt wurde und daß dieses Schriftstück früher als die mündliche Zusage an Bauer gegeben wurde.

Zusammenfassend kommt der Untersuchungsausschuß, aus den Ergebnissen seiner Überlegungen über die Wichtigkeit der Expeditionen einerseits und den Bindungen des Vereins andererseits, mit vier zu einer Stimme zu dem Ergebnis, Ihnen den Antrag vorzulegen:

Der AAVM möge beschließen: Die Expedition Bauers an den Kangchendzönga im Jahre 1931 ist zu unterstützen. Ebenfalls kam der Unterausschuß zu der Meinung, daß es auch seine Aufgabe sei, darüber vorzuberaten, in welcher Weise der Verein, falls er sich den Antrag des Ausschusses zu eigen macht, diesem Beschluß Geltung verschaffen respektive ihn zur Durchführung bringen kann. Obwohl sich der Hauptausschuß, durch sein Herantreten an das Auswärtige Amt für die Expedition Welzenbach, schon weitgehend festgelegt hat, erscheint es doch ein Gebot der Loyalität, ähnliche Schritte zu unternehmen, ohne den Hauptausschuß vorher zu unterrichten und ohne vorher den Versuch gemacht zu haben, den Hauptausschuß von der Richtigkeit unserer Ansichten zu überzeugen und zu einer Stellungnahme in unserem Sinne zu bewegen. Mit diesem Antrag und dieser Anregung glaubt der Ausschuß, seine Aufgabe erfüllt zu haben. Die weitere Entwicklung im Sinne des Wohlergehens und Ansehens des AAVM hat die Vereinsleitung respektive Vollversammlung zu beeinflussen. Schluß der 4. Sitzung um 11 Uhr 48 Minuten.«

Mit Winkelzügen, Verdrehungen und Ausreden wird Welzenbach ausgebootet, im Hintergrund bestimmt Paul Bauer das Geschehen. Ein endgültige Ergebnis des Untersuchungsausschusses, in folgender Fassung festgehalten, wird dem AAVM nun vorgelegt:

»Der von Ihnen am 25. November 1930 eingesetzte Untersuchungsausschuß hatte die Aufgabe festzustellen, welche der beiden von unseren Mitgliedern Bauer und Welzenbach geplanten Himalaya-Expeditionen im Jahre 1931 vom Verein unterstützt werden soll.

Die Voraussetzungen für die Untersuchungen waren:
1) Daß die Expeditionsfrage Vereinsangelegenheit sei.
2) Daß nur eine Expedition möglich ist.
Danach schloß die Tätigkeit des Ausschusses von vornherein jede Untersuchung über die persönlichen Besprechungen zwischen Bauer und Welzenbach aus, soweit solche nicht Vereinsangelegenheit waren. Er hielt sich vielmehr verpflichtet, die Untersuchung von folgender Fragestellung ausgehend zu führen:
1) Welche der beiden Expeditionen ist im Jahre 1931 im Interesse des AAVM die wichtigere und vordringlichere?
2) Inwieweit ist der Verein gegenüber den Expeditionsleitern Verpflichtungen eingegangen?
Der Untersuchungsausschuß hat in 4 Sitzungen die Angelegenheit auf Basis des vorliegenden Materials geprüft und legt als Antrag vor, der AAVM möge beschließen:
›Die Expedition Bauers an den Kangchendzönga im Jahre 1931 ist zu unterstützen.‹
Zur Begründung dieses Antrages bin ich beauftragt, Ihnen Folgendes zu sagen:
Im Jahre 1931 ist die Kangchendzönga-Expedition die wichtigere und vordringlichere.«

Dass all dies Bauer'scher Propaganda entspringt, ist dem Untersuchungsbericht selbstverständlich nicht zu entnehmen. Obwohl das Ziel 1929 nicht erreicht wurde, steht – allerdings nur aufgrund der Äußerungen derer, die dabei waren oder dieses Unternehmen mit Interesse verfolgt haben – fest, dass eine Wiederholung der Bauer'schen Expedition unter günstigen Wetterverhältnissen Erfolg haben wird und damit Ehrensache ist. Für das Deutschtum, wie Bauer immer wieder betont. Eine zweite Kangchendzönga-Expedition ist also zu unterstützen, weil sie vermeintlich mehr ist als »eine Expedition in den Himalaya«. Bauer sieht in seinem Aufbruch »ein deutsches Parallelunternehmen zu der von den Engländern als nationale Angelegenheit betrachteten Unternehmung auf den Mount Everest«. Entscheidend für den Erfolg am Berg seien Persönlichkeiten, nicht »Kletterkanonen« wie Welzenbach. Bauer beansprucht also den Himalaya nun ganz für sich. Welzenbach nimmt am 26. November zum Ergebnis des Untersuchungsausschusses für Expeditionsangelegenheiten des AAVM Stellung. Auch um Fakten festzuhalten und seine Ausgrenzung zu beweisen:

»Zur allgemeinen Informierung des Untersuchungsausschusses möchte ich in Kürze die Entwicklung meines Expeditionsplanes und des augenblicklichen Standes der Angelegenheiten darlegen.

Anfang dieses Jahres unterrichtete ich den Altherrenausschuß des AAVM von meinem Plan. Gleichzeitig trat ich an den Hauptausschuß und an die Sektion München heran. Der Altherrenausschuß beschloß, sich meiner Sache anzunehmen, und veranstaltete unter der Altherrenschaft eine Sammlung für meine Expedition. Die Stellungnahme des AAVM sowie das vorläufige Zeichnungsergebnis wurden einerseits dem Ausschuß der Sektion München, andererseits dem Hauptausschuß mitgeteilt, und beide Ausschüsse faßten aufgrund dieser Sachlage die Beschlüsse, meine Expedition zu unterstützen.

Die damalige Stellungnahme des AAVM ist demnach

verankert in diesen Beschlüssen; der AAVM hat sich damit moralisch gebunden. Im Laufe des Sommers traten nun Umstände ein, durch die sich der Altherren-Verband glaubte veranlaßt zu sehen, von meinem Expeditionsplan etwas abzurücken und dem inzwischen aufgetauchten 2. Expeditionsplan Bauers ein mindestens ebenso großes Interesse entgegenzubringen. Von diesem Wechsel in der Einstellung des Altherren-Verbandes wurde ich erst sehr verspätet, der Hauptausschuß und die Sektion München jedoch überhaupt nicht in Kenntnis gesetzt. Ich wurde durch diese Sachlage insofern sehr unangenehm berührt, da dadurch meinem Expeditionsplan zum Teil die Voraussetzungen entzogen wurden, auf die er aufgebaut war.

Bis zum Herbst änderte sich die Stellungnahme des Altherren-Verbandes abermals, indem er nunmehr zu der Einsicht kam, daß die gleichzeitige Unterstützung von zwei Expeditionen untunlich sei und deshalb nur eine stattfinden solle.

Diese Meinung kam denn auch in der Vollversammlung des AAVM zum Ausdruck und führte zur Bildung des Untersuchungsausschusses. Gestützt auf die seinerzeitige Stellung des AAVM einerseits sowie der Sektion München und des Hauptausschusses andererseits, traf ich meine Vorbereitungen und bahnte Verbindungen an. Diese Vorarbeiten sind heute so weit gediehen, daß ein Zurück ohne schwerwiegendste Gründe nicht mehr möglich erscheint.

Ich erkenne vollkommen an, daß eine eindeutige Stellungnahme des AAVM, wenn sie rechtzeitig erfolgt wäre, geeignet gewesen wäre, diesen Konflikt beizulegen. Ich glaube aber, daß es heute zu einem derartigen Schritt reichlich zu spät ist, denn wir stehen nun bereits vor einer gegebenen

Sachlage, die wohl kaum mehr oder doch nur unter größten Opfern der Betroffenen geändert werden könnte. Der augenblickliche Stand der Dinge ist folgender:

1) Die Expedition Welzenbach ist von langer Hand vorbereitet, während Bauer mit seinen Vorbereitungen erst im Anfangsstadium steht.
2) Die Finanzierung der Expedition Welzenbach ist soviel wie gesichert, während Bauer meines Wissens noch keine Geldmittel nachweisen kann, außer jenen, die ihm vom AAVM zugesagt sind.
3) Die mir zustehenden Geldmittel werden Bauer zum größten Teil nicht zugänglich und somit für die Sache der Auslandsexpeditionen verloren sein, wenn ich nicht fortkomme.
4) Die Expedition Welzenbach wird vom Hauptausschuß für das Jahr 1931 unterstützt, die Expedition Bauer abgelehnt (Zeuge: Herr Oberbaudirektor Rehlen).
5) Diese Stellungnahme des Hauptausschusses teilte dieser dem Auswärtigen Amt mit, zugleich mit dem Antrag, die Expedition Welzenbach zu unterstützen.

Ich bitte, zur Klärung der Angelegenheit Informationen einzuholen: 1. vom Hauptausschuß (Rehlen), 2. von der Sektion München (Dr. Leuchs), 3. über die Stellungnahme des Auswärtigen Amtes. Als Gewährsmann muß ich jedoch im letzteren Fall meinerseits Dr. A. Wihr ablehnen, da dieser nur einseitig die Interessen Bauers vertritt, wie ja aus den verschiedenen Berliner Vorstößen gegen meine Sache und für die Sache Bauer ziemlich klar zu ersehen ist. Ich möchte meinerseits als Gewährsmann Staatsminister Exzellenz von Sydow nennen. (...)«

Welzenbach will keinen Streit, weder mit Bauer noch mit dem AAVM, er will endlich zum Nanga Parbat! Deshalb ein letzter Vergleichsvorschlag des Ehrengerichts, das im Streit mit Bauer angerufen wurde:

»1. Herr Bauer bedauert, über Herrn Welzenbach und dessen geplante Himalaya-Expedition einer dritten Person gegenüber Äußerungen gemacht zu haben, die einerseits verletzend wirkten, andererseits als Drohung aufzufassen waren und zu der Meinung Anlaß gaben, daß Herr Bauer gegen das Projekt Welzenbach arbeite.

2. Herr Welzenbach stellt fest, daß er nunmehr, nach entsprechenden Erklärungen des Herrn Bauer, davon überzeugt sei, daß Herr Bauer nichts gegen ihn und seinen Plan unternommen habe. Er bedauert deshalb, über die Angelegenheit an dritte Personen weiterberichtet zu haben.«

Welzenbach hat die Intrigen Bauers inzwischen satt. Er kennt dessen Kletterkönnen und Leadership. Alles Mittelmaß. Dessen »Führerprinzip« lehnt er ab. Kameradschaftliches Zusammenarbeiten am Berg ist für Welzenbach eine moralische Selbstverständlichkeit, er muss ihr keine ideologische Dimension geben, und die Finanzierung seiner Expedition ist gesichert. Nur weil Bauer bessere Beziehungen zum Auswärtigen Amt pflegt, bringt er die Mehrheit des AAVM zuletzt hinter sich. Auch weil der Zeitgeist dem Nationalen, dem Völkischen, dem Heroischen folgt. Bauer vertritt diese Werte, Welzenbach eine neue Dimension des Alpinismus.

Am 9. Dezember 1930 votiert die Vollversammlung des AAVM für Bauer. Die für Welzenbachs Expedition gesammelten Gelder werden – trotz Protest Welzenbachs – Bauer zugeschlagen.

Der Prüfungsausschuss, der zwischen Bauer und Welzenbach zu entscheiden hatte, gibt zuletzt also dem Kangchendzönga-Unternehmen den Vorzug. Welzenbach aber, das wissen alle, ist der erfolgreichste Bergsteiger seiner Zeit. Ein starker Charakter, kameradschaftlich, unbescholten.

Wie zum Hohn bietet Bauer jetzt Welzenbach die Teilnahme an seinem Unternehmen an. Welzenbach lehnt ab. Obwohl er in Deutschland ausgegrenzt ist, schreibt er Ende 1930 an Major Kenneth Mason von der Royal Geographical Society in London:

»Dear Sir! Nehmen Sie meinen verbindlichsten Dank entgegen für die rasche und ausführliche Beantwortung meines Briefes sowie für die Schritte, die Sie bereits in unserer Angelegenheit unternommen haben. Die mir in Ihrem geschätzten Schreiben erteilten Auskünfte sind mir außerordentlich wichtig und wertvoll für die Organisation meiner Unternehmung.

Herr Dr. Borchers aus Bremen, der dritte Vorsitzende des Deutschen und Österreichischen Alpenvereins, hat sich wegen meiner Expedition bereits an General Bruce gewandt und von ihm ein ausführliches Schreiben erhalten. Sowohl Ihrem Brief als auch dem von General Bruce entnehme ich, daß eine Expedition zum Nanga Parbat mit bedeutenden Schwierigkeiten verbunden ist, vor allem wegen der Lebensmittelbeschaffung im Distrikt Gilgit und wegen der schlechten Träger. Die Expedition muß also sehr sorgfältig vorbereitet werden. Es war also zu befürchten, daß für den Sommer 1930 die Zeit nicht ausreiche. Diese Meinung teilt auch General Bruce.

Aus diesen Gründen entschloß ich mich, meine Expedition auf das Jahr 1931 zu verschieben. Ich werde dann schon Ende April aus Europa abreisen, so daß ich Mitte Mai in Bombay und Anfang Juni im Gebiet des Nanga Parbat sein könnte. Dieser Zeitpunkt bietet den Vorteil, daß ich den ganzen Sommer zur Verfügung habe und nicht Gefahr laufe, vor Abschluß meiner Expeditionsaufgaben in den Bergen von schlechtem Wetter überrascht zu werden.

Wie ich durch das Deutsche Auswärtige Amt erfuhr, hat sich der Himalayan Club auf Anfrage des deutschen Generalkonsuls in Kalkutta für die Nanga-Parbat-Expedition ausgesprochen. Es würde mich selbstverständlich freuen und wäre für meine Unternehmung ja zweifellos von Wert, sollten sich meiner Expedition einige Mitglieder des Himalayan Clubs anschließen.

Ihrem Vorschlag gemäß werde ich mich in dieser Angelegenheit mit Herrn G. Young in Verbindung setzen. Außerdem werde ich mich an Herrn Major Kenneth Hadow wenden und ihn bitten, mir mit Rat und Tat zur Seite zu stehen. Mit Herrn Dr. Neve in Singapur nahm ich bereits Kontakt auf. Da ich jedoch Ihrem Brief entnahm, daß Herr Dr. Neve in Urlaub weilt, vermute ich, daß er mein Schreiben noch nicht bekommen hat.

Es freut mich, daß Sie sich bereits für mich an den Political Agent in Gilgit gewandt haben und daß dieser keine Einwände gegen meine Expedition erhebt. Wie General Bruce schrieb, ist die Unterstützung des Political Agent von Gilgit sehr wichtig und wertvoll. Auch ich selbst werde noch an Mister H. J. Todd schreiben und ihn bitten, meine Expedition zu unterstützen.

Nun möchte ich Sie in einer wichtigen Angelegenheit um

Auskunft bitten. Ich beabsichtige, bei meiner Expedition auch einen Topographen mitzunehmen, der das Gebiet des Nanga Parbat mit den neuesten Methoden der Photogrammetrie aufnehmen soll. Dazu ist Herr Biersack ausersehen, welcher schon 1928 an der Alai-Pamir-Expedition als Mitarbeiter von Dr. R. Finsterwalder teilnahm und auf dem Gebiet der Photogrammetrie große Erfahrung besitzt. Ich erbitte nun Ihre Meinung dazu, ob etwa seitens der indischen Regierung Einwände gegen derartige Aufnahmen bestehen oder ob die Survey of India sich für diese Art Aufnahmen sogar interessiert. Es würde mich sehr freuen, mit Ihnen und General Bruce bekannt zu werden. Sollte es mir möglich sein, dieses Jahr nach London zu kommen, werde ich Sie rechtzeitig verständigen. Vielleicht haben Sie die Freundlichkeit, mir mitzuteilen, wie lange Sie noch in England sind.«

Am 13. Dezember ein letzter Rettungsversuch. Von Sydow schreibt an Rehlen:

»Verehrter Freund! Heute nachmittag – kurz bevor Ihr freundliches Schreiben vom 12. in meine Hände kam – war Herr Notar Bauer bei mir. Durch ihn erfuhr ich von dem Schreiben des Auswärtigen Amtes an Sie. Ich hielt es für richtig, ihn nunmehr von unserem Freiburger Hauptausschuß-Beschluß in Kenntnis zu setzen, wonach wir in erster Linie die Unternehmung Welzenbachs unterstützen würden und falls noch eine zweite Unternehmung in Frage käme, ebensoviel (15–18 000 RM) an seine Expedition wenden würden. Was das Schreiben des Auswärtigen Amtes betrifft, sagte ich ihm, daß das meines Erachtens gegen die Abrede sei: wenn ich erster Vorsitzender wäre, so würde ich dem

Auswärtigen Amt antworten, daß der Hauptausschuß sich eine selbständige Entscheidung vorbehalten müsse, wem von beiden er in erster Linie seine Unterstützung zuwenden wolle. Bauer war etwas betroffen über den Beschluß des Hauptausschusses und stellte in Aussicht, daß er diesen um eine Revision seines Beschlusses bitten werde, worauf ich ihm sagte, daß ich es für nicht tunlich hielte, den Hauptausschuß vor der üblichen Frühjahrstagung noch einmal zusammenzurufen. Bauer erkannte an, daß er ohne die Subvention des Hauptausschusses nichts machen könne.

Inzwischen haben Sie dem Auswärtigen Amt geantwortet und ich bin erfreut zu sehen, daß Sie von sich aus unternahmen, was ich an Ihrer Stelle auch getan hätte. Bauer riet ich, seine Unternehmung um ein Jahr zu verschieben. Über die Finanzierung sagte er mir, daß sie fertig sei, wenn er vom Alpenverein ca. 15 000 RM erhielte. Mir scheint, wir müssen bei der Stange bleiben und dürfen uns vom AAVM nicht majorisieren lassen.

Die Eingabe Bauers um Revision des Hauptausschuß-Beschlusses wird nun sicher kommen. Ihm würde zu antworten sein, daß ein wohlerwogener Beschluß des Hauptausschusses vorliege, an den die Vereinsleitung gebunden sei und es untunlich sei, den Hauptausschuß vor dem Mai noch einmal einzuberufen. Dem Auswärtigen Amt habe der Hauptausschuß bereits im obigen Sinne geantwortet.

Äußerlich vollzog sich übrigens die Unterhaltung mit Bauer in den besten Formen. Von Ihrer Antwort an das Auswärtige Amt sagte er mir nichts. Ich möchte glauben, daß er davon noch nichts wußte. Mit freundlichsten Grüßen von Haus zu Haus stets der Ihrige, gez. R. Sydow.«

All die Mühe bleibt zuletzt vergeblich. Die Entscheidungen gegen Welzenbach sind bereits getroffen.

Für die Altherrenschaft des Akademischen Alpenvereins München war es schwierig, eine endgültige Entscheidung zu treffen, denn Bauer und Welzenbach können sich ohne gegenseitige Zugeständnisse nicht einigen. Zuletzt aber entscheidet der AAVM:

»Wie bekannt, hatten unsere Mitglieder Notar Bauer und Dr. W. Welzenbach beide den Plan, im Jahr 1931 eine Expedition in den Himalaya zu führen. Notar Bauer an den Kangchendzönga, Dr. W. Welzenbach an den Nanga Parbat. Im Lauf des Herbstes zeigte sich, daß nur eine Expedition möglich sein würde, da das Auswärtige Amt in Berlin erklärt hatte, nur eine Expedition unterstützen zu können. Welche der beiden Expeditionen gehen sollte, sollte in München entschieden werden.

Nachdem nicht nur die beiden Expeditionsleiter, sondern auch fast alle Teilnehmer Mitglieder des Vereines sind, hielt sich dieser, dessen Vollversammlung ebenfalls zu der Überzeugung kam, daß nur eine Expedition im deutschen Interesse liegen könne, für zuständig, in der Angelegenheit eine Entscheidung zu treffen. Sie wurde von einer 5köpfigen Kommission eingehend in mehreren Sitzungen durchgesprochen, woraufhin die Vollversammlung vom 9.12.1930 auf Antrag dieser Kommission beschloß, ›1931 nur die Bauersche Expedition an den Kangchendzönga zu unterstützen‹. Aus den Tatsachen, die den AAVM zu dieser Stellungnahme brachten, greifen wir kurz folgende heraus:

1) Die Bauersche Expedition von 1929 hat – durch die ganze Art ihrer Durchführung, das persönliche Auf-

treten der Teilnehmer, die bewiesene Fähigkeit in der Behandlung der Träger, nicht zuletzt durch die gewissenhafte und bis ins einzelne gehende Vorbereitung, welche eine nicht nur nach außen hin reibungslose Durchführung ermöglichte – in Indien, wo sie als voller Erfolg gewertet wurde, einen so nachhaltigen Eindruck hinterlassen, daß auch jetzt noch eine neue Kantsch-Unternehmung nur als Fortsetzung der letzten angesehen werden wird. Es wäre unverständlich, wenn dieser Eindruck nicht sofort, wenn sich Gelegenheit bietet, und mit allen Mitteln ausgenützt werden würde. Demgegenüber müßte die Expedition Welzenbach in jeder Beziehung von vorne anfangen.

2) Das Kantsch-Unternehmen wurde und wird von den Engländern, bei denen solche Dinge von der breiten Öffentlichkeit in ungleich größerem Maß gewürdigt werden als bei uns, in Parallele gesetzt mit dem mit ungeheuren Mitteln unternommenen, dreimaligen Ansturm auf den Mount Everest, der von der ganzen englischsprechenden Welt nicht nur als Angelegenheit weniger Bergsteiger und Wissenschaftler gewertet wird, sondern als Angelegenheit der ganzen englischen Nation. So wurde auch beim Kantsch-Unternehmen, ohne unser Zutun, aus einer rein bergsteigerisch-wissenschaftlichen Sache eine Sache des Ansehens des deutschen Namens im Ausland. Aus diesem Grund würde es in England und auch bei uns von niemandem verstanden werden, wenn ein anderes Unternehmen in Angriff genommen würde.

3) Im Jahr 1931 stehen Bauer die meisten seiner bewähr-

ten Gefährten von 1929 noch zur Verfügung, von denen feststeht, daß sie die bergsteigerische Arbeit in großen Höhen leisten können. Auch sind in Darjeeling jetzt noch geschulte und an die Höhe gewöhnte Träger vorhanden. Ob beides in späteren Jahren noch der Fall sein wird, ist mehr als zweifelhaft. Diese Stellungnahme des Vereins wurde sowohl dem Auswärtigen Amt als auch dem Hauptausschuß des DÖAV mitgeteilt.«

Am 17. Dezember 1930 folgt die Antwort aus Berlin: »Nachdem nun der Hauptausschuß des DÖAV seine Unterstützung für den Expeditionsplan des Münchner Stadtbaurats Dr. Welzenbach nach dem Nanga Parbat im Himalaya zurückgezogen hat, wurde die Botschaft in London gebeten, alles Erforderliche zur Genehmigung des Bauerschen Unternehmens nach dem Kangchendzönga in die Wege zu leiten.«

Der Akademische Alpenverein München verständigt sogleich Bauer und Welzenbach: »Die Expedition Bauers an den Kangchendzönga im Jahr 1931 ist zu unterstützen. Denn 1931 ist die Kangchendzönga-Expedition die wichtigere und vordringlichere.«

Viele Mitglieder des AAVM aber halten den Nanga Parbat nach wie vor für das aussichtsreichste Ziel im Himalaya, und der Hauptausschuß des Deutschen und Österreichischen Alpenvereins unterstützt Welzenbachs Sache weiter, indem er ausdrücklich betont, die Welzenbach bereits bewilligten Geldmittel stünden diesem für das Jahr 1932 zur Verfügung.

1930
Fiescherwand

Im Dezember 1930 hält Welzenbach vor seinen Klubkameraden einen Vortrag über die Fiescherwand. Viele sind gekommen. Sie hocken eng zusammengedrängt in einem Münchner Bierlokal und hören seine Worte, starren auf die Leinwand, wo Schwarzweißbilder wechseln.

»Die Berggestalten, welche die Täler von Lauterbrunnen und Grindelwald überragen, haben eine enorme, schier erdrückende Wucht«, beginnt Welzenbach seine Erzählung. »Diese abweisende Seite des Berner Oberlandes, eine der wildesten der Alpen, wird von Bergsteigern deshalb gemieden. Sogar von den Engländern.«

Allgemeines Lachen.

»Zigtausende Besucher fahren zwar jährlich mit der Jungfraubahn in die Höhe, Hundertschaften bevölkern täglich die weiten Firngebiete des Aletschgletschers, in den großen Nordwänden aber herrscht absolute Ruhe. Sie sind verwaist, seit Jahrmillionen. Die Jungfraubahn ist der Motor des Fremdenverkehrs im Berner Oberland, wir Bergsteiger sind da keine Größe.

Dieses, mein Berner Oberland, lernte ich erstmals im Winter kennen: Es war im März 1923. Mit Skiern bestiegen wir damals einige seiner Hauptgipfel. Ostern 1924 dann – auf der Fahrt mit der Jungfraubahn zum Jungfraujoch –

Fiescherwand mit Welzenbach-Route

stiegen wir an der Station Eismeer aus, und ich blickte auf ein Nebelgebräu. Der Sturm riss hin und wieder ein Loch in den Wolkenschleier, und ich staunte, starrte zuerst aber nur auf die Eisbrüche des Grindelwaldgletschers.

Als sich die Nebelschwaden lichteten, leuchtete hinter einem Schleier von Schneestaub und Schlieren eine Wand aus Fels und Eis, wie ich sie nie zuvor gesehen hatte – die Fiescherwand.«

Welzenbach macht eine Pause. Wie im Chor ist ein »Aaah« zu hören.

»Unwahrscheinlich steil ragt sie auf aus weißem Firn, der Gipfel in schwindelnder Höhe. Schon Guido Lammer schrieb über die Fiescherwand: ›Das noch ungelöste Problem der Ersteigung des Großen Fiescherhorns, direkt aus dem Grindelwaldgletscher über die furchtbare Riesenwand, halte ich für die schönste, aber auch schärfste Leistung in den Berner Alpen, und nur dem schneidigsten Herzen und ausdauerndsten Arbeiter mag die stolze Tat glücken.‹« Pause. »Zitat Lammer.« Und wieder eine Pause.

»Während ich mir einen Weg durch diese Wandflucht vorzustellen versuchte«, das Bild auf der Leinwand fordert zur Beteiligung auf, »stiegen neue Schwaden auf und schluckten das Bild unfassbarer Wildheit.«

Alle im Raum schaudern, ein gewaltiger Eindruck: So steil, furchterregend, abschreckend, unnahbar ist die Wand. Und gerade deshalb für Welzenbach so begehrenswert?

»Im Herbst 1926 dann lasen wir alle die Nachricht: die Fiescherwand ist bezwungen! Ja, die Schweizer Akademiker Amstutz und von Schumacher aus Bern haben sie am 3. August 1926 gemacht. In fünfzehnstündiger Arbeit. Sie fanden einen Durchstieg in der Wand, aber was für eine große Enttäuschung für mich! Denn eines meiner jahrelangen Sehnsuchtsziele war mir damit abhandengekommen, entronnen, entschwunden …

Trotzdem, den Bernern ist eine hervorragende alpine Leistung gelungen, sie haben den Bann gebrochen, waren die Ersten. Das ›Unmöglich!‹, das über der Fiescherwand lag, war weggenommen. Sie wagten es, ihren Fuß in diese abschreckende Steilmauer zu setzen, mit Steigeisen an den Schuhen und Pickeln in den Händen.

Die Route Amstutz/Schumacher jedoch ist nicht perfekt, sie konnte nicht voll befriedigen. Sie führt zu weit rechts der

Gipfelfalllinie über jene, schon von Farrar als Anstiegslinie erwogene Felsrippe empor, die etwa achthundert Meter abseits des Gipfels – etwa am Punkt 3802 des Nordwestgrates – endet. Mein Interesse an dieser Wand blieb also lebendig. Die direkte Nordwand des Fiescherhorns wurde also mein Ziel. Denn sie harrte noch ihrer Bezwinger. Ja, ich möchte sagen, dass dieses Wandproblem in meinen Augen jetzt den doppelten Reiz hatte. Die Erkenntnis, dass die Routenführung der Berner nicht optimal war, forderte mich heraus, denn das Problematische eines direkten Gipfelanstiegs wurde von den beiden noch unterstrichen! Der Entschluss also wurzelte in mir umso fester, immer und immer wieder sagte ich mir: die direkte Fiescherwand muss fallen …

Das Jahr 1926 ging zu Ende, als mich plötzlich diese unsägliche Gelenkserkrankung lahmlegte. Für viele Monate musste ich eine Schweizer Heilanstalt aufsuchen, um mich wieder gesund pflegen zu lassen. Eine fürchterliche Zeit. Tag für Tag sah ich die Berge vor mir, denen meine Sehnsucht galt, ohne losgehen zu können. Ich hatte schon jede Hoffnung aufgegeben, mich ihnen jemals wieder nähern zu können, war ein gebrochener Mann.

Mein Arm wurde durch das Messer eines geschickten Chirurgen wieder halbwegs beweglich gemacht, ich begann wieder zu klettern. Es war ein Neuanfang, alles – jeder Handgriff – musste wieder eingeübt werden. In jahrelanger, zielbewusster Arbeit lernte ich ihn wieder zu gebrauchen und trainierte mich so weit, dass ich meine körperlichen Mängel immer mehr ausgleichen, überwinden und zuletzt sogar vergessen konnte. Was für ein Glück! Ein Bergsteiger wünscht sich nichts anderes als das: Funktionalität des Körpers!

Inzwischen war der Herbst 1929 da. Ich erinnerte mich wieder an die Fiescherwand und meine alte Bergsteigersehnsucht, Erstbegehungen zu wagen, wurde wach. Ich wollte mir die Wand, der einst all mein Sinnen gegolten hatte, noch einmal aus nächster Nähe ansehen. Außerdem bot das Berner Oberland ja noch viele andere schöne Fahrten, so dass mir in keiner Weise bange war, wie ich die Zeit dort, bergsteigerisch vernünftig, verbringen könnte.«

Alle lachen bei »vernünftig«, und Welzenbach hält kurz inne, um dann fortzufahren.

»Ich entschloss mich also, mit Freund Tillmann nach Grindelwald zu fahren. Er ist auch beim AAV München, und ich konnte ihn recht schnell mit meinen Überredungskünsten für den Plan gewinnen. Er ist ein idealer Begleiter. Als Auftakt zu unseren Unternehmungen wollten wir eine nicht allzu anstrengende Eingehtour wagen. Sie sollte es uns gleichzeitig ermöglichen, die Fiescherwand einzusehen, sie zu beobachten. Was war geeigneter als der Mittellegigrat am Eiger?

Eigenartig an dieser Bergfahrt ist, dass der Anstieg von Grindelwald über den Unteren Grindelwaldgletscher und den Kallifirn zur Mittellegihütte die weitaus größere körperliche Leistung darstellt als die Begehung des Grates selbst. Etwa zehn Stunden brauchten wir, um bei gewitterschwüler Luft bis zu der etwa 3350 Meter hoch gelegenen Hütte emporzugelangen. Zweieinhalb Stunden anderntags benötigten wir, um den einst so gefürchteten Grat von der Hütte bis zum Gipfel zu begehen. Einen großen Vorteil jedoch hatte der langatmige Hüttenabstieg: Den ganzen Tag über hatten wir die gewaltige Mauer der Fiescherwand vor uns.

Eiger, Mittellegigrat (links)

Wir konnten also all ihre Runsen und Rippen, die Wege der Steinschläge und Lawinen beobachten.

Abends sieben Uhr erreichten wir die kleine Hütte am Mittellegigrat. Sie klebt in so außerordentlich luftiger Position wie kaum eine andere Hütte in den Alpen. Zwölf Stunden später stand die Sonne schon am Himmel, und wir verließen das kleine Bergsteigernest.

Über den wundervoll prächtigen Grat führte uns der Weg empor, immerzu in schwindelnder Ausgesetztheit. Zur Linken fiel der Blick über die fast lotrechten Mauern der Eiger-Südwand bis hinab auf das Spaltengewirr des Grindelwalder Fiescherfirns; zur Rechten über die steilen Eishänge der Mittellegi auf die grünen Matten der Alpe Alpigen.

Dieser Anstieg allerdings hatte nur noch wenig mit Bergsteigen im wahren Sinn des Wortes gemein. Es war kein feinfühliges Klettern, es war ein Turnen, ein Klimmen an festen Seilen, die in fast ununterbrochener Folge emporleiten zum Gipfel. Ohne Probleme erreichten wir die ersten Gratzacken, die den Zugang zum großen Steilaufschwung sperren. Widerstandslos ergab sich der Hauptturm, der jahrzehntelang allen Ersteigungsversuchen getrotzt hatte, der Grat wurde flacher, das Gelände leichter. Schon um 9 Uhr 30 Minuten war der Gipfel unser, gerade als zwei Führerpartien von der Station Jungfraujoch über das Eigerjoch hier eintrafen mit der Absicht, den Mittellegigrat im Abstieg zu begehen.

Lange lagen wir beim Gipfel-Steinmann im warmen Sonnenschein, blickten hinüber auf die Mauer der Fischerwand, die dräuend vor uns stand, und weiter nach Süden hin, wo in blauer Ferne die Walliser Riesen in den Himmel ragten. Dann stiegen wir über die Nordwestflanke zur Station Eigergletscher ab. Schon dunkelte der Abend, als wir im Schatten der Eigerwand hinabschlenderten nach Grindelwald.

Der stete Anblick der Fischerwand vom Mittellegigrat aus, die geistige Beschäftigung mit dem Problem, versetzte uns in jene nervöse Spannung, die unbedingt nach einer Lösung drängte. Es war für uns beinahe eine Selbstverständlichkeit, als nächste Fahrt schon die Fischerwand aufs Programm zu setzen. Wir wollten rasch eine Entscheidung herbeiführen.

Dem Fuße der Fischerwand ist nördlich der begrünte Rücken des Zäsenberges vorgelagert, der wie eine Insel von den Eismassen des Unteren Grindelwaldgletschers und des

Grindelwald-Fiescherfirns umbrandet wird. Dieser Rücken kulminiert in einer schwach ausgeprägten Rückfallkuppe, welche die kühne Bezeichnung ›Zäsenberghorn‹ trägt.

Der Zäsenberg schien wie geschaffen als Biwakplatz für Anwärter auf die Fiescherwand. Freund Tillmann aber sagte: ›Gehen wir doch lieber auf die Schwarzegghütte, dort können wir uns gut ausschlafen und anderntags zeitig losgehen. Wir könnten dann ebenso früh am Einstieg sein, als wenn wir am Zäsenberg biwakierten.‹ Ich wollte mich der Logik dieser Worte nicht verschließen, und so stiegen wir ruhigen Schrittes zur Schwarzegghütte empor. Zwölf Stunden später allerdings bereute ich diesen Entschluss bitter.

Schon frühmorgens, um 2 Uhr 30 Minuten, brachen wir von der Hütte auf, überschritten den Unteren Grindelwaldgletscher dicht oberhalb seines großen Bruches und beabsichtigten nun, an seinem linken Ufer etwas abzusteigen, um dann nach Westen in die Hänge des Zäsenberges zu queren. Hier jedoch verfolgte uns das Pech. Unser Schicksal schien besiegelt: Wir rutschten, fielen und stolperten im Finstern in steilen Moränenhängen herum, betraten wieder und nochmals den Gletscher, um bald durch jähe Abbrüche und tiefe Spalten abermals nach links ans Ufer gedrängt zu werden. Hier kletterten wir nun stundenlang zwischen steilen, glattgescheuerten Felsplatten und schmierigem, schmutzbedecktem Eis herum, ohne in der Dunkelheit einen Ausweg zu finden.

Kostbare Stunden waren verloren, durch dieses nächtliche Umherirren hatten wir viel Kraft eingebüßt. Als wir endlich die freien Hänge des Zäsenberges erreichten, begann der Tag zu erwachen. Über Schutt und Schrofenhänge stiegen wir empor und querten zuletzt über schwach geneigte Gletschertrassen in das ebene Firnbecken am Fuße der Fiescherwand. Nun, da wir endlich dieser fast 1300 Meter hohen Steilmauer gegenüberstanden – die Besteigung seit langem ersehnt – empfanden wir ein kaltes Grauen. So abweisend, so furchterregend sah sie aus.

Nähert man sich werbend einer Kalkwand in unseren heimatlichen Bergen, so wird diese – mag sie aus der Ferne noch so abweisend erscheinen – beim Näherkommen flacher und ihrer Geheimnisse beraubt. Ihre Flanken zergliedern sich, Strukturen treten hervor, Rinnen, Bänder, Risse werden erkennbar, und nach längerer Betrachtung wird das geschulte Auge an ihr einen Weg in die Höhe finden. Hier aber, wie vielfach im Hochgebirge, ist es geradezu umgekehrt. Je näher wir dem Wandfuß kamen, desto steiler schien sich die Wand über uns aufzuschwingen, umso beeindruckter suchte das Auge an allseits glatten Platten und glitzernden Eisflächen nach einer Aufstiegsroute.

Über dem weitgeöffneten Bergschrund baut sich die untere Wandhälfte als Plattenzone auf. Mit zunehmender Höhe türmt sich immer steiler und steiler der Fels darüber. Dann macht, in halber Wandhöhe, der Weg plötzlich einen scharfen Knick unter der firnigen Gipfelwand, ist von unten aber nicht mehr zu erkennen. Kurz unter der Firnwand, wo sich der Fels am steilsten aufbäumt, war er jetzt mit glasigem Eis überzogen und von pulvrigem Schnee bedeckt. Unser Blick glitt weiter empor, über eine glatte Firnwand, über schimmernde Eiswülste, zuletzt blieb er an einer mauerartigen Eisbarriere haften.«

Welzenbach, der ruhige, sachliche Redner, kommt in

Fahrt. Alle im Saal bewundern ihn, den erfolgreichsten deutschen Bergsteiger dieser Jahre. »Ach, die Nanga-Querelen sind doch lächerlich!«, hört man einen in die kurze Stille sagen. Und alle wissen es: Diese Wand wird seine Karriere krönen, auch ohne Nanga.

»Frische Abbruchstellen, blaues Eis und mächtige Lawinenkegel am Fuße der Wand gaben Zeugnis von den Naturgewalten, die hier wüteten«, fährt der Redner fort.

»Man muss ja nicht zum Nanga, um umzukommen«, wirft einer der Zuhörer ironisch ein. Pause. Lautes Lachen. »Weiter!« Und Welzenbach nimmt seinen Bericht wieder auf.

»Lange saßen wir am Rand einer dünnen Firnbrücke, welche die Randkluft überwölbte, starrten die Wand empor. Sollten wir's wagen? Durften wir in diese Todesmauer einsteigen? Es reizte mich gewaltig. Dann aber kam wieder die Stimme der Vernunft, die warnte. Dazu flüsterte der Zweifel: Kommt ihr erst über die Felsen des untersten Wanddrittels empor, so werdet ihr höchstwahrscheinlich an den vereisten Platten der Mittelzone abgeschlagen, wo einst auch Dr. Kehl bei seinem Versuch zum Rückzug gezwungen wurde. Zuletzt sagten wir uns aber: Mit Zaudern wird nichts erreicht, noch nie wurde eine große Tat durch Abwarten vollbracht! Und schon überschritt Freund Tillmann den Bergschrund. Er begann die Kletterei, legte Hand an die Felsen: ›Auf geht's!‹, rief ich ihm nach. Bald aber blieb er stehen, blickte kopfschüttelnd empor, und wir beratschlagten weiter.

Ich schaute auf die Uhr, es war bereits 8 Uhr morgens, ein Blick zum Himmel: langgezogene Fischwolken schwammen am nördlichen Horizont. Ein sicheres Zeichen dafür, dass noch im Laufe des Tages ein Wettersturz zu erwarten war. Wir überlegten: Wenn wir einsteigen würden, hätten wir bei den zu erwartenden Schwierigkeiten in der Mittelzone der Wand ein Unwetter auszuhalten, höchstwahrscheinlich. Ein Biwak schien dann unvermeidlich, und hielte der Wettersturz länger an, so müssten wir anderntags um unser Leben kämpfen. Wie dann aus der Wand entkommen? Zuletzt siegte die Stimme der Vernunft. Langsam stieg Tillmann wieder zurück, überschritt den Bergschrund in umgekehrter Richtung. Wir schlenderten über den steilen Lawinenkegel und wieder hinunter zum ebenen Firnbecken am Fuße der Wand.

Es war für uns selbstverständlich, dass unsere Sinne nach oben gerichtet blieben, die Schlappe musste wieder wettgemacht werden. Den angebrochenen Tag wollten wir irgendwie nutzbringend verwenden. Jetzt erst fiel unser Blick auf jene steile Kante, die rechts vom Gipfel des Fiescherhorns aus der Riesenwand hervortritt. Dort war sie vor drei Jahren von Amstutz und Schumacher bezwungen worden.

In die eisige Flanke der Wand fiel gerade kein Sonnenstrahl, auf dem Weg unserer Vorgänger aber vergoldete das Sonnenlicht in diesem Moment die obersten Zacken dieser Kante. Die Herausforderung war zu groß, um verzichten zu können: über diese kühne Schneide wollten wir hinauf, in die Höhe, dem Lichte zu. Ihr galt unser Streben. Schon sahen wir uns im warmen Sonnenschein über die luftige Kante emporturnen, ahnten uns stufenschlagend über den kühnen Firngrat steigen, der das Ende der Kante mit der Schlusswand verbindet. Wir rechneten: Die Kante ist tausend Meter hoch, wenn wir uns beeilten, konnten wir bei einem angenommenen Stundenfortschritt von etwa zweihundert Höhenmetern bis mittags um eins am Ausstieg sein. Bis dahin – so hofften wir – würde das schöne Wetter anhalten. Das war unsere sachliche Kalkulation. Es könnte natürlich auch wesentlich anders kommen, wie jeder Bergsteiger weiß. Vielleicht unterschätzten wir auch die Schwierigkeiten dieses Weges.

Rasch entschlossen, querten wir hinüber zum steilen Felssporn, mit dem die Kante aus dem Firn aufsteigt: 8 Uhr 30 Minuten war es jetzt. Wir standen an unserem zweiten Einstieg für heute. Es hieß nun sich zu beeilen. Links der Kante hetzten wir unangeseilt empor über steile Eisrinnen, querten dann über ansteigende Eisbänder nach rechts um die Kante herum, in die steilen Bratschen der westlichen Begrenzungsflanke. Kein Tritt, kein Griff war hier fest. Felsblöcke polterten unter unseren Tritten in die Tiefe, Griffe zerbrachen unter den tastenden Fingern. Ohne innezuhalten, strebten wir höher, um die unangenehmste Zone rasch hinter uns zu bringen. Rast. Auf einem Felssims pausierten wir kurz. Mit einem Male ertönte jetzt ein wilder Krach, dem langanhaltendes, donnerartiges Rollen folgte. Eine Eismauer hatte sich vom Rand des Hochfirns gelöst und fuhr krachend und stiebend über die Wand zu unserer Linken nieder. Noch wenige Stunden vorher hatten wir an deren Fuß gestanden, mit der Idee spielend, in diese zentrale Mauer einzusteigen.

Nach oben hin wurde der Fels fester, steil schwang sich die Kante auf. Jetzt erst legten wir das Seil an. In schwerer, aber prächtiger Kletterei ging's empor. Endlos schien sich die schier vertikale Wegstrecke zu dehnen. Es war bereits nachmittags 2 Uhr, als wir den steilen Firngrat erreichten, der vom Ende dieser Gratrippe in fein geschwungener Linie emporleitet zur plattengepanzerten Schlusswand. Nach unserer Berechnung hätten wir schon mittags 1 Uhr am Ausstieg sein sollen! Stimmte etwas mit unserer Zeiteinteilung nicht? Noch lag ein schweres Stück Arbeit vor uns: die Überwindung einer nahezu senkrechten Wandpartie, die den Ausstieg zum Gipfel versperrt.

Wir setzten uns zu kurzer Rast nieder und legten die Steigeisen an. Inzwischen begannen gespenstische Nebelfetzen aus den Gründen des Grindelwald-Fiescherfirns emporzuschleichen. Aus dem Nichts entstanden sie, leckten gierig hoch an den Wänden, geisterten um Grate und Kanten, zerflatterten dann wieder, um neuen Schwaden Platz zu machen. Plötzlich quollen auch über den Kamm des Hauptgrates von Südwesten her dicke Nebelschwaden, ergossen sich von oben in die Flanken der Fiescherwand und ganz langsam, in leichten Flocken, begann es zu schneien.

Eile war geboten, wir beendeten unsere Rast, stiegen den steilen Firngrat gegen die letzte Felswand empor. Ein wahrlich heikler Gang, denn der Schnee lag wässrig und schwer ohne jede Verbindung auf der Eisunterlage. In gleichem Maß, wie wir vorankamen, verschlechterte sich das Wetter. Ein eisiger Wind war aufgesprungen, er trieb uns die nun spitzen Schneekristalle ins Gesicht, die Haut schmerzte.

Endlich standen wir vor der Schlusswand. Tillmann griff sie als Erster an. Ich stand auf einem kleinen, aus dem Eis ragenden Felsblock und sicherte ihn, so gut ich konnte. Mein Freund mühte sich sehr lange vergeblich, doch er kam nicht vorwärts: die Felsen mit Eis überzogen, Griffe und Tritte von Neuschnee zugeschüttet, es war kein Vorankommen.

Wieder ging Tillmann die prekäre Wandstelle an, die den Zugang zu einer höher oben ansetzenden Verschneidung versperrte. Mit äußerster Anstrengung gelang es ihm doch noch, einen Mauerhaken in eine Felsritze zu treiben, den Karabiner einzuhängen und das Seil einzuklinken. Ein verzweifeltes Ziehen und Stemmen folgte, ein Scharren der Nagelschuhe an glatter Wand war zu hören, dann entschwand er meinem Blick in die nebelgefüllte Verschneidung. Langsam lief das Seil ab. Ich sah nichts mehr von meinem Freund, hörte nichts als das Heulen des Sturms und das leise Geräusch des niederrieselnden Schnees. Endlich – eine Stimme! Durch das Tosen des Windes hindurch hörte ich Tillmann: ›Nachkommen!‹

Mit starren Fingern, verkrampften Muskeln, arbeitete ich mich am Fels hoch. Der rieselnde Schnee floss mir hinter den Hemdkragen und in die Rockärmel. Bald drohte mein beschädigter Arm seinen Dienst zu versagen. Mit äußerster Anstrengung gewann ich die Verschneidung und verklemmte mich zwischen vereisten Flanken. Der Tricounibeschlag meiner Bergschuhe verbiss sich ins glasige Eis, die Finger wühlten im Schnee: ganz langsam schob ich mich empor. Etwa zehn Meter der Verschneidung mag ich so hinter mich gebracht haben, da verflachte sie sich etwas. Ich bog um eine Ecke und stand bei ihm: Freund Tillmann atmete durch.

Das Schwerste war geschafft. Kaum fünfzig Meter über uns wölbte sich das weitausladende Dach der Wechte vor, welche die Wand krönte. Über steilen, aber griffigen Fels stiegen wir die letzten Seillängen empor. Bald kauerten wir in der Hohlkehle unter der Wechte, in der der Wind sein einförmiges Lied orgelte. Ein paar Pickelhiebe Tillmanns brachen den letzten Widerstand, dann standen wir oben auf sanft geneigten Firnhängen. Wie ein Albtraum fiel die seelische Spannung von uns ab. Und die seelische Erleichterung verlieh uns Flügel.

Nachmittags, es war 5 Uhr 10 Minuten, war an einen Aufstieg zum Gipfel des Groß-Fiescherhorns nicht mehr zu denken. Wir mussten froh sein, wenn wir im Nebel und Schneetreiben glücklich die Berglihütte oder die Station Jungfraujoch erreichen könnten.

Wir machten uns also an den Abstieg. Der Schnee war durchweicht, so dass wir bei jedem Schritt bis über das Knie einbrachen: dichter Nebel umgab uns, langsam nur kamen wir voran, es schneite weiter. Es war dämmrig geworden, als wir den ebenen Grund des Ewig-Schneefeldes erreichten. In der einen Hand die Bussole, in der anderen die Laterne, stapften wir weiter. Der Weg schien endlos. Endlich trafen wir auf eine verwaschene Spur, verfolgten sie. Woher sie kam, wohin sie führte, wir wussten es nicht. Der Himmelsrichtung nach zu schließen, musste sie uns zum oberen Mönchjoch leiten.

Torkelnd und taumelnd verfolgten wir im flackernden Licht der Laterne die Spuren vor uns. Da – endlich – durchbrach ein schwacher Lichtschimmer die Nebel. Das Licht wurde heller, deutlicher, die Umrisse einer Türöffnung wurden erkennbar – wenige Schritte noch, dann standen wir am Eingang des hell erleuchteten Sphinxstollens. Er leitete uns hinein ins Berginnere zur Station Jungfraujoch. Eine Stunde später schon lagen wir im Hotel Jungfraujoch, bleierner Schlaf überkam uns.

Nur das eine wussten wir: wir würden wiederkommen,

die Wand würde dann fallen! Außer, es ginge wider Erwarten doch zum Nanga Parbat.«

Räuspern, Hüsteln im Saal. Sonst absolute Ruhe. Welzenbach beginnt von neuem.

»Ein Jahr war verstrichen, und ich befand mich 1930 wieder auf der Fahrt ins Berner Oberland. Als Begleiter auch diesmal Freund Tillmann. Ein sonnendurchfluteter Tag sah uns auf dem Gipfel des Wetterhorns. Wieder war es die Fiescherwand, die – unter all den kühnen Bergformen im Umkreis – den Blick mit dämonischer Gewalt auf sich zog. Da wurde uns klar, dass wir dieser Wand restlos verfallen waren.«

»Also keiner Frau, Willo?«, fragt einer aus dem Dunkel des Saales.

»Wir waren überzeugt«, fährt Welzenbach unbeirrt fort, »dass wir sie diesmal kriegen. Wir würden Sieger bleiben!

Spät, eigentlich viel zu spät für ein so großes Unternehmen, verließen wir am Morgen des 5. September unseren Schlafplatz. Freund Tillmann erklärte, die Nacht wäre zum Schlafen da und nicht zum Herumstolpern in unwegsamem Gelände. Es war bereits 5 Uhr 15 Minuten, bis wir vom Biwakplatz aufbrechen konnten, um 7 Uhr 15 Minuten erreichten wir den Wandfuß.

Wieder, wie schon im vergangenen Jahr, stand die gleiche Mauer vor uns. In ihrer abweisenden Steilheit, in ihrer ganzen Größe. Ihr Anblick aber war uns schon viel vertrauter. Hatten wir sie ein Jahr vorher mit Grauen betrachtet, beäugten wir sie jetzt mit kühler Sachlichkeit. Bald hatten wir mit dem Auge einen möglichen Weg ausfindig gemacht. Was für eine Aufregung, die Gangbarkeit einer Wand, einer

Welzenbach im steilen Eis

Route, mit dem Auge der Erfahrung, des Könnens, des Wegsuchers zu ergründen! Das ist die Kunst großen Bergsteigens – in den riesigen Wänden zu lesen, wie in einem Bild: Die felsige Basiszone der Wand ist in eine Reihe von Vertikalrippen gegliedert. Wenn wir also am Fußpunkt der dritten Rippe von rechts in die Wand einsteigen würden, so müsste es uns gelingen, von dort über einen steilen Firnhang nach links die vierte Rippe zu gewinnen, welche oberhalb einer außerordentlich steil geneigten Eiswand mit etwas flacherer Neigung ansetzt. Über diese Rippe könnten wir dann emporsteigen, bis sie sich in fast senkrechten Plattenschüssen verliert. Hier gälte es, über eisbedeckte Felshänge weiter nach links auf die fünfte Rippe zu queren, welche als steile, aber offenbar gut griffige Kante gerade emporzieht zu einem links der Gipfelfalllinie in die Wand eingelagerten Eisfeld. Gelänge es dort, dieses Eisfeld nach rechts zu queren und den hier sperrenden Wandgürtel zu durchsteigen, so wäre die firnige Gipfelwand erreicht und damit der Weg zum Gipfel frei. Wenn es uns glückte, einen so kühnen Weg durch diese stolze Wand zu begehen, wäre eines der größten Probleme der Berner Alpen gelöst, ein wahres Kunstwerk vollbracht!«

Lautes Klatschen ist zu hören. Pfiffe auch. »Willo! Willo!«, rufen einige der Zuhörer.

»Nun gab es kein Zaudern mehr. Ohne weitere Prüfung der Wand stiegen wir über den Lawinenkegel zum Bergschrund empor, überschritten ihn auf einer guten Brücke. Am Beginn der dritten Rippe standen wir in der Steilwand. Um möglichst rasch vorwärtszukommen, gingen wir noch ohne Seil. Die Knöchel bogen sich, dass sie schmerzten, die

Steigeisen krallten sich ins harte, steile Eis. Schräg nach links stiegen wir empor. Nur hin und wieder ritzte ein Pickelhieb das Eis, raschelnd kollerten die Splitter in die Tiefe und verschwanden im weitklaffenden Bergschrund am Fuße der Wand. Freund Tillmann, der vorausging, als Erster die Wegsuche verantwortete, war bald hinter einer aus dem Eis vorspringenden Felskante meinem Blick entschwunden. Als ich um die Ecke bog, sah ich ihn schon im Grund der steilen, engen Eisrinne, die zwischen der dritten und vierten Rippe herabzieht. In einer grottenartig aus dem Eis gehöhlten Einbuchtung blieb er sitzen. Über morsches, splitteriges Eis querte ich zu ihm hin, und in dem kleinen Loch, eng zusammengedrängt, legten wir das Seil an.

Ein schmales Gesims aus brüchigem Fels, das nach links aus der Rinne hinausführt, ermöglichte den Weitergang zur vierten Rippe. Über Eis und Fels stiegen wir empor, bis sich die Rippe in den fast senkrechten Plattenlagen der Mittelzone verliert. Hier zwingen abschüssige Eisfelder nach links gegen die fünfte Rippe, die als ausgeprägt vorspringende Kante diese Plattenzone durchzieht. Ohne Stufen, lediglich auf die Kraft unserer Knöchel und die Güte der zehnzackigen Steigeisen vertrauend, traten wir den schweren Gang an. Immer steiler, immer schlechter wurde das Eis. Nach einigen Seillängen aber vertrugen unsere Knöchel die wachsende Beanspruchung nicht mehr. Eine Zone von sprödem, muschelartig ausgehöhltem Wassereis wurde von Tillmann in mühsamer Stufenarbeit überwunden, dann endlich war die fünfte Rippe erreicht.

Sie baut sich als außerordentlich steile, aber gut griffige Kante auf. Gerade wegen ihrer Steilheit war sie fast vollkommen schneefrei. Hier legten wir unsere Eisen ab und strebten dann in prächtiger Felskletterei empor. Es ging schon gegen Mittag, als wir endlich das Ende der Rippe erreichten und am Beginn des steilen Eisfeldes standen, das hier in die Wand eingelagert ist. Über uns wuchsen Fels und Eis in unheimlicher Steilheit zu schwindelnden Höhen empor. Nur nach rechts hin schien der Felsgürtel, der das Eisfeld begrenzt, einen Durchstieg zu ermöglichen.

Nun übernahm ich den Vortritt, um Tillmann, der bisher geführt hatte, zu entlasten. Stufenschlagend stieg ich schräg nach rechts gegen das Felsbollwerk auf, das dieses Eisfeld abschließt. Vorsichtig sicherten wir Seillänge um Seillänge, langsam unser Vordringen jetzt. Zum Glück war diese Querung die einzige steinschlaggefährdete Zone im Verlauf der Tour. Durch die Tageswärme begannen sich jetzt aus den höhergelegenen Wandpartien die Steine zu lösen. Sie sprangen pfeifend über die steile Firnfläche an uns vorbei, um wenige Seillängen unterhalb in den Abstürzen der Mittelzone zu verschwinden. Uns konnten sie nichts mehr anhaben.

Allmählich rückten die Felsen näher. Auf Firnbändern und durch Eisrinnen gelang es uns, den sperrenden Wandgürtel zu überwinden, dann standen wir auf einem kleinen, abschüssigen Felsblock am Beginn der Firnwand. Hier schalteten wir die erste Rast des Tages ein. Eine kurze Rast! Wir waren froher Stimmung, schien doch das Schwerste überwunden zu sein, der Weg zum Gipfel lag frei vor uns. Doch unsere Freude sollte nicht allzu lange währen. Hinter Mönch und Eiger stiegen schwarze Gewitterwolken empor, und auch über den Gipfel des Fiescherhorns stülpte sich eine Wolkenhaube.

Eiligst machten wir uns an den Weiterweg, um möglichst noch vor Eintritt des schlechten Wetters den Beginn jener Firnrampe zu erreichen, welche unter der die Wand krönenden Eisbarriere nach rechts gegen den Gipfel emporzieht. Der Schnee, der im unteren Teil der Firnwand von guter Beschaffenheit gewesen war, wurde mit zunehmender Höhe immer schlechter. Teils war er so morsch, dass die Füße bei jedem Schritt einbrachen, teils bedeckte er, als eine nur dünne Schicht, das darunterliegende Eis, so dass in ermüdender Arbeit Stufen geschlagen werden mussten, um jedem unserer Füße einen sicheren Stand zu garantieren. Zu allem Überfluss stellte sich nun noch eine heftige Gewitterböe ein. Nebel umhüllte uns, und mit einem Mal begann es heftig und in dichten Graupeln zu schneien. Der in den oberen Wandteilen gefallene, nasse Schnee zerrann und floss in Bächen über die Wand herab. Graupel und Wasser füllten jede frisch geschlagene Stufe im Augenblick, nachdem sie geschlagen worden war.

Mühsam arbeiteten wir uns in diesem Schneetreiben weiter empor. Als wir endlich das untere Ende der Eisrampe erreicht hatten, ließ der Schneefall nach, die Nebel hoben sich. Ein kurzer Durchblick auf ein Stückchen blauen Himmels war plötzlich offen.

Wir stiegen durch eine steile Eisrinne empor und gewannen den Beginn der Rampe. In ermüdender Einförmigkeit ging's über diese weiter, immer höher. Es schien uns, als wollte die Wand kein Ende nehmen. Alle zwei Seillängen wechselten wir im Vortritt ab, waren am Ende unserer Kräfte und gleichzeitig am Ende unseres Weges – endlich am Gipfel!

Den Marsch über das Ober-Mönchjoch zum Jungfraujoch hatten wir vom vergangenen Jahr her in so übler Erinnerung, dass wir lieber ins Unbekannte abstiegen. Wir entschlossen uns also, das wesentlich niedrigere Unter-Mönchjoch als Übergang zu wählen, von dem aus wir in kurzer Zeit die Berglihütte zu erreichen hofften.

In eintönigem Trott stapften wir die weite, flache Firnfläche empor, gegen die niedere Einsattelung im rechten Begrenzungskamm, welche wir im fahlen Zwielicht der Nacht als das Unter-Mönchjoch zu erkennen glaubten. Der Mond hatte sich inzwischen wieder hinter schwarzen Wolken verkrochen, dafür erhellte fernes Wetterleuchten hin und wieder das nächtliche Dunkel.

Näher und näher rückten wir der Einsattelung, ohne allerdings die erhofften Spuren früherer Partien zu finden. Wir zweifelten schon, ob wir auf dem richtigen Weg seien, da trafen wir mit einem Mal eine breit ausgetretene Trasse, verfolgten sie über einen kurzen Firnhang aufwärts und standen auf der flachen Einsattelung am Unter-Mönchjoch.

Über Firnfelder sprangen wir jenseits hinunter, ein Rücken folgte, ein blockiger Felsgrat, dann sahen wir plötzlich, wenige Meter unter uns, das Dach der Berglihütte auftauchen. Im nächtlichen Dunkel, um 11 Uhr 15 Minuten, überschritten wir die Schwelle der Hütte, achtzehn Stunden nach unserem Aufbruch vom Biwak ...«

Lautes Hallo, Klatschen, Pfeifen, Tischpochen. Alle sind begeistert. Dann kehrt Ruhe ein. Welzenbach setzt noch einmal an, zögert und sagt dann leise in die Stille des Saales hinein: »In der Diamir-Wand am Nanga Parbat zu lesen ist heute mein Traum. Ihr könnt mir dabei helfen. Es geht

Berner Oberland: Großhorn und Breithorn

dabei nicht um eine Eroberung, auch nicht um einen Sieg – worüber auch? Doch ich weiß, dass ich auch an den höchsten Bergen der Welt zu lesen vermag und erkennen kann, was möglich ist mit dem, was uns die Bergnatur gelehrt hat: Respekt füreinander und vor der Natur, gemeinsames Entscheiden und Handeln sowie die Gabe, es zu wagen.«

Eine Minute lang herrscht Stille, erstes, verhaltenes Klatschen folgt, dann brandet Euphorie auf. Alle wissen jetzt: »Willo ist unser Mann für den Himalaya!« Einer hat es gesagt, alle anderen pflichten ihm bei.

1931
69 Gipfel

Welzenbach kann die ständigen Sticheleien und Angriffe auf seine Nanga-Parbat-Pläne immer noch nicht nachvollziehen. Bauers Gedankengänge erscheinen ihm verworren, und der alte Streit lebt wieder auf. Die Alpenvereinsvorsitzenden aber wollen Zank verhindern und geben nur noch Bauer Schützenhilfe. Die Idee, eine Doppel-Expedition nach Asien zu organisieren – Gesamtkosten 80 000 RM, davon 50 000 RM für Bauers Kantsch-Unternehmen, 30 000 RM für Welzenbachs Nanga-Plan –, ist längst vom Tisch

Trotzdem gehen die Intrigen Bauers gegen Welzenbach 1931 weiter: »Bauer greift die Verfechter anderer Himalayapläne an, indem er ihnen sportlichen Ehrgeiz und menschliche Eitelkeiten als Motive unterschiebt«, beklagt Welzenbach. Die Ideale anderer werden von Bauer als »schmerzliche Fehlentwicklungen« gebrandmarkt.

Walter Schmidkunz, der Journalist und Schriftsteller, der die Himalaya-Idee beider initiiert hatte, nimmt für Welzenbach Stellung und wird von Bauer sofort aufgefordert, seine Haltung zu revidieren.

Am 9. Januar 1931 schickt Bauer dann einen Auszug seiner Aufforderung an Schmidkunz, in Kopie auch an Welzenbach: »In der Münchner Presse muß das Verhältnis Nanga Parbat/Kantsch besser erläutert werden. Aus außenpolitischen und aus Gründen, die in den indischen Verhältnissen begründet liegen (es geht nicht an, daß zwei große deutsche Expeditionen im gleichen Jahr die Mehrzahl der Träger beanspruchen, so daß die Engländer auf ihren Expeditionen, Regierungsreisen und Jagdausflügen mit minderwertigem Material vorliebnehmen müssen), war es nicht möglich, heuer – 1931 – zwei deutsche Unternehmungen nach Indien zu schicken. Wir setzten uns daher zusammen und berieten, welcher der Vorzug zu geben sei. Wir gelangten zur Überzeugung, daß der Kantsch vordringlicher sei. Welzenbach ist zurückgetreten. Dabei spielte auch der Umstand eine Rolle, daß die Sektion München, der Hauptgeldgeber Welzenbachs, infolge der schlechten wirtschaftlichen Lage, Schwierigkeiten hatte, sein Unternehmen zu finanzieren.«

Es ist diese Auseinandersetzung Bauer gegen Welzenbach – zwei geplante Nanga-Parbat-Expeditionen (1930 und 1931) sind im Keim erstickt worden –, die das Szenario vom »Schicksalsberg« heraufbeschwört, das Bauer und seine Leute später strapazieren werden. Wir rekapitulieren: Im Herbst 1929 kehrt die erste Bauer'sche Expedition von ihrem gescheiterten Angriff auf den Kangchendzönga zurück. Nach Aussage der Teilnehmer ist eine Wiederholung der Expedition für das Jahr 1930 nicht geplant. Auch deshalb fasst Welzenbach im Spätherbst 1929 den Entschluss, seine Expedition zum Nanga Parbat zu organisieren. Als sein Plan zu Beginn des Jahres 1930 bekannt wird, erklärt Bauer, er wolle im gleichen Jahr einen zweiten Angriff auf den Kangchendzönga unternehmen. Er tritt in Kontakt mit Welzenbach und fordert ihn auf, von seinem Plan abzurücken, da es nicht opportun sei, zwei deutsche Expeditionen gleichzeitig in den Himalaya zu schicken. Welzenbach lehnt mit der Begründung ab, sein Plan müsse 1930 Priorität haben, da die Vorarbeiten schon weit gediehen seien. Die Verhandlungen werden abgebrochen, und Bauer wütet: »Unsere Interessen werden sich hart stoßen.«

Inzwischen ist Dyhrenfurths Plan bekannt geworden, der 1930 seinen Angriff auf den Kangchendzönga von Norden organisiert. Zwischen Bauer und Dyhrenfurth kommt es zum Streit um »das Recht am Kantsch«. Bauer gibt vor, eine zweite Expedition dorthin vorzubereiten. Will er versuchen, noch vor Dyhrenfurth in Indien zu sein? Nein. Bauer erkennt die Aussichtslosigkeit seines Vorhabens und gibt seinen Plan für 1930 auf.

Gleichzeitig geht – durch Vermittlung des Hauptausschusses des Deutschen und Österreichischen Alpenvereins – an das Auswärtige Amt in Berlin das Ersuchen, Welzenbachs Expedition auf diplomatischem Wege zu unterstützen. Das Auswärtige Amt aber, zu dem Bauer gute Beziehungen unterhält, erklärt, es sei dazu nicht in der Lage, weil die Expedition Dyhrenfurth in Vorbereitung ist. Eine zweite deutsche Expedition sei von den Engländern nicht erwünscht. Diese Stellungnahme ist beeinflusst durch die deutsche Gesandtschaft in London, wo der Legationsrat Dr. Scherpenberg gegen die Nanga-Parbat-Sache arbeitet. Welzenbach ist gezwungen, seine Expedition um ein Jahr zu verschieben. Weil der Hauptausschuss des DÖAV aber beschlossen hat, im Jahr 1931 ausschließlich Welzenbach finanziell und ideell zu unterstützen und etwaige andere Anträge zurückzustellen, konzentriert sich dieser ganz auf die Vorbereitung.

Im Herbst 1930 tritt Welzenbach erneut an das Auswärtige Amt heran mit der Bitte, nun seine Expedition durch diplomatische Unterstützung möglich zu machen. Wieder tritt Bauer mit seinem Kangchendzönga-Projekt auf den Plan. In der Folge entwickeln seine Anhänger eine Propaganda für das Kantsch- und gegen das Nanga-Parbat-Projekt, wobei mit unsachlichen und unrichtigen Argumenten nicht gespart wird.

Wohl auf Betreiben einflussreicher Förderer des Bauer'schen Plans befasst sich die bayerische Staatsregierung mit dem Fall. In einer Besprechung bei Staatsrat Reuter – geladen sind Vertreter der Bauer'schen sowie der Welzenbach'schen Interessen und maßgebende Vertreter des Alpenvereins – erklärt der Präsident des DÖAV, Oberbaudirektor Rehlen, wohl unter dem Druck der Regierungsstellen, der Alpenverein beharre nicht mehr auf seinem Standpunkt, für das Jahr 1931 nur die Expedition Welzenbach und nicht die Expedition Bauer zu unterstützen. Damit ist das Schicksal der Nanga-Parbat-Expedition Welzenbachs endgültig besiegelt. Jeglichen Rückhalts beraubt, muss er seinen Plan fallen lassen, obwohl die Expedition bis ins Detail vorbereitet ist.

Welzenbach, um seine Himalaya-Pläne betrogen, bleibt trotzdem aktiv. Als Bergsteiger, kritischer Beobachter und alpiner Visionär. Am 24. April 1931 verfasst er ein technisches Gutachten zum Lawinenunglück vom 20. Januar an der Probstalm.

Am 30. April meldet sich Walter Bing, ein ehemaliger Freund von Paul Preuß, Journalist und Bergsteiger, bei ihm. Er hat eine andere Einstellung zur Bauer'schen Expedition als die offizielle deutsche Bergsteigerschaft. »Ihre Nanga-Parbat-Expedition mußte scheitern«, schreibt Bing. »Mit

Prof. Dyhrenfurth unterhielt ich mich eingehend über die Gründe und Hintergründe dieses Scheiterns und weil ich mit der Art und Weise, wie die Gruppe Bauer gegen andere Unternehmungen Propaganda macht, nicht einverstanden bin, will ich die Sache aufklären. Ich interessiere mich für die Entstehung und Durchführung der verschiedenen Himalaya-Expeditionen von Anfang an.«

Bing hat nicht nur Bauers Intrigen durchschaut, ihm ist auch dessen nationalistisches Gehabe ein Gräuel.

Die Antwort Welzenbachs vom 30. Mai klingt sachlich:

»Inzwischen überblicke ich meine beruflichen Verhältnisse weit genug, um sagen zu können, daß es mir wahrscheinlich unmöglich sein wird, im kommenden Jahr den Urlaub zu erhalten, der zur Durchführung meiner Expeditionspläne nötig wäre. (...) Jedenfalls mache ich mich mit dem Gedanken vertraut, meine Pläne endgültig aufgeben zu müssen. (...) Es ist nur bedauerlich, daß die umfangreiche und mühevolle Vorbereitungsarbeit vergeblich geleistet wurde. Bedauerlich ist das Scheitern meines Planes vor allem auch im Interesse der Sache, denn ich halte den Nanga Parbat nach wie vor für eines der aussichtsreichsten Ziele im Himalaya. Ich gestatte mir, einen kleinen Irrtum in der von Ihnen beigelegten Zeitungsnotiz zu berichten: der Hauptausschuß des DÖAV hat nämlich bis zuletzt meine Sache unterstützt! Erst auf Druck des Auswärtigen Amtes, zu dem Bauer sehr gute Beziehungen hat, und einflußreicher, der Sache Bauers nahestehender Kreise, sah sich der AAVM, als meine Sache ohnehin schon ziemlich aussichtslos war, veranlaßt, mir nahezulegen, meinen Antrag für das Jahr 1931 zurückzuziehen. Der Hauptausschuß betonte dabei ausdrücklich, daß die mir bereits bewilligten Geldmittel auch für das Jahr 1932 zu meiner Verfügung stehen.«

Zum Gram, hundert und mehr Ansuchen, Briefe, Expeditionspläne umsonst verfasst zu haben und am Ende ausgegrenzt worden zu sein, kommt die Enttäuschung, einige seiner besten Freunde, verlässliche Kameraden bei großen Touren, mit Bauer zum Kangchendzönga aufbrechen zu sehen. Auch der Brief von Karl Wien, am 29. Mai an Bord der »Saarbrücken« geschrieben, kann Welzenbach nicht trösten:

»Lieber Willo! Es hat mir leid getan, daß wir uns in München nimmer gesehen haben ... Als ich zuletzt bei Dir war, hatte ich den Eindruck bekommen, daß Du tatsächlich einen kleinen (?) Groll hegst, wegen meiner Beteiligung an Bauers Expedition, oder daß Du wenigstens mein Mitgehen als nicht ganz freundschaftlich aufgefaßt hast. (...) Es wäre für mich ein großer Schaden, wenn jetzt eine Trübung zwischen uns zurückbliebe (...) weil ich an unserer Freundschaft (...) in der alten Weise festhalte.«

Mehr als alle anderen Alpinisten drückt sich Welzenbachs Können und seine große Erfahrung in Projekten aus: Die Ortler-Nordwand zum Beispiel, die höchste Eiswand der Ostalpen, und die »drei großen Nordwände« in den Westalpen gehören immer noch zu den kühnsten seiner Träume – zusammengenommen sind diese Ziele das Non plus ultra des Alpinismus seiner Zeit.

An der Ortler-Nordwand versucht sich Welzenbach dann zweimal: erstmals am 24. Mai 1931, einem Pfingstsonntag. Er klettert dabei zusammen mit Willy Merkl, Wetter und Eisverhältnisse aber sind ungünstig, sie queren zum Marltgrat und steigen ab. In der Eiger-Wand herrschen dann zu schlechte Bedingungen für einen Versuch.

Das Arbeitspensum Welzenbachs erscheint unglaublich: Wochenende für Wochenende ist er im Gebirge, allein 1931 steht er auf 69 Gipfeln. Dazu sein Nanga-Projekt mit all dem Ärger. Auch als Münchner Stadtbaurat ist er ganz gefordert. Daneben verfasst er zusammen mit Georg von Kraus die Neubearbeitung des Leitfadens »Über die Anwendung des Seils«, und nicht zu vergessen: Seine Doktorarbeit ist eben erschienen. Bei Professor Dr. Hans Pfann.

Anfang Juli 1931 melden die Zeitungen eine Bergtragödie: »Welzenbach und Merkl vermißt!« Sie sind in der Charmoz-Nordwand im Mont-Blanc-Gebiet in einen Wettersturz geraten. »Die letzten hundert Meter kosten nicht weniger als neun Stunden und stellen in der vereisten, mauerglatten, steinschlagbedrohten Wand letztmögliche Schwierigkeiten an die Alpinisten!«, heißt es. Am 11. Juli dann Entwarnung: »Die vermißten Bergsteiger sind wohlbehalten im Tal zurück. Fünf Tage und fünf Nächte haben sie in der Wand bei Unwetter, Hunger und Frost ausgehalten, zuletzt das Abenteuer ohne Schaden überstanden.«

Das Urteil der Presse: »In der Gesamtheit wohl das Schwerste, was bisher an bergsteigerischer Leistung vollbracht wurde.« Auch in Frankreich erfahren Merkl und Welzenbach viel Aufmerksamkeit. Am 11. Juli schreibt Lucien Devies, Redakteur der französischen Zeitschrift »Alpinisme«, aus Paris an Welzenbach: »Nach langen Tagen, die wir in banger Sorge zugebracht haben, hören wir nun mit großer Freude vom Gelingen Ihrer glanzvollen Leistung an der Nordwand der Grands Charmoz und beglückwünschen

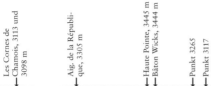

Charmoz-Nordwand, Anstiegsskizze: Versuche und Besteigungen

••••••••••••• 1. Aufstieg über den Nordwestgrat und den obersten Teil der Nordwand: Ryan und Brüder Lochmatter, 14. Juli 1905

-o-o-o-o-o-o-o 1. Versuch zur Ersteigung der Nordwand: Fallet und Tézenas du Montcel am 3., 4. und 5. August 1926

——————— 1. Ersteigung über die Nordwand: Willy Merkl und Willo Welzenbach am 31. Juli und 1. August bzw. vom 6. bis 9. August 1931

------------- 2. Durchsteigung der Nordwand: Gustl Kröner und Andreas Heckmair am 31. Juli 1931

Sie zu dieser heldenhaften Tat … In der Anfang August erscheinenden nächsten Ausgabe will ›Alpinisme‹ einen großen, genauen Bericht über diese von Ihnen gemachten Aufstiege publizieren.« Zurück in München, schreibt Welzenbach also die Story von der »Hölle in der Aiguille des Grands Charmoz« nieder.

»1927 bekam ich sie erstmals zu Gesicht«, beginnt Welzenbach seine Erzählung. »Ich beobachtete die Wand: Bei günstigen Verhältnissen müsste es gelingen, einen direkten Anstieg zum Gipfel zu erzwingen, ahnte ich damals schon. Von Courmayeur über den Col du Géant nach Montenvers kommend, traf ich den mir bekannten Dr. Alfred Gruenwald, der wenige Tage später mit seinem Begleiter May Bickhoff umkommen sollte. Nach ihrer Durchsteigung der Nordwand der Aiguille de Bionnassay am Dôme du Goûter, in einem Unwetter. Dr. Gruenwald berichtete mir von einem Ersteigungsversuch, den die französischen Führerlosen P. Fallet und R. Tézenas du Montcel im Jahre 1926 unternommen hatten: Die beiden waren vom tiefsten Punkt der Wand durch eine Steilrinne zur rechten Begrenzungskante emporgeklettert. In halber Höhe querten sie in die Wand hinein und stiegen durch das Gipfelcouloir an. Hoch oben aber gaben sie auf. Ungute Verhältnisse, Unwetter, Lawinen und Steinschlag ereilten sie im Abstieg.

Der oberste Teil der Nordwand war im Jahr 1905 schon einmal begangen worden. Vom Engländer V. J. E. Ryan und den Schweizer Führern F. und J. Lochmatter, bei einem ersten Aufstieg über den Nordwestgrat. Die Partie hatte den Grat oberhalb der Schulter in den Felsen der Nordwand umgangen und stieg rechts der aus der Gipfelscharte herabziehenden Eisrinne zum Grat an.«

Welzenbach weiß von seinen Vorgängern, zollt ihnen Respekt, baut seine Pläne auf der Historie auf. Er sieht im Alpinismus nicht nur den Sport, er sucht immer das Abenteuer. Im Frühsommer 1931 endlich kann er seinen langgehegten Wunsch in die Tat umsetzen, zusammen mit seinem Freund Willy Merkl. Die Nordwand der Aiguille des Grands Charmoz ist das Schaustück von Montenvers: unglaublich steil, 1100 Meter hoch. Und diese Granitwand über dem Mer de Glace war unbezwungen!

»Es war ein prächtiger Junitag. In eiliger Fahrt trug uns mein kleiner Sportwagen durch das hügelreiche Berner Alpenvorland an die Ufer des Genfer Sees und am Abend auf kurvenreichen Bergstraßen weiter von Genf durch das Tal der Arve nach Chamonix.« Am nächsten Morgen sind sie in Montenvers: »Kühn erschien uns die Nordwand der Charmoz, nach Gewitterstürmen der vergangenen Tage mit Neuschnee überzuckert.

Am Nachmittag erkundeten wir den Zustieg zum Berg. Zwischen mächtigen Moränenblöcken am Rande des Gletschers starrten wir lange in die Wand. Die untere steile Plattenzone ist von Rinnen und Rissen durchzogen, schwierige Kletterei, aber möglich. Darüber setzt in halber Wandhöhe ein Eisfeld an, das bis unter die Gipfelfelsen emporzieht. Unüberwindliche Schwierigkeiten sah ich auch dort nicht. Vom Ende des Eisfeldes zieht eine außerordentlich steile Eisrinne durch die Gipfelwand empor, die von unserem Standplatz aus überhängend erschien. Zur Rechten wird die Eisrinne von einer plattigen Wandflucht begrenzt, zur Linken von

Im steilen Granit

einem vertikalen Felspfeiler, der durch wenige eisbedeckte Bänder gegliedert ist. Die bange Frage war: ist es möglich, die Eisrinne zu überwinden? Oder müssen wir seitlich in die Felsen ausweichen? Die Antwort konnte nur ein Versuch bringen. Es galt, ihn entschlossen zu wagen.

Am frühen Morgen des 30. Juni verließen wir das Hotel. Ein funkelnder Sternenhimmel verkündete einen schönen Tag. Wir stiegen auf gebahntem Weg zur Mer de Glace hinab und verfolgten das orographisch linke Ufer des Gletschers bis in die Falllinie der Wand, deren Umrisse sich hoch über uns geisterhaft vom dunklen Nachthimmel abzeichneten.

Über steile Grasschrofen und Blockhalden gewannen wir die linke Seitenmoräne des Thendiagletschers. Beim ersten Dämmerschein betraten wir das Eis. Über steiler werdende Schneeflächen stiegen wir zur obersten Spitze des Lawinenkegels empor, der dem Wandfuß vorgelagert war. Die Sonne stand gerade über dem Gipfel der Aiguille Verte, als wir über eine gebrechliche Schneebrücke den Fels erreichten.

Aus steilen, glattgescheuerten Platten schwingt sich die Wand aus dem Gletscher auf. Schon die ersten Seillängen dicht über der Randkluft sind schwere Kletterarbeit. Kann sein, dass wir nicht die günstigste Stelle beim Übertritt vom Firn zum Fels gefunden haben, jedenfalls war die Kletterei sehr schwierig. Freund Merkl turnte die Platten in Kletterschuhen empor. Meisterhaft! Ich stieg in Nagelschuhen nach. Quergänge folgten, Wasserrinnen und steile Schneezungen waren zu übersteigen, wir spreizten durch Verschneidungen, erklommen Kanten, nur langsam kamen wir höher. Die Sonne, inzwischen hoch am Himmel, brannte sengend in die Wand. Die Schneereste zwischen den Felsen begannen zu schmelzen, Wasser rann durch alle Runsen, Lawinen tosten durch die Rinnen, mehr und mehr Steine schwirrten pfeifend über unsere Köpfe hinweg in die Tiefe. Nach Überwindung eines griffarmen Pfeilers standen wir am späten Nachmittag auf den letzten Felsen dicht unter der Eiswand. Die Firnauflage auf dem Eis war vollkommen durchweicht, von Schmelzwasser getränkt: außerordentliche Lawinengefahr! Wir wagten es nicht, den Anstieg fortzusetzen. Die geringste Erschütterung konnte den nassen Schnee auf der schlüpfrigen Eisunterlage zum Gleiten bringen. Wir beschlossen deshalb, die Nacht auf den Felsen zu verbringen. Anderntags würde der Weiterweg auf gefrorenem Firn möglich sein.

Auf schmalem, abschüssigem Band richteten wir unser Biwak ein: Wir schlugen ein paar Mauerhaken in den Fels, banden uns daran fest, denn keiner von uns wollte im Schlaf aus der Wand fallen. Als der letzte Schimmer des Tages vorbei war, stülpten wir den Zeltsack über uns und versuchten zu schlafen. Diese unruhige Nacht, hoch oben in der Nordwand der Charmoz, wurde lang: Hin und wieder riss uns ein surrender Stein aus dem Halbschlaf, dann kam eine Lawine über das Eisfeld herabgerauscht, stürzte mit Gedonner, knapp eine Seillänge von unserem Lagerplatz entfernt, durch eine Rinne der Tiefe zu.

Gegen Mitternacht schreckte uns ein wildes Krachen aus dem Schlaf. Hektisch befreiten wir uns von der Zelthülle – was für ein Schauspiel! Aus der Felswand unter dem Nordostgrat der Charmoz hatte sich ein gewaltiger Felspfeiler gelöst, der krachend, als eine Masse zerberstender Felsstücke, in die Tiefe donnerte. Im nächtlichen Dunkel waren Garben sprühender Funken zu sehen, später dann eine Wolke aus Staub, die in dichten Schwaden stundenlang die Wand umhüllte.

Froh, unseren ungemütlichen Biwakplatz am Morgen verlassen zu können, zogen wir die Steigeisen an. Nachdem wir Tee gekocht und uns an den Strahlen der aufgehenden Sonne erwärmt hatten, begannen wir den Aufstieg über die Eiswand. Rasch stiegen wir über hartgefrorene Firnzungen empor. Um 8 Uhr morgens schon standen wir an der Stelle, wo das Eisfeld in die schmale, zur Gipfelscharte hinführende Eisrinne übergeht.

In der Rinne drohte Steinschlag. Um der Gefahr zu entgehen, entschlossen wir uns, es an der Felswand zur Rechten zu versuchen, und hofften, so den Gipfel zu erreichen. Wir wurden aber zu weit nach rechts abgedrängt und erreichten den Grat kurz oberhalb seines Abbruches, wo wir einen schön gebauten Steinmann fanden, der von einem früheren Versuch am obersten Gratstück stammte. Der höchste Punkt, der bisher auf diesem Grat erreicht wurde? Ein flüchtiger Blick genügte, um zu erkennen, dass ein weiterer Anstieg über den Grat unmöglich war!

Ein drohendes Unwetter hieß uns, in die Wand zurückzusteigen und – ohne den Gipfel erreicht zu haben – den Abstieg über den Nordwestgrat anzutreten. Wir seilten mehrmals ab, querten durch die Nordflanke waagrecht zum Grat zurück. Auf der Höhe der Schulter angelangt, entlud sich ein furchtbares Gewitter über uns. Wir kauerten uns unter den Zeltsack, während eisiger Regen, gemischt mit Hagelschauern, niederprasselte. An den Felszacken im Umkreis knisterten Elmsfeuer.

Nachdem das Unwetter sich etwas beruhigt hatte, setzten wir den Abstieg über plattige Abbrüche fort. Eng zusammengedrängt standen wir auf einem schmalen Felssims, machten uns gerade für ein Abseilmanöver bereit, als sich ein zweites Unwetter entlud. Von einer Heftigkeit, wie ich es noch nie im Gebirge erlebt habe. Mitten im Gewitter fanden wir gerade noch Zeit, das Seil zur Sicherung um einen Zacken zu legen, dann wütete der Gewittersturm mit furchtbarer Gewalt um uns herum. Die Wassermassen flossen wie Sturzbäche durch Runsen, Risse und Ritzen, die Bergflanken ein einziger Wasserfall. Nach kürzester Zeit vollkommen durchnässt, klammerten wir uns krampfhaft an den Fels, um nicht aus dem Stand geworfen zu werden. Blitze und Donner folgten einander – fast ohne Zwischenpause. Das Leuchten so hell, dass wir bei jeder Entladung geblendet die Augen schließen mussten.

Über eine Stunde harrten wir schutzlos im Unwetter aus. Als die Wucht nachließ, gelang uns der Abstieg zur Scharte. Inzwischen wurde es Abend, trotzdem hofften wir, Montenvers vor vollkommener Dunkelheit zu erreichen.

Der Abstieg schien kein Ende zu nehmen. Wir hatten viel Zeit verloren, die Dämmerung überraschte uns, während wir hoch oben in den Felsen umherkletterten. Der Gletscherboden war an diesem Tag nicht mehr zu erreichen. Auf schmalem Felsband, durchnässt und durchfroren, bezogen wir ein weiteres Biwak. Von Kälte geschüttelt, durchwachten wir die Nacht. Bis Mitternacht floss Regen, gegen Morgen besserte sich das Wetter, und als der neue Tag anbrach, wölbte sich ein stahlblauer Himmel über den Aiguilles von Chamonix. Durch Bewegung erwärmt, setzten wir den Abstieg fort. Am Fuße der Westflanke streckten wir uns auf einer Felsplatte im warmen Sonnenschein aus und genossen Wärme, sorglose Zufriedenheit und Ruhe, die wir in den vergangenen Tagen so sehr entbehrt hatten.

Als das Wetter sich nach einigen Tagen besserte, rüsteten wir zum zweiten Angriff auf die Charmoz-Wand. Am Vormittag des 5. Juli 1931 verließen wir bei wolkenlosem Himmel und hohem Barometerstand Montenvers. Um die durch Lawinen und Steinschläge besonders gefährdete untere Wand zu umgehen, stiegen wir diesmal über den unteren Teil des Nordwestgrates auf und bezogen unser Biwak, bevor wir wieder in die Wand hineinqueren wollten, um den Aufstieg zum Gipfel diesmal zu erzwingen.

Es war einer der eindrucksvollsten Biwakplätze, die ich je kennengelernt habe: überwältigend die Szenerie, die uns umgab. Die Sonne – tief im Westen, ihr roter Schein fiel schräg in die Charmoz-Nordwand – ließ die zur Gipfelscharte ziehende Eisrinne in feuriger Glut aufleuchten. Über dem Mer de Glace geisterten dunkle Schatten, dann war es Nacht. Als das letzte Leuchten an den Aiguilles erloschen war, krochen wir in unseren Zeltsack.

Habe kaum geschlafen in dieser Nacht, lag meist wach, schaute in den Nachthimmel. Ahnte ich das drohende Unheil? Der Himmel zu klar, die Sterne hell funkelnd. Als der Morgen anbrach, verschwanden alle meine Bedenken. Um 6 Uhr morgens traten wir die Querung in die Wand an. Um 9 Uhr waren wir am Rande des Couloirs, an jener Stelle, wo wir bei unserem ersten Versuch nach rechts zum Nordwestgrat ausgewichen waren.

In größter Eile überschritten wir die von Steinschlag bestrichene Rinne und kletterten nach links ansteigend über eine schwach ausgeprägte Felsrampe. Auch hier Steinschlag! Also querten wir in halber Höhe der Rinne auf eisbedeckten Felsbändern weiter nach links, bis zur Kante eines vorspringenden Felspfeilers.

Das Wetter – am Morgen tadellos – begann sich plötzlich zu verschlechtern: Am Gipfelkamm der Charmoz qualmten schwarze Wolken, ferner Donner war zu vernehmen, ein Hochgewitter nahte. Ich beschleunigte das Steigen in der Hoffnung, den Gipfel rechtzeitig zu erreichen. Umsonst, das Gewitter brach mit einem Schlag los: Schutzlos balancierten wir auf abschüssigem Stand, drei Stunden lang im peitschenden Regen, dazu Hagel. Immer neue Gewitter fegten über die Grate des Berges hinweg. Unser Versuch, weiter emporzuklimmen, um besseren Stand zu finden, scheiterte. Am steilen, vereisten Fels war kein Emporkommen mehr. Erst als das Unwetter am späten Nachmittag nachließ, konnten wir weiter. Den Gipfel aber erreichten wir nicht. Am Fuß einer senkrechten Wand, auf schmaler Kanzel, wurden wir zu einem Freilager gezwungen. Noch ahnten wir nicht, dass uns dieser kleine Fleck Fels für sechzig Stunden gefangen halten sollte. Unter uns tausend Meter dunkler Abgrund.

Wir kauerten auf unseren Rucksäcken, den Zeltsack übergestülpt, kaum vor den einstürzenden Regenschauern geschützt. In dieser Nacht folgte ein Gewitter dem anderen, ununterbrochen krachte der Donner. Langsam verrannen die Stunden. Der Sturmwind heulte, Hagel und Regen trommelten auf den Zeltsack. Gegen Morgen dann leiser Schneefall. Dicht jagten die Schneeflocken um unser Lager, kaum

Sicht, graue Nebel überall. Wir warteten ab. Die Hoffnung, das Wetter würde sich im Laufe des Tages bessern, schwand Stunde um Stunde. Der Sturm jagte mit unverminderter Heftigkeit um unsere schmale Felskanzel.

Gezwungen, eine dritte Nacht im Fels zu verbringen, blieb die bange Frage, wie lange das Unwetter dauern, wir durchhalten würden. Die Glieder starr, die Füße eiskalt, die Kleider feucht, an Schlaf war nicht zu denken. Die Schneemassen, die von den Felsen über uns herabrieselten, häuften sich auf uns und drohten, uns von unserem Platz zu schieben, zu verdrängen. Tief eingeschneit, mussten wir am Morgen aus der schützenden Hülle heraus, um die Schneemassen beiseitezuräumen. Die Felswand über uns war jetzt bis zum Grat tief verschneit. Was, würde der Aufstieg zum Gipfel unmöglich sein? Über die vereiste, lawinenbestrichene Wand zurück? Undenkbar. Mir graute bei dem Gedanken an einen Rückzug.

Unser Proviant war fast aufgebraucht, aus lauter Angst aber hatten wir keinen Hunger mehr, nur der Durst quälte uns. Es gab nichts zu trinken, Kochen unmöglich. Wir versuchten Schnee zu essen, der auf der Zunge brannte und das Durstgefühl nur noch weiter steigerte. Wie viele endlose Stunden hockten wir beide – einsilbig geworden – da und hofften auf Wetterbesserung. Zwischendurch düstere Gedanken: Vermisste man uns inzwischen schon? In Chamonix, in der Heimat? Unser Ausbleiben musste bei unseren Freunden ja Beunruhigung auslösen. Stand eine Rettungsaktion in Vorbereitung? Nie zuvor war ich am Berg auf fremde Hilfe angewiesen gewesen, dass nun aber eine Expedition ausziehen könnte, um uns zu retten, war mir

Nordwand der Grandes Jorasses als nächstes Ziel?

peinlich. Es wäre bei diesem Wetter zu gefährlich, ja unmöglich gewesen.

Gegen Abend plötzlich Helle im milchigen Nebelgebräu. Wir steckten die Köpfe aus der Zelthülle, blickten in ein Stück blauen Himmels: die Schwaden zerteilten sich, sanken als zerschlissene Nebel tiefer. In der Abendsonne ragte der verschneite Gipfel der Aiguille Verte aus einem wogenden Wolkenmeer.

Unser Aufatmen war nicht von langer Dauer. Neue Nebelschwaden brandeten heran, die Flanken unseres Berges verschwanden, die Löcher im Wolkenvorhang schlossen sich, und bald begann es wieder zu stürmen, zu schneien. Was für eine Enttäuschung! Die Hoffnung, das Wetter würde sich bessern, war zerstört. Die vierte Nacht brach an, eine unerträgliche Qual: Arme und Beine taub, Kälte bis ins Mark, dazu die nassen Kleider am Leib. Jeder Muskel schmerzte vom krampfhaften Ducken und Kauern auf kleinstem Raum.

Gegen Mitternacht ließ der Schneefall nach, der Wind legte sich. Gleichzeitig wurde es kälter, unsere Kleider waren jetzt eisstarr. Bedeutete der Temperatursturz Wetterbesserung für die kommenden Tage? Mit Zuversicht und Schrecken zugleich erwarteten wir den Morgen.

Als der Tag graute, war der Himmel klar, das Tal unter uns frei von Nebeln, doch über den Gipfel der Aiguille Verte blieb wie eine Glocke eine schleierartige Wolkenhaube gestülpt. Ein Zeichen, dass die Wetterbesserung nur von kurzer Dauer sein würde? Ein neuer Wettersturz war zu erwarten? Uns war nur eines klar: Wir haben nur wenige Stunden, um zu überleben!

In dieser kurzen Zeitspanne mussten wir den Aufstieg zum Grat erzwingen. Sonst war unser Schicksal besiegelt. Wir wagten also die Flucht nach oben, den Aufstieg. Während wir unsere Habseligkeiten aus dem Schnee wühlten, uns kletterfertig machten, wurden unsere Glieder wieder gelenkig. Es war schwerste, allerschwerste Kletterei. Jeder Griff, jeder Tritt vereist, wir mussten die Haltepunkte einzeln vom Neuschnee befreien, denn darunter war der Fels wie Glas, papierdünn von Eiswasser überzogen. Haken um Haken schlugen wir in Felsritzen, meterweise kämpften wir uns aufwärts. Jetzt ging es um unser Leben!

Am Gipfelgrat war das Schwerste vorbei. Höchste Zeit, denn erneut brach der Schneesturm los. Über ein horizontales, zersägtes Gratstück mühten wir uns zur Schlusswand unter dem Hauptgipfel. Eine letzte große Anstrengung, dann – nachmittags 3 Uhr – lag die Nordwand der Charmoz unter uns. Neun Stunden hatten wir allein für die letzten hundert Meter gebraucht. Keine Minute lang hielten wir es auf dem sturmumpeitschten Gipfel aus. Ein gegenseitiges Zunicken nur, und wir traten sofort den Abstieg an – Richtung Nantillonsgletscher.

Nur noch hinunter! Über verschneite Rinnen, vereiste Risse, immer weiter hinab! Vorsichtig, so dass die Neuschneeauflage nicht ins Gleiten geriet. Dichte Wolken umhüllten uns, verwehrten uns alle Ausblicke, narrten uns. Oft tasteten wir uns im Nebel weiter, verirrten uns, mussten wiederholt zurücksteigen, nach dem rechten Weg suchen. Spät am Abend, nach einem Sprung über den Bergschrund, erreichten wir den Nantillonsgletscher. Es war wie eine Erlösung. Mit der Bussole in der Hand suchten wir den Weiterweg. Wiederholt zwangen uns Gletscherspalten zu Umwegen. Zuletzt – Zufall oder Instinkt? – fanden wir das kleine Hüttchen auf der Rognon des Nantillons, einer steilen, aus dem Gletscher aufragenden Felsklippe. Wir hielten Rast, kletterten dann über die letzten Felsen hinunter zur Gletscherzunge.

Müde und abgekämpft stolperten wir in dunkelster Nacht über blockige Moränenhänge nach Montenvers. Um 22 Uhr 30 Minuten überschritten wir die Schwelle des Hotels, genau 110 Stunden nachdem wir die gastliche Stätte verlassen hatten. Die Freude ob unserer Rückkehr war groß, der Empfang dementsprechend. Vom Direktor bis zum Hausdiener bemühten sich alle um unser Wohl.

In Montenvers, in Chamonix, in halb Europa, wohin die Nachricht unseres Ausbleibens gedrungen war, hatte man in banger Sorge um unser Schicksal abgewartet. Es war das Schlimmste befürchtet worden. Jetzt erfuhren wir, dass in München eine Rettungsaktion gestartet worden war, die Mannschaft sei auf dem Weg nach Chamonix.«

Diese Solidarität unter den Bergsteigern im Alpenraum tut Welzenbach gut. Nach all den Enttäuschungen in Alpenvereinskreisen gibt ihm das durchgestandene Abenteuer, gekoppelt mit erlebter Kameradschaft, jenes Selbstwertgefühl zurück, das ihn bis 1929 getragen hatte, als er es erstmals wagte, seinen Nanga-Parbat-Plan auszusprechen. Jene aber, die ihre »hehre Bergkameradschaft« nur als Waffe nutzten, um ihn zu diskreditieren, sollten ihre Intrigen in Zukunft ohne ihn spinnen.

Das Charmoz-Abenteuer bleibt auch in München nicht unkommentiert. Am 13. August schreibt Max Mayerhofer vom AAVM an Welzenbach und bringt erneut den Nanga Parbat ins Spiel

»... sosehr ich Deine Argumente würdige, die Dich zunächst zum Aufgeben des Nanga Parbat-Planes bewogen, so sehr bedauere ich doch den Gang der Dinge. Ich habe mir viel versprochen von Deinem Plan für das Jahr 1932, und es tut mir leid, daß dieser Plan, wenn ich mich so ausdrücken darf, einer Psychose der Allgemeinheit geopfert werden muß ... Wir können aber nicht gegen den Strom schwimmen, müssen der allgemeinen Psychose Rechnung tragen ... trotzdem hoffe ich, daß es sich im Fall Nanga Parbat mehr um ein Aufgeschoben als um ein Aufgehoben handelt.«

Unter der Rubrik »Neues vom Bergsport« erscheint am 13. September 1931 in der Frankfurter Zeitung eine Notiz von Walter Bing: »Der Welzenbach-Plan einer Nanga-Parbat-Expedition im Himalaya wurde auf der Badener Hauptversammlung ›zurückgestellt‹, aus welchen Gründen ist nicht recht erfindlich. Da Welzenbach aber durch seine Charmoz-Nordwand-Ersteigung gezeigt hat, daß er immer noch zu den allerbefähigsten Bergsteigern Europas gehört, und nachdem der Münchner Diplomingenieur und Lawinendoktor in diesem Jahr seine eigenen Pläne zugunsten der Bauerschen Expedition aufgeben mußte, wäre es Pflicht des Hauptausschusses gewesen, die Welzenbachsche Expedition im nächsten Jahr um so nachdrücklicher zu unterstützen.«

Im Spätherbst dann erreicht Welzenbach ein Brief von seinem Freund Wien aus Darjeeling, in dem dieser über Bauers Kangchendzönga-Expedition berichtet:

»Der Kantsch schien mir wirklich ein Ziel, für das man sich einsetzen sollte. Nun, wir haben uns eingesetzt und doch verloren. Ich gehöre bestimmt nicht zu denen, die vom ›Gipfel in der Tasche‹ reden. Aber wie die Dinge da oben standen – das Wetter, die Trägerfrage, unsere Verfassung, die Schwierigkeiten des Weiterweges – ... hätten wir mit drei Trägern, die bereit waren zu gehen, Lager 12 eingerichtet. Aber dann: War ein Lager 13, ohne Träger, bis über die Scharte im Nordgrat vorzuschieben? Ich war recht gut beieinander, das Wetter war gut und blieb es die ganze nächste Zeit. Nur hätte uns vielleicht tiefer Schnee im Gipfelhang – das letzte Stück des Nordgrates ist ja kein Grat mehr, sondern ein nicht sehr steiler, mit Felsen durchsetzter Schneehang – aufhalten können ... Der Lawinenhang, der unmöglich anzugehen war, ohne bewußt sein Leben zu riskieren, hat das alles vereitelt. Ob man es nicht zwei Jahre vorher schon gewußt hat? ... Der Nordostsporn hat damit seine Bedeutung als sicherer Anstiegsweg eingebüßt. Und das, was wir nun begraben haben, muß das Einzige bleiben, was zwischen AAVMlern, die eng zusammengewachsen sind, als Trübung zu verantworten ist, weil wir uns zuletzt doch alle die Treue halten. Ich freue mich sehr, Dich in München zu sehen. Karlo.«

Welzenbach weiß jetzt: Er hatte recht. Und er will der Welt zeigen, dass der Nanga von Diamir aus möglich ist.

Am 23. Oktober 1931 erscheint in den Münchner Neuesten Nachrichten ein großer Artikel von Walter Schmidkunz. »Von Schlagintweit bis Franz Schmid« lautet der Untertitel. Schmidkunz umreißt damit die Entwicklung des Bergsteigens, von seinen Anfängen bis ins Jahr 1931. Zusammenfassend will er sagen, ja beweisen, dass die Münchner jetzt die Speerspitze des Alpinismus sind:

»Zwischen den Alten und den Jungen steht ein besonderer Name: Willo Welzenbach. In ihm triumphierte die systematische Steigerung, der ›All-round-Alpinismus‹, der auf Fels, Firn, Schnee und Eis das Äußerste wagt und leistet und ebenso stark auf einer hohen geistigen Basis aufbaut, wie er sich auf vollendetes technisches Können gründet. Welzenbachs ›Nordwandreihe‹, vom Wiesbachhorn und Glockerin bis zu Dent d'Hérens und Charmoz, an deren Beginn die ›Erfindung‹ des Eishakens steht, gaben der letzten großen Stufe des Alpinismus, der vielen ›unmöglichen‹ Probleme, das Gesicht. Von Welzenbach hätte man als dem letzten und vielleicht besten Mann der ›Linie‹, dem Erfüller und

Bewahrer der bei Schlagintweit, Hofmann, Hermann von Barth und Georg Winkler beginnenden ›Münchner Linie‹, sprechen können.

Seit heute aber gehört auch er zu den Gestrigen, zu den schon historisch Gewordenen, wenngleich er das Planen und Stürmen noch lange nicht aufgeben wird. Die neue Jugend aber hat die Grenze des Machbaren noch einmal ein gutes Stück höher gerückt. Ihr an sich kaum größeres technisches Können wird von ungestümer Lebenskraft und hemmungsloser Unbekümmertheit verstärkt. Sie kennen keine Grenze, erkennen kein ›Unmöglich‹ an und beweisen dies an Exempeln wie der Matterhorn-Nordwand. Franz und Toni Schmid, die Endpunkte einer traditionsreichen Linie, sind aber trotz ihrer scheinbaren Einmaligkeit doch vielleicht nur Typen ihrer Zeit, die morgen, übermorgen wieder Nachfolger und Steigerer finden werden – ob sie nun Merkl, Ertl, Brandt, Kröner oder Heckmair heißen oder noch nicht geboren sind ...«

Diese Bergvagabunden – Ertl hat inzwischen mit Franz Schmid die Ortler-Nordwand gemeistert, Heckmair das Gipfel-Couloire der Charmoz-Nordwand – haben jene Probleme im Blick, die Welzenbach ob seiner Nanga-Pläne aus den Augen zu verlieren scheint.

1932
Bergvagabunden im Nacken

Anfang 1932 kann Welzenbach immer noch auf das Entgegenkommen der Engländer setzen, die ihn mehr bewundern als deutsche Bergsteiger. Er entspricht dem Ideal des bergsteigenden Gentlemans, er ist ein traditioneller Alpinist par excellence. Am 11. Januar 1932 schreibt ihm der britische Offizier und Bergsteiger Edward Strutt aus London »privat und keineswegs offiziell«: »Nach dem Scheitern der internationalen Kangchendzönga-Expedition 1930 beabsichtigte Smith, im Jahr 1931 den Nanga Parbat zu versuchen und nahm Unterhandlungen mit dem Himalayan Club auf. Als er jedoch erfuhr, dass Sie ernstliche Absichten haben, gab er seine Idee vorerst auf und versuchte stattdessen den Kantsch, um weitere Erfahrungen zu gewinnen. 1932 nun will er den Nanga Parbat rekognoszieren und ist im Begriff, eine britische Expedition dorthin zu unternehmen. Im Jahr 1933 soll, falls die 1932er Exkursion Erfolg versprechend ist, ein Angriff auf den Gipfel unternommen werden. Das ist die gegenwärtige Situation.«

Diese Informationen sind wichtig für Welzenbach. »Ich schätze Frank Smith als einen der erfolgreichsten britischen Bergsteiger und weiß auch den Fotografen und Schriftsteller in ihm zu respektieren«, schreibt Strutt weiter. »Sie werden natürlich verstehen, dass der Nanga Parbat, als Grabmal

Mummerys, eine gewisse Anziehung auf britische Bergsteiger ausübt. Die geplante Smith'sche Expedition ist wie die Kantsch-Expedition ein ausschließlich privates Unternehmen. In keiner Weise soll es materiell vom Alpine Club oder anderen Vereinen abhängig sein. Ich hoffe, Sie nehmen den Brief in der Gesinnung auf, in der er geschrieben ist: Er soll Sie vor Geldverlust und Enttäuschung bewahren.«

Im Gegensatz zur Kameradschaftlichkeit der Briten erkennt Welzenbach im Bericht Bauers von seiner zweiten Kangchendzönga-Expedition einen Angriff gegen seine Person und die Nanga-Parbat-Pläne. Diese Auffassung entspringt nicht einer persönlichen Empfindlichkeit, verschiedene Mitglieder des Vereins sind gleicher Meinung. Ihn befremden die kritischen Sätze Bauers umso mehr, als frühere Differenzen doch beigelegt sein sollten.

Welzenbach kämpft inzwischen an verschiedenen Fronten: Der Deutsche und Österreichische Alpenverein hat ihn diskreditiert, sein Freund Schmidkunz setzt auf die junge Generation, und Bauer kontrolliert das deutsche Expeditionsbergsteigen. Unter Druck geraten, beginnt der »Eispapst« eine Fehde mit dem »Bergvagabunden« Ertl, dem 1930 die Erstbegehung der Königspitze-Nordwand sowie 1931 eine Wiederholung der Dent d'Hérens-Nordwand gelungen sind. Es geht dabei um die Technik bei der Überwindung von Eisüberhängen, dem »Pickelsitz«. Der Streit wird von beiden Seiten mit spitzer Feder geführt.

Ertl: »Probleme, an die wegen der ›unmöglichen‹ Eisüberhänge bis jetzt kein Mensch zu denken wagte, können nunmehr gelöst werden.«

Welzenbach: »Der Ertlsche Pickelsitz stellt eine theoretisch ausgedachte Methode dar, die in großen Eiswänden praktisch nie erprobt wurde. Die Behauptung, daß der Pickelsitz ›neue Möglichkeiten im Eis‹ eröffne, ist zumindest voreilig aufgestellt und nicht erwiesen.«

Es geht bei diesem Streit weniger um neue Methoden beim Eisklettern, als vielmehr um die Haltung der jungen Generation den »Alten« gegenüber. Die Jungen – vielfach arbeitslose Bergvagabunden – sind dabei, in ihren bergsteigerischen Leistungen die »Akademiker« zu übertreffen, was Welzenbach wiederum antreibt, Ertl in weiteren Punkten zu widersprechen.

Als gleichzeitig Vorschläge einzelner Sektionen des Alpenvereins eingehen, künftig die allerbesten Bergsteiger bei Expeditionen zu berücksichtigen – Franz und Toni Schmid, die Bezwinger der Matterhorn-Nordwand; Hans Ertl; Walter Stösser, auch wenn sie nicht Akademiker sind, weitet sich die Auseinandersetzung auf den gesamten deutschen Verein aus. Dazu kommt, dass Erstbegehungen an den großen Wänden in den Alpen – Civetta-Nordwestwand, Laliderer-Nordwand, Matterhorn-Nordwand – in alpinen Kreisen mehr Bewunderer finden als das Himalaya-Bergsteigen, das Bauer idealisiert. Ist dieses also nur noch für heroische Gebärden gut? Dazu kommt die Weltwirtschaftskrise – Welzenbach darf nicht ein drittes Mal um Sonderurlaub für seine Nanga-Parbat-Expedition ansuchen.

1932 ist Welzenbach in Topform, beruflich aber verhindert. Er will seinen Plan trotzdem wieder aufgreifen. Im Einvernehmen mit ihm kommt nun Merkl ins Spiel. Dieser soll die Idee zum Nanga-Parbat-Angriff Welzenbachs aufnehmen und eine Expedition dorthin leiten.

Die Expeditionsteilnehmer 1932

Anfangs sollte Wiessner, ein Deutschamerikaner, die Expedition leiten. Wie aber die organisatorischen Vorbereitungen von Amerika aus treffen? Käme der Sachse Felix Simon in Frage? Nein. Die dritte Wahl fällt auf Merkl, der in München lebt, wo ihm Welzenbach zur Seite steht.

Welzenbach muss zu Hause bleiben. Er ist enttäuscht: sein Ruhm als »Eispapst«, untermauert durch seine Erstbegehungen und die Dissertation »Untersuchungen über die Stratigraphie der Schneeablagerungen und die Mechanik der Schneebewegungen«, drei Jahre Vorarbeiten, die viele Korrespondenz – alles umsonst! Er erhält von der Stadt München nicht den viermonatigen Sonderurlaub.

Am 30. Juli 1931 informiert Welzenbach den Deutschen und Österreichischen Alpenverein: »Eine Gruppe Bergsteiger wird im Einvernehmen mit mir den Plan Nanga Parbat weiterverfolgen.« Seine Bitte aber, die an seine Person geknüpften Fördermittel auf diese Expedition zu übertragen, lehnt der DÖAV ab. Der Amerikaner Rand Herron, von Wiessner ins Spiel gebracht, bringt stattdessen die Geldmittel auf, das Unternehmen wird damit zur »Deutsch-Amerikanischen Himalaya-Expedition«. Herron bringt auch seine Freundin, die Journalistin Elizabeth Knowlton, als Berichterstatterin ein. Sowie ein paar Presseverträge.

Diese Expedition wird also 1932 ohne Welzenbach zum Nanga Parbat reisen. Merkl, der Expeditionsleiter, besucht zuerst Collie in London und modifiziert dann Welzenbachs Plan, weil ihm Collie die Diamir-Seite als zu schwierig geschildert hat. Also beschließt er, den Berg von Norden, von der Rakhiot-Seite her, anzugehen, »wohin Mummery am Ende seiner Expedition gewollt hat«. Merkl holt seinen Schulfreund Fritz Bechtold, mit dem er im Kaukasus geklettert ist, und den Kufsteiner Peter Aschenbrenner aus Tirol in die Mannschaft. Dazu kommen die Amerikaner. Im April brechen sie auf. Die Mannschaft ist klein. In diesem Sommer 1932 führt Merkl sein Team also an die Rakhiot-Seite des »Nackten Berges«, dorthin, wo dann 1934 und 1937 die größten Katastrophen des deutschen Bergsteigens zu beklagen sein würden. Merkl unterliegt einem Trugschluss: Nicht, »wo Mummery hinwollte«, sondern wo er den Aufstieg begonnen hat, war Hoffnung auf Erfolg! Hätte Welzenbach seinen Plan realisiert, die Eroberungsgeschichte des Nanga Parbat wäre eine andere.

Willy Merkl

Die »Münchner Illustrierte Presse« und die »New York Times« berichten regelmäßig über das Fortkommen dieser im Übrigen recht dilettantisch geführten Himalaya-Expedition. Merkl hat ja nicht einmal die Erlaubnis, den Berg von Norden anzugehen.

Auf Umwegen und trotz vieler Schwierigkeiten erreicht die Expedition Astor, wo ein englischer Transportoffizier örtliche Balti- und Hunza-Träger für Merkl organisiert. Acht Tonnen Gepäck müssen transportiert werden. Erst Mitte Juni trifft die Expedition auf der »Märchenwiese« ein, einer Lichtung im Bergwald, einem idealen Lagerplatz. Ende Juni errichten die Männer ihr Hauptlager auf 3600 Metern Meereshöhe. Zehn Gepäckstücke aber fehlen – ein

Geldsack mit 1100 Rupien, Wiessners persönliche Habe und die Bergausrüstung für die Hochträger. Merkl schimpft, improvisiert und macht weiter.

Als die Mannschaft im Lager IV versammelt ist, erwägt man einen Aufstieg zum Gipfel. Bechtold, Aschenbrenner, Herron und Merkl steigen also weiter, bis zum Lager V. Ohne die Träger, die krank sind. Als die Journalistin Knowlton Lager IV erreicht, trifft sie dort auf Kunigk, der auch krank ist, und den Expeditionsarzt Hamberger. »Die anderen sind zum Lager V aufgebrochen, sie wollen versuchen, Lager VI am Grat zwischen Rakhiot Peak und Silbersattel zu errichten«, berichtet der Arzt. Kunigk und Wiessner sollen mit den Trägern folgen.

»Wo wollen sie Lager VII errichten?«, fragt Knowlton.

»Am Silbersattel, vor dem großen Plateau.«

»Von dort aus, meint Merkl, ist der Weg sicher, der Gipfel wird fallen«, weiß Miss Knowlton.

Oben aber läuft es nicht glatt. Bechtold und Merkl werden im Lager V bergkrank. Herron und Aschenbrenner wagen eine gefährliche Querung, müssen aber umkehren, weil Aschenbrenner Erfrierungen dritten Grades befürchtet. Und Kunigks Zustand verschlimmert sich ... die Expedition ist dabei zu scheitern.

Lawinen, bergkranke Träger, Stürme – das alles bremst das Vorankommen. Ab Lager VI – 6600 Meter hoch – sind Merkl, Bechtold und Wiessner allein. Die Träger, der Arzt Hamberger und Aschenbrenner – seine Zehen sind angefroren – steigen ab. Herron und Simon plagt der Höhenhusten.

Einen Monat nach dem Start im Basislager, am 29. Juli, stehen Merkl und Bechtold auf dem Grat in siebentausend

Meter Höhe und triumphieren! Sie sehen den Hauptgipfel, zum ersten Mal! »Ein sanft geneigter Grat, ein langgezogenes Plateau ohne technische Schwierigkeiten und ein kurzer Aufschwung führen zum höchsten Punkt. Fünf bis sechs schöne Tage, und der Sieg kann unser sein!«, ist Merkl überzeugt. Was für eine Fehleinschätzung! Der Weg von dort bis zum Hauptgipfel ist neun Kilometer lang und alles andere als leicht.

Schlagartig aber wird das Wetter schlecht. Merkl steigt mit seinen Leuten ab, ohne zu zögern die steilen, lawinenschwangeren Hänge hinunter. Es folgen zwanzig Tage mit Sturm und Ende August ein letzter Versuch, zum Gipfel zu kommen. Man bleibt im Triebschnee stecken.

Zurück in Deutschland, gibt Merkl dem schlechten Wetter die Schuld am Scheitern. Und den Trägern. Er glaubt aber zu wissen: »Der Nanga Parbat ist ersteigbar, er ist nur auf unserem Weg ersteigbar.«

Dass Merkl am Nanga Parbat so hoch hinaufgekommen ist, finden die Briten beeindruckend. In Deutschland wird er wegen des Scheiterns kritisiert. Merkl aber versteht es wie Bauer, sein eigenes Loblied anzustimmen. Als Nichtakademiker ist ihm zwar der AAVM verschlossen, als Expeditionsleiter aber hat er sich einen Namen gemacht und sieht als Mannschaftsführer seine gesellschaftlichen Aufstiegschancen. Neben Bauer und Dyhrenfurth steht Merkl jetzt in der Öffentlichkeit und tritt damit aus Welzenbachs Schatten.

Merkl ist ehrgeizig, wie alle anderen etablierten Leader auch: Der Nanga ist nun sein Berg. Der Everest gehört den Engländern, der Kangchendzönga Bauer, obwohl nicht bestiegen. Welzenbachs Anrecht auf den Nanga Parbat ist in Frage gestellt. So beginnt Merkl, Geld für den zweiten Anlauf zu organisieren. Er mobilisiert die Presse und die Bergsteigerszene – für seine eigene Nanga-Parbat-Expedition. Trotz kritischer Stimmen wertet Merkl seine 1932er Expedition als Erfolg – hat er nicht den Zugang zum Berg gefunden, wertvolle Erfahrungen gesammelt? Großformatig, auf zehn Seiten aufgemacht, erscheint seine Geschichte in der »Münchner Illustrierten Presse«. Lichtbildervorträge folgen. Sein Publikum, die Sportvereine der Reichsbahn und ihr Generaldirektor, müssen von der Notwendigkeit einer zweiten Expedition zum Nanga überzeugt werden. 600 000 Reichsbahner spenden für die »Deutsche Himalaya-Expedition 1934«. Merkl dankt und gratuliert: »So etwas ist nur in Deutschland möglich!«

Und Merkl will seine Prophezeiung wahrmachen: »Der Nanga Parbat ist besteigbar!« Der Nanga Parbat ist damit endgültig mit seinem Namen verbunden. In London überzeugt er den Alpine Club von seinem neuen Unternehmen, auch die politische Unterstützung des »Neuen Deutschland« ist ihm sicher. Der Reichssportführer, SA-Gruppenführer Hans von Tschammer und Osten, wird Schirmherr der Expedition. Merkl ist angekommen, bei sich und im Reich.

1932
Berner Oberland

Willo Welzenbach hält im Winter eine Reihe von Vorträgen über seine Erstbegehungen an den Nordwänden im Berner Oberland. Die Säle sind voll. Er ist zwar mit seiner Nanga-Expedition gescheitert, der Eispapst glänzt trotzdem wie nie zuvor.

»In den Berner Alpen fand ich im Sommer 1932 alpine Probleme, Herausforderungen von gewaltiger Größe. Diese Wucht! Die letzten Probleme des Berner Oberlandes wurden zu meiner Aufgabe, nein, ich habe sie mir zum Ziel gemacht, nachdem mir der Nanga Parbat versagt bleibt.« Räuspern. »Sie alle wissen, wie ich das meine.« Stille.

»Die direkte Nordwand des Groß-Fiescherhorns ist mir im Jahr 1930 schon gelungen. Im letzten Sommer nun räumten wir im Lauterbrunnental ab. Die ungelösten bergsteigerischen Aufgaben dort zählen zu den größten in den Alpen. Das erste Ziel dort war die 1200 Meter hohe Nordwand des Großhorns, ein gewaltiger Absturz. Mit meinem Freund Schulze vom AAV München – ein ebenso begeisterter wie zuverlässiger Begleiter – ging es los. Dazu kamen dann Alfred Drexel und Hermann Rudy, auch sie Mitglieder der Akademischen Sektion München.

Mit meinem DKW ging es in die Schweiz. Am 19. Juli stiegen wir von Stechelberg zur Oberhornalpe auf: Nebelschwaden, es regnete – sechs Tage lang Regen. Dichte Wol-

Die Nordwand des Großhorns

kenbänke hingen vor unserem Ziel wie Vorhänge. Dann endlich eine klare Nacht. Mehr als tausend Meter hoch und abschreckend stand die steile Eisflanke, die Großhorn-Nordwand, über dem Schmadrigletscher. Das Gipfeleisfeld glänzte im ersten Morgenlicht, der Sternenhimmel flimmerte, als wir den Einstieg erreichten. Dann beim Anlegen unserer Steigeisen ein ungutes Gefühl. Wieder zogen Nebelfetzen an der Wand vorbei: Rückzug! Anderntags wieder ein prächtiger Morgen. Am Montag, den 25. Juli, verließen wir die Oberhornalpe und stiegen über grasdurchsetzte Felshänge zum Breithorngletscher auf.«

Welzenbach taucht nun ganz in das Erlebte ein. Er erzählt, als klettere er im Hier und Jetzt, nicht in seiner Erinnerung.

»Ein Neuschneemantel liegt auf den Flanken des Großhorns. Was, wenn die Gipfelwand unter solchen Bedingungen unmöglich ist? Auf einem Eisblock hockend, ziehen wir die Steigeisen an, dann geht es los – in zwei Zweierpartien. Über seichte Lawinenfurchen steigen wir den Firnhang bis zum obersten Schrund empor. Schulze geht voraus, schlägt Kerben für die Finger, Stufen für die Füße in die jenseitige Firnwand, rammt dann den Pickel in den oberen Spaltenrand, ein Ruck und er ist oben. Drexel und Rudy umgehen den Schrund auf einer dünnen Brücke weiter rechts. Die Eiswand, die sich über uns in gleichmäßiger Neigung bis unter die Gipfelfelsen aufbaut, ist fingerdick mit lockerem Schnee bedeckt. Eine bittere Feststellung. Wir schlagen Stufe um Stufe, legen Kehre um Kehre durch die Steilwand. Klirrend springen die Eissplitter in die Tiefe. Kleine Staublawinen gehen über uns hinweg. Immer wieder. Nach je zwei Seillängen wechseln wir uns in der Führung ab. Im Mittelteil der Wand durchsteigen wir eine Engstelle zwischen Felsbalkonen und erreichen einen riesigen Felsvorsprung, wo wir spärlichen Platz für eine Rast finden.

Es ist 2 Uhr nachmittags. Wir essen etwas, besprechen unsere Lage: Heute noch zum Gipfel zu kommen ist nur zu unserer Linken möglich und wenn die Eisverhältnisse im oberen Wandteil besser sind.

Der Weiterweg – mit den zehnzackigen Steigeisen, Stufe um Stufe, Kerbe um Kerbe – nimmt kein Ende. Wir haben die zweite Felsbarriere überwunden – Wolkenbänke schwimmen im Westen –, als es dämmert. Die Ränder der Wolken beginnen jetzt zu leuchten – in allen Farbstufen zwischen Gelb und Rot. Als der Himmel dann sein Leuchten verliert, wird alles um uns matt und grau. Aus den Tälern steigen Schatten empor, der Tag verliert seinen letzten Schimmer.

Und schon ist es Nacht. Wir graben eine winzige Höhle in den Firn, geben uns mit kleinstem Raum zufrieden. Den Eingang der Höhle mit einem Zeltsack verschlossen, schmelzen wir auf einem kleinen Metakocher, den wir abwechselnd auf dem Schoß halten, Schnee. Später kochen wir Tee und wärmen uns. Aber durch die Körperwärme beginnt der Firn um uns zu schmelzen, Wasser rieselt über unsere Rücken, die Kleider triefen. Bald sind wir vollkommen durchnässt.

Als der Morgen graut, wollen wir nur schnell ins Freie – doch was für eine Enttäuschung! Graue Nebel wabern um uns herum, der Wind treibt uns Schnee ins Gesicht. Unsere wassergetränkten Kleider sind jetzt gefroren, steif wie Rüstungen, Hände und Füße eisig kalt.

In dichtem Nebel, bei Sicht für eine Seillänge, steigen wir die Eiswand weiter stur nach links an. Die Stunden vergehen in Windeseile. Gegen Mittag sehe ich ein dunkles Gebilde durch graue Schleier, dann Formen, eine Gestalt: der Felssporn, der die Gipfelwand links begrenzt! Wir umgehen den Sporn und spuren am linken Rand der Felsen durch weichen Firn. Die Nebel werden heller, wir kommen also höher. Als die Neigung weniger wird, der Wind mehr, atme ich auf. Wir müssen wohl in Gipfelnähe sein. Als über uns für Augenblicke eine überwechtete Gratlinie zu erkennen ist, machen wir Halt. Ohne Sicht den Abstieg anzutreten ist tödlich. Es wäre aussichtslos, den Weg ins Tal zu finden. Am frühen Nachmittag fangen wir an, abermals eine Firnhöhle zu bauen. Diese wird geräumiger als die erste, wir haben genug Zeit.

Die Nacht zieht sich endlos hin, aber der junge Tag ist frei von Nebeln. Wir setzen unseren Weg fort. Eisige Winde jagen jetzt über den Gipfel des Großhorns. Wir sind jedoch zufrieden – unser Traum ist Wirklichkeit geworden. Es ist zu kalt, um uns länger auf dem Gipfel aufzuhalten, wir steigen gleich wieder ab, zurück in unser Leben. Über den Südgrat. Der Weg, den wir durch die Eiswand des Großhorns gelegt haben, lebt als erinnerte Wirklichkeit in unserem Gedächtnis fort.

Nun kommen wir zur Nordostwand des Gspaltenhorns. Sie steht im Sefinental, auch sie in den Berner Alpen. 1750 Meter Wandhöhe, 1900 Meter überragt der Gipfel den Talboden der Kilchbalm, ein gewaltiger Felsabsturz.

Schon 1928 sind Walter Amstutz und Gottlieb Michel in diese Wand eingestiegen. Sie wählten die ausgeprägte Gratrippe, die vom Fuß der Wand rechts zum Nordwestgrat emporzieht. Ihre Route nannten sie Kilchbalmgrat.

Die Nordwand des Spaltenhorns mit Welzenbach-Route

Ich plante eine Neutour: Von dort, wo der Kilchbalmgrat sich verflacht, wollen wir nach links in die Gipfelwand queren und, einem System von schwach ausgeprägten Rippen folgend, in Gipfelfalllinie zum höchsten Punkt steigen.

Die Wand baut sich wie der Eiger aus brüchigem, kleingriffigem, schlecht geschichtetem Kalk auf, was besondere Schwierigkeiten erwarten lässt. Schon im Frühsommer 1932, nach der Großhorn-Nordwand, wollte ich zum Gspaltenhorn, das Wetter vereitelte die Sache. Im September erst kehrte ich in die Berner Alpen, ins Sefinental, zurück.

Wieder ist mein Freund Schulze dabei. Durch dunkle Wälder und Wildwasser im Talgrund, dann auf sanft ansteigenden Pfaden kommen wir an eine Talbiegung, wo sich eine himmelragende Mauer aufbaut, die in einem weiß leuchtenden, trapezförmigen Gipfelaufbau kulminiert: die Nordostwand des Gspaltenhorns. Eine Wand von schauriger Schönheit. Zur Linken der Tschingelgrat, zur Rechten der Büttlassen, Bergformen von erdrückender Wucht. Im hintersten Tal finden wir eine tiefe, ausgeräucherte Höhle, gefüllt mit duftendem Heu, das die Bergbauern von den Steilhängen zusammengetragen haben. Dazu eine Feuerstelle, behelfsmäßige Bänke, am Eingang eine Quelle. Wasser: was für ein Geschenk in einem Freilager! Am Feuer hockend, rauchen wir, lauschen den Bergbächen und kochen. Am anderen Morgen umhüllen graue Wolken die Bergflanken, nur der Talgrund ist frei von Nebeln. Wir kriechen zurück ins warme Nest.

Um 7 Uhr dann heller Sonnenschein und wolkenloser Himmel! Rasch sind wir auf den Beinen. Ohne Frühstück eilen wir über steile Grasschrofen am nördlichen Talhang bergwärts, weiter über das mit Lawinenschnee gefüllte Kar, das rechts des Kilchbalmgrates unter den Abbrüchen des Hirtligletschers eingelagert ist, zum Fuß der Wand.

Inzwischen ist es zu spät. Die gewaltige Mauer ist an diesem Tag nicht mehr zu bezwingen. Also wollen wir den Einstieg und wenigstens den unteren Teil der Wand erkunden: steiler, plattiger Fels, grasdurchsetzt und von Wasser überronnen – nichts für eine Nachtkletterei. Wir wissen nun: Nur in Kletterschuhen wird es möglich sein, über Platten, Kamine und Rissreihen den Grat zu erreichen.

Zurück im Biwak an der Kilchbalm gehen wir ins Tal, um Drexel zu holen, kehren dann mit ihm zur Kilchbalm zurück.

Am 7. September, 2 Uhr morgens, verlassen wir unseren Schlafplatz. Wir finden den Weg zum Einstieg und beginnen – noch in der Dunkelheit – die Kletterei. Mondlose Nacht. Als es im Osten hell wird, sind wir an jener Stelle, wo ich nach der Erkundung den Rückweg angetreten habe. Wir tauschen die Nagel- gegen Kletterschuhe und steigen eine Kaminreihe empor. Drexel meistert einen schwierigen Überhang und lässt ein Seilende für mich herabhängen. Die gewaltige Gipfelwand des Gspaltenhorns über uns, steigen wir den Kirchbalmgrat weiter empor. In einzigartiger Kletterei an festem, plattigem Fels. Wir steigen jetzt ohne Seil. Um 7 Uhr früh schon sind wir unter der Gipfelwand, studieren den Weiterweg.

Morscher, dachziegelartig geschichteter Fels baut sich dort auf. Bis zum Gipfel! Jedes Band mit Schnee bedeckt, jeder Riss mit Eis gefüllt. Harte Arbeit wartet also auf uns!

Schulze quert in die Wand, um das Weiter zu erkunden.

Hinter einer Felsecke entschwindet er meinen Blicken. Wir zwei anderen hören nur das Gepolter von Steinschlag, klettern nach und sehen ihn hoch oben in der Nähe der Gipfelwand. Den Spuren Schulzes folgend, queren wir ein Couloir und steigen über Felsrippen in der Mittellinie der Wand empor. Der Fels ist so brüchig, dass wir das Seil nicht anlegen, es hat keinen Zweck: Seillänge um Seillänge zu sichern wäre viel zu umständlich.

Peinlichste Vorsicht ist geboten. Wir schleichen mehr, als dass wir klettern: jeder in einer anderen Falllinie, um die Kameraden nicht durch unvermeidlichen Steinschlag zu gefährden – ein nervenaufreibendes Vorankommen. Trotzdem gewinnen wir rasch an Höhe.

Dicht unter dem firnigen, trapezförmigen Gipfelaufbau setzt eine letzte Steilstufe an, die Platten dort sind mit Eis und Schnee bedeckt. Lieber jetzt die Kletter- gegen die Nagelschuhe tauschen? Es gibt kaum Stand, keine Möglichkeit also, die Schuhe zu tauschen. Wir steigen daher in Kletterpatschen weiter, säubern Griffe und Tritte vom Schnee, schlagen mit dem Pickel wiederholt schmale Kerben in die glasige Eiskruste, die auf den Felsen klebt. Den letzten Steilaufschwung umgehen wir und queren am oberen Rand zurück an die Kante. Eine letzte Steilstufe aus splittrigem Fels verlangt heikelste Arbeit, dann stehen wir vor einer geschlossenen Firnwand. Nun müssen wir die Nagelschuhe anlegen. Kerbe für Kerbe wird geschlagen – um 3 Uhr nachmittags die letzte – bis wir uns endlich am Gipfelsteinmann des Gspaltenhorns die Hände drücken. Vor uns die Nordwand des Lauterbrunnen-Breithorns! Ein nächstes Ziel? Der gerade Gipfelanstieg!«

Breithorn mit Welzenbach-Route

Auf der Leinwand erschein eine Schwarzweißfotografie – mit gestrichelter Linie.

»Ob diese gewaltige, eisdurchsetzte Steilflanke möglich ist? Kaum zu glauben: gerade erst der Gspaltenhornwand entronnen, kommt mit diesem Blick schon neue Sehnsucht auf. Aber auch die Furcht, zu scheitern oder umzukommen beim Versuch, sie zu durchsteigen.«

Welzenbach verstummt. Er sieht nicht einen Zuhörer im Saal, er sieht den Berg.

»Mein ganzes Sehnen gilt ja dieser Wand, dem Lauterbrunner Breithorn. Es ist für mich eins der vornehmsten Ziele in den Berner Alpen: Es gilt – und zwar durch die Steilschlucht an ihrem Fuß –, einen direkten Weg durch diese Mauer bis zum höchsten Punkt zu suchen.

Diesen direkten Weg zum Gipfel wollen wir finden. Von der Oberhornalpe aus. Als aber ständig Lawinen durch die Nordwand des Breithorns abgehen, lassen wir alle Hoffnung fahren. Ob durch diese Wand je ein Durchstieg gelingen kann? Wir betrachteten sie schon einmal, vom Gipfel des Gspaltenhorns aus. Ich schmiedete gleich Pläne, verwarf sie wieder; hegte Hoffnung und begrub sie. Die Entscheidung, einen Versuch zu wagen, fällt erst am Nachmittag des 12. September, auf dem Weg zur Oberhornalpe. Dann Nebel und Regen. Unentschlossenheit kommt dazu.

Am Morgen ziehen Nebelschwaden über die Bergflanken. Keine Wetterbesserung in Sicht. Plötzlich zerteilen sich die Schwaden, geben den Blick aufs Breithorn frei! Unzugänglich und hoch ragt es aus einer tiefliegenden Wolkenbank ins Nichts. Wir nützen das schöne Wetter, steigen die Moränenhänge zum Breithorngletscher auf, überqueren ihn, legen die Steigeisen an und beginnen über steiles Eis emporzuklettern, immer tiefer hinein in einen wilden Felszirkus.

Hufeisenförmig streben allseits glattgescheuerte, wasserüberronnene Platten empor. Die Möglichkeit durchzukommen scheint gleich null zu sein. Ratlos geht unser Blick nach oben. Sollen wir es im Grund der Schlucht versuchen? Aussichtslos! Oder über den Felspfeiler zur Rechten ansteigen? Das wäre vielleicht möglich, doch diese Route führt nicht zum Gipfel. Da erkenne ich zur Linken ein horizontales Band in der senkrecht erscheinenden Wand, das mit einer Unterbrechung in eine gegen den Schluchtgrund ansteigende Rampe übergeht. Vom Ende dieser Rampe scheint der Aufstieg aus der Schlucht in den oberen Wandteil möglich. Durch eine nach links emporziehende Steilrinne. Glückt es uns, diese Rinne zu erreichen, liegt der Schlüssel zur Erstbegehung der Wand in unseren Händen.

Plötzlich hören wir ein unheimliches Knattern über uns: eine Steinlawine! Krachend schlagen die Trümmer aufs steile Gletschereis, springen in mächtigen Sätzen die Wand herab. Wir ducken uns, suchen Deckung hinter Eisblöcken. Dann verstummt das Heulen, die Gefahr ist vorüber. Vorerst. Wir verlassen unseren Standplatz, queren nach links und steigen rasch höher. Auf einem breiten, überdachten Band errichten wir einen Steinmann.

Über Bänder und kurze, senkrechte Wandstellen steigen wir dann bei zunehmender Schwierigkeit über eine Rampe empor, bis sie sich am Fuß einer senkrechten Wandstufe verliert. Rechts dieser Wandstufe ist eine steile Rinne, der Schlüssel der Route. Durch sie wollen wir die obere Wandzone erreichen.

Über eine wasserführende Runse klettere ich gerade aufwärts, schiebe mich an kleinen, abschüssigen Tritten empor. Schon wieder surren Steine aus dem oberen Wandteil zu uns herab. An der gefährlichsten Stelle jetzt, im engsten Teil des Sammeltrichters, durch den alle Geschosse in die Tiefe prasseln. Ich kämpfe mich in größter Hast ein paar Meter empor. Jede Bewegung kontrolliert, ducke ich mich unter einen flachen Wulst, presse mich an den glitschigen Fels, die Stirn am rinnenden Wasser, während die Geschosse dicht über meinen Schädel hinwegheulen. Bange Sekunden vergehen, ohne dass ich atme. Als all der Lärm vorbei ist, schaue ich nach oben: ein Durchkommen ist möglich! Der Schlüssel ist gefunden. Unsere Erstbegehung kann gelingen. Schulze und ich beraten. Es ist 2 Uhr nachmittags, der Gipfel noch zu weit weg, es bleiben also zwei Möglichkeiten: entweder so hoch wie möglich emporsteigen und in der Wand biwakieren oder den Abstieg zur Hütte antreten und die Durchsteigung am nächsten Tag versuchen. Wir wissen jetzt: die Steinschlaggefahr ist um die Mittagsstunde größer als zu jeder anderen Tageszeit. Dazu die Wolkenbänke jetzt im Tal, Zirruswolken am Firmament. Ein Wettersturz im Biwak ist riskanter als ein Rückzug. Also steigen wir über die Wand ab, gehen im Schatten des Abends zurück zur Oberhornalpe.

Später hängen Wolkenfahnen an den Gipfeln, der aufsteigende Mond steht in einem weiten Hof. Will uns das Wetter narren? Trotzdem, bald nach Mitternacht machen wir uns auf den Weg. Ohne Schwierigkeiten finden wir – dank unserer vorausgegangenen Erkundung – im nächtlichen Dunkel die Route. Beim Tagwerden sind wir beim Steinmann auf

Mit Zehnzackern in der Senkrechten

dem Schuttband, das wir tags zuvor markiert haben. Wir zaudern kurz: sollen wir bei unsicherem Wetter den Aufstieg wagen? Ja, zur Umkehr ist immer noch Zeit.

An der Rampe, dort, wo es gilt, in die Wasserrinne zu queren, legen wir Seil und Kletterschuhe an. Freund Schulze geht jetzt voraus. Er schiebt sich auf nassem, griffarmem Fels empor, ihm ist bewusst, dass die geringste Unachtsamkeit für uns beide den Tod bedeutet. Dann klettern Schulze und ich zugleich. Es ist unangenehmes Gelände, in dem wir uns bewegen. Und wieder prasseln Steinsalven aus der Gipfelwand nieder. Nasser Fels wechselt jetzt mit glasigem Eis und hartem Firn. Wir wechseln die längst durchweichten Kletterschuhe gegen die Genagelten, legen Steigeisen an. Es gilt nun, regelgerecht zu sichern. Dann liegt die untere Steilwand unter uns, das Haupthindernis ist gemeistert. Und das Wetter scheint sich zu bessern, der Himmel ist jetzt klar. Nur noch einzelne helle Wölkchen schwimmen am tiefblauen Firmament.

Über einen steilen Firnkegel steigen wir weiter: dem zweiten Sperrgürtel in der Wand entgegen. Über einen Überhang und eine wasserüberronnene Verschneidung hinweg überwinden wir auch diese schwierige Wandzone.

Immer noch trennen uns siebenhundert Meter vom Gipfel, härteste Fels- und Eisarbeit. Morsches Gestein wechselt mit kleingriffigem Fels, dann liegt wieder lockerer, pulvriger Schnee auf glatten Platten. Ein halbes Dutzend Mal vertauschen wir im Verlauf dieser Fahrt, oft nur in schmalen Eiskerben stehend oder auf abschüssigen Platten klebend, die Kletter- mit den Nagelschuhen und umgekehrt. Ebenso oft müssen wir auf schlechten Ständen unsere Steigeisen an-

Welzenbach mit Drexel in Aktion

oder wieder ablegen. Immer in Gipfelfalllinie, streben wir zum höchsten Punkt. Langsam, unendlich langsam ringen wir so der 1340 Meter hohen Wand Seillänge um Seillänge ab.

Hundert Meter unter dem Gipfel ein letztes Hindernis: morsche, übereinandergeschichtete Blöcke, nahezu senkrecht. Schulze schlägt einen Haken ins Gestein, hängt den Karabiner ein, lässt zur Sicherung das Seil durchlaufen. Vorsichtig klettert er empor, Meter für Meter, entschwindet hinter einer sonnenumspielten Felskante meinem Blick. Dann sind wir beide am Gipfel, hocken auf stolzer Zinne – die schönste Gipfelrast, die ich in den Berner Alpen erlebt habe. Der Mont Blanc im Westen, von Wolkenkämmen umspielt, violette Schatten liegen in den Tälern.

Über den Westgrat steigen wir zur Wetterlücke ab. Ich weiß jetzt, wie gelingendes Leben geht. Wir können und müssen uns das Leben selbst lebenswert gestalten, indem wir dem Dasein Inhalt geben. Das alles funktioniert auch ohne Achttausender.«

Frenetischer Applaus, alle im Saal scheinen es zu wissen: Welzenbach, der »Eispapst«, ist als Bergsteiger unübertroffen und dabei Mensch geblieben. Wie er auf der Bühne steht: großgewachsen, breitschultrig, ein scheues Lachen im Gesicht. Sein graues Lodengewand passt zum Bergsteiger. Ja, wenn einer eine Chance hat am Nanga Parbat, dann er!

Was dieser Welzenbach sich zumutet, ist bewundernswert: Er verträgt größere Kälte als all seine Kameraden, hat eine unglaubliche Widerstandsfähigkeit. Er kann im Stehen einschlafen oder abgearbeitet nach schwerster Kletterei noch enorme Reserven mobilisieren. Und er ist am Berg der Gleichmut selbst. Paul Bauer und der Alpenverein aber schneiden ihn noch immer.

»Er wäre für den Nanga der bessere Leiter als Merkl«, sagt einer der Zuhörer beim Hinausgehen.

»Aber er ist ein Egoist, sagt Bauer.«

»Dabei ist ihm Kameradschaft alles.«

»Warum soll er nicht zum Leader taugen, wie Bauer sagt?«

»Er hat Charakter und ein hohes Verantwortungsgefühl.«

»Er ist allen überlegen, vor allem Bauer. Nur deshalb mag ihn dieser nicht.«

»Er wird Geschichte schreiben. Der ›Eispapst‹ ist jetzt schon zum Begriff geworden.«

»Alle bewundern ihn: die Engländer, Franzosen und Italiener.«

»Nur die eigenen Leute nicht.«

»Und den Nanga Parbat hat er nicht verwunden.«

»Diese Intrigen bringen ihn noch um.«

1933
Letzte Alpenfahrt

Am 30. Januar 1933 übernimmt die NSDAP die Macht in Deutschland, mit Adolf Hitler als Reichskanzler. Schon am 27. Februar steht der Reichstag in Flammen, mit der Verordnung »Zum Schutz von Volk und Staat« werden Grundrechte aufgehoben. Mit dem Ermächtigungsgesetz vom 23. März fallen Hitler dann diktatorische Vollmachten zu. Der Weimarer Republik folgt der »Führerstaat«, in dem Sport und ganz besonders das Bergsteigen eine wichtige Rolle bekommen sollen.

Paul Bauer wird im August vom Reichssportführer von Tschammer und Osten zum »Fachverbandsführer Bergsteigen und Wandern« ernannt. Der »Reichsverband der Deutschen Bergsteiger« vereint alle reichsdeutschen Sektionen des Alpenvereins, auch den Akademischen Alpenverein München und andere Bergsteigervereine.

1932, anlässlich der Olympischen Spiele in Los Angeles, hat Paul Bauer für seine Veröffentlichungen eine seltene Auszeichnung erhalten: die Goldmedaille für Literatur. Später wird er mit Fritz Bechtold die Deutsche Himalaya-Stiftung gründen. Der Mann, der auf Mannschaftsgeist und das Führerprinzip setzt, bevorzugt bei seinen Expeditionen von Anfang an Freunde, nicht alpine Koryphäen. Wie Welzenbach. »Kameraden« seien ihm wichtiger als Könner, die nur zum

Gipfel wollten. Seine »Himalayamänner« werden bis zuletzt zusammenhalten, »auf Leben und Tod«, verspricht er.

Bauer übernimmt im Dritten Reich, im Rahmen des »Reichsbundes für Leibesübungen«, die Leitung des Fachamtes Bergsteigen. Damit wird er zur Verkörperung des bergsteigerischen Elements im Deutschen Alpenverein und zweiter Vorsitzender. Erster Vorsitzender wird später der Kriegsverbrecher Seyß-Inquart.

Damit ist der Alpenverein schon 1933 politisch gleichgeschaltet, Paul Bauer als Leiter eines Fachverbandes mächtig wie nie. Später kommt die Vermögensverwaltung der Naturfreunde dazu, die besten deutschen Alpinisten – die meisten von ihnen Mitglieder des 1892 gegründeten Akademischen Alpenvereins München wie Allwein, Wien, Hartmann, Schaller, Aufschnaiter, Fendt, von Kraus, Pircher – sind ihm verpflichtet. Welzenbach bleibt ein schwacher Widersacher, obwohl er Bauer in seiner bergsteigerischen Intelligenz, in seiner Geisteshaltung und mit seinem Tun weit überlegen ist. Aber er will nicht führen, er möchte Ideen umsetzen, bergsteigen, davon erzählen, darüber schreiben. Ihm geht es nicht um Macht, er sucht das Abenteuer.

Von einem dieser Abenteuer, der letzten Fahrt Welzenbachs in die Westalpen, erzählt uns Erich Schulze:

»Im Sommer 1933 wollen wir – Welzenbach, Drexel und ich – zum Mont Blanc. Am 11. Juni abends fahren wir in München los, erreichen andertags um 1 Uhr nachts Chamonix. Am nächsten Morgen überstrahlt die Morgensonne den Mont Blanc – was für ein großartiges Schauspiel!

Am 17. Juni verlassen wir die Leschauxhütte und steigen

über die Eiswand auf den Dent du Rochefort und weiter zur Aiguille de Rochefort. Am nächsten Tag klettern Welzenbach und ich von der Turinerhütte auf den Dent du Géant: eine lustige und harmlose Kletterei an dicken, fixen Hanftauen. Am dritten Tag sehen wir uns wegen Neuschnee und vielen Lawinen gezwungen, unsere Pläne zu ändern. Statt Brenvaflanke wagen wir die Längsüberschreitung des Mont-Blanc-Massivs: Nach einem Biwak bei sternenklarer Nacht am Col du Lion beginnt ein gleißender Tag und unsere letzte, gemeinsame Mont-Blanc-Fahrt. Um sechs Uhr morgens stehen wir auf dem Mont Blanc du Tacul. Welzenbach beschließt, umzukehren und über das Mer de Glace nach Montenvers zu marschieren. Drexel und ich waten durch Neuschnee über steile Hänge zum Mont Maudit. Vom Gipfel des Mont Blanc, den wir gegen Abend erreichen, kommen wir um elf Uhr nachts zurück nach Chamonix. Das schöne Wetter im Mont-Blanc-Gebiet ist vorerst vorbei.

Welzenbach schlägt anderntags vor, ins Berner Oberland zu wechseln. Über Genf, Martigny und das Rhônetal geht es nach Brig. Nach einer Nacht auf der Bel-Alp erreichen wir die Oberaletschhütte, wo wir einen sonnigen Nachmittag genießen. Unser Ziel: die Nesthorn-Nordwand. Welzenbach hat sie wiederholt begutachtet. Von den Gipfeln des Großhorns, des Lauterbrunner Breithorns und des Gspaltenhorns aus! Die ebenmäßig, dreieckig aufgebaute Wand ist konkav, also eingebuchtet und schier tausend Meter hoch.

Nach kurzer Nacht überschreiten wir den Oberaletschgletscher und steigen in westliche Richtung über den Beichfirn zum Fuß der Wand auf, die, aus der Froschperspektive betrachtet, nicht einladend aussieht. Der Gipfel ist von der

Rast auf dem Gletscher

Nesthorn-Nordwand mit Welzenbach-Route

Sonne beschienen, als wir gegen fünf Uhr die Steigeisen anlegen. Wie immer hat sich Willo im Geiste die Route schon zurechtgelegt: eine einfache, klare, ja großartige Linienführung. Wie eine geschwungene Spur zieht sie vom Gipfel bis zum Wandfuß. Von einem gleichmäßig ansteigenden Lawinenkegel gilt es, nach Osten auszuweichen, um den Hängegletscher im unteren Teil der Wand an seiner leichtesten Stelle anpacken zu können. Ich zögere kurz: Ob die Plattenzone im oberen Teil der Wand zu überwinden ist? Diese beiden Schlüsselstellen sind das Problem. Wir steigen den Lawinenkegel empor – über uns ein wolkenloser Himmel, um uns die Berge der Berner Alpen in ihren klarsten Formen.

Gegen 7 Uhr überschreiten wir den Bergschrund, treffen auf erste Schwierigkeiten: senkrecht aufgebaute Séracwände! Das Eis ist außerordentlich hart, der aufliegende Firn dünn. Jede einzelne Stufe kostet viele Pickelschläge. Drexel hat die Führung übernommen, er schlägt ohne Unterbrechung Stufen. Welzenbach sichert ihn, ich fotografiere ab und zu. Nach den ersten zwanzig steilen Metern wird der Sérac senkrecht, ein Weiter ist unmöglich. Es gilt, nach links zu traversieren. Der Quergang erfordert Konzentration und peinlichste Eisarbeit. Ein schmaler Wulst am bauchig nach außen gewölbten Eis gibt den Aufstieg vor. Drexel kauert

Im Eiswulst

Seilerster Welzenbach

am Wulst, schlägt Stufen, kann sich weder aufrichten noch zurück, da sich das Eis auf ihn drückt. Ob Willo einen eventuellen Sturz halten könnte? Ein Sturz Drexels würde uns jedenfalls zur Aufgabe unseres Plans zwingen. Es wäre bestimmt keine leichte Aufgabe, über derart steiles Eis wieder abzusteigen.

Nach einer Stunde sind die fünfundzwanzig Meter Quergang gemeistert, Welzenbach und ich können mit den schweren Rucksäcken folgen. Froh darüber, nach dem langen Warten auf exponiertem Stand weiterzukommen, drängen wir drei uns bald eng zusammen, in einer verschneidungsartigen, nahezu senkrechten Eisrinne.

Drexel ist so abgekämpft, dass ich die Führung übernehme. Es gilt, die fünfzehn Meter hohe Rinne in Spreizarbeit zu meistern. Willo gibt mir dafür einen großen, auf der einen Seite pickelartig zugespitzten Kletterhammer, der mir die Arbeit erleichtert. Ein Eisbeil mit kurzem Griff wäre jetzt von Vorteil, denke ich! Über der Rinne setzt die Eiswand mit zunehmender Neigung an. Der feste Firn erleichtert hier das Stufenschlagen. In halber Höhe der Eiswand erkennen wir, dass eine Traverse weder nach Osten noch Westen möglich ist. Links und rechts von uns wird die plattige Mittelzone der Wand von derart glatten Felsen begrenzt, dass dort kein Fortkommen ist.

Es gibt nur einen Weg nach oben: Willos geplante Route. In halber Höhe der Wand übernimmt er die Führung. Auf zunehmend steiler werdendem Firn steigt er voller Optimismus und zügig aufwärts. Gegen Mittag sind wir am Beginn der Felszone. In der schwierigsten Passage übernimmt wieder Drexel den Vortritt. Es ist unmöglich, Eishaken zu schlagen, weil unter der wenige Zentimeter dicken Firnschicht dunkler Fels schimmert. Mit äußerster Vorsicht, stetig im Gleichgewicht, ritzt Drexel die dünn auf dem plattigen Fels liegende Firnschicht: Stufe für Stufe. Angespannt beobachten Welzenbach und ich die Arbeit unseres Kameraden. Unter uns bricht die Wand nahezu sechshundert Meter in atemraubender Steilheit ab. Später im Jahr, bei weiterer Ausaperung, ist der Fels hier ungangbar.

Minuten äußerster Konzentration sind vergangen, als Drexel die letzten Meter der weniger steilen Felszone und dann die Firnhänge des Gipfelaufbaus erreicht. Er kann endlich sichern, und uns wärmen die ersten Sonnenstrahlen! Für zwanzig Meter Höhenunterschied und fünfzig Meter Quergang nach rechts hat er fast drei Stunden gebraucht. Unser Interesse für die Umwelt ist dabei völlig geschwunden.

Willo und ich gönnen uns die erste Rast, essen ein wenig von unserem Proviant. Die technischen Schwierigkeiten werden nun weniger, auch Stufen sind nicht mehr zu schlagen, die Neigung der Wand wird geringer, der Firn weicher, so dass wir Tritte treten können. Um 5 Uhr stehen wir auf dem Gipfel. Welzenbachs Augen leuchten, als wir uns die Hände reichen. Wieder einer seiner langgehegten Pläne ist in Erfüllung gegangen. Ich habe Willo nie so lachen sehen, ein glückliches Lachen. Wir legen uns auf ausgeaperten Felsen in die Sonne, das Bietschhorn gegenüber, die hellen Firngrate der Walliser ringsum.

Es ist unser letzter gemeinsamer Urlaubstag, mein letzter großer Berg gemeinsam mit Welzenbach, ein unauslöschliches Erlebnis …«

Gletscherhorn-Nordwand mit Welzenbach-Route

Welzenbachs Erbe bleiben diese Riesenwände in den Westalpen. Neben großem Kletterkönnen bei den technischen Schwierigkeiten waren Erfahrung und Risikomanagement Voraussetzung für seinen Erfolg sowie ein außerordentliches körperliches Leistungsvermögen.

Im Juli 1933 schreibt Welzenbach an seine Eltern: »Heute trafen wir eine Gesellschaft der Hochtouristengruppe des Club Français, darunter den bekannten Henry de Ségogne, Schriftleiter des ›Alpinisme‹. Die Herren gaben mir zu Ehren ein Essen und luden mich für Januar 1934 zu einem Vortrag nach Paris. Ich darf kommen, wohin ich will, überall kennt man mich.« Nicht Paul Bauer oder Willy Merkl, sondern Welzenbach ist international gesehen der Star.

Und er denkt auch international, tauscht weiter Briefe mit Lagarde, Farrar und Devies, der ihn einen »Eroberer« nennt. Inzwischen aber erfasst Hitlergeist die deutsche Alpinszene, und Willy Merkl, »die kraftvolle Persönlichkeit«, versteht ihn zu nutzen. Ausdauernd, widerstandsfähig, unverwüstlich, wie er sich gibt, steht er für »gesundes Bergsteigen« und macht den Nanga Parbat zu seiner Mission. In diesem neuen Geist baut er, mit der Hilfe des Reichsbahn Turn- und Sportvereins, seine neue Expedition zum Nanga Parbat auf. Finanziert wird sie durch Kleinzuschüsse, wie von oben angeordnet. Hunderttausende Mitglieder spenden. Auch die Reichsregierung sagt ihren Einsatz zu. Bedingung: Ihre Richtlinien werden gewahrt. Schirmherr von Tschammer und Osten und der Reichspropaganda-Apparat arbeiten Merkl zu. Welzenbachs Idee wird somit eingegliedert in das Korsett einer staatlichen Organisation. Zwangsläufig kommt ihm so sein selbstbestimmtes Handeln, das

Welzenbach zum »Eispapst« hat werden lassen, mehr und mehr abhanden. Er ist zwar als Mannschaftsmitglied der zweiten Merkl-Expedition zum Nanga Parbat vorgesehen, aber nicht als deren Leiter. Welzenbach ist kein Karrierist und in der Hierarchie des Reichsbundes für Leibesübungen nicht zu Hause.

Leiter dieses Reichsbundes ist der von Hitler ernannte, dem Reichsinnenministerium angehörende Reichssportführer. Und dieser hat Paul Bauer zu neuen Ämtern berufen:

»Als mir der Reichssportführer die Aufgabe übertrug, die deutschen Bergsteiger und Wanderer zu organisieren, war weder ihm noch mir klar, daß die überstaatliche Organisation des DÖAV nicht der Träger dieser Organisation sein könnte.

Unter keinen Umständen wollte ich den DÖAV zerschlagen und an seine Stelle einen neuen Verband setzen. Nein, es war für mich oberstes Gebot, den Alpenverein zu schützen und zu erhalten. Neben und über ihm mußte die Organisation geschaffen werden, die alles durchführt, was uns an Aufgaben gestellt wird, die die reichsdeutschen Sektionen und die übrigen Bergsteigervereine des Deutschen Reiches vor den Behörden Deutschlands und in allen Verhandlungen mit der Partei oder mit Nachbarverbänden mit autoritativem Gewicht vertreten kann.«

Paul Bauer wird somit Leiter des Deutschen Bergsteigerund Wanderverbandes DBWV wie auch des auf der Nürnberger Tagung des Deutschen Reichsbundes für Leibesübungen neugeschaffenen Amtes Bergsteigen. Noch im Laufe des Jahres 1933 schließen sich sämtliche Alpenvereinssektionen des Deutschen Reiches und alle anderen Bergsteigervereinigungen dem DBWV an.

Damit hat Welzenbach Bauer nichts mehr entgegenzusetzen. Im Herbst 1933 ist er zwar der SA beigetreten, im Rang eines Scharführers bleibt der promovierte Stadtbaurat aber im niedrigsten Dienstgrad. Bauer bestimmt jetzt über den Alpinismus in Deutschland.

Am 18. September 1933 äußert sich Willy Merkl erstmals konkret zu seinem Vorhaben, den Nanga Parbat 1934 erneut anzugehen:

»Teilnehmer: Aschenbrenner, Bechtold, Schneider, Wieland, Welzenbach, Drexel, Reindl. Die erforderlichen Geldmittel werden in der Hauptsache aufgebracht durch die dem Reichsbahn Turn- und Sportbund und dem Reichsverband der Eisenbahnvereine angeschlossenen Verbände und Vereine sowie durch Zuschüsse der Hauptverwaltung und der Reichsbahndirektionen der Deutschen Reichsbahngesellschaft.

Die Ausreise soll Anfang 1934 auf einem Schiff des Norddeutschen Lloyd erfolgen.

Damit die Expedition nicht ohne wissenschaftliche Ausbeute heimkehrt, ist beabsichtigt, Wissenschaftler mitzunehmen:

1) Dr. Willi Bernhard, Wien, für höhenphysiologische Untersuchungen.
2) Hermann Hoerlin, Technische Hochschule Stuttgart, für die Weiterführung der auf der Cordillera-Blanca-Expedition 1932 vorgenommenen Untersuchung von kosmischen Strahlen.
3) Dr. Richard Finsterwalder, Technische Hochschule

Hannover, für geodätische und glaziologische Untersuchungen sowie für die photogrammetrische Aufnahme des Nanga-Parbat-Massives.«
Wissenschaftler sind Merkl bei dieser Nanga-Parbat-Expedition wichtig, auch um die Kritik abzuschwächen, das Ganze sei unnütz. Merkl ist in Bauers Augen als Expeditionsleiter zwar denkbar unfähig, sein Team keine »verschworene Gemeinschaft«, sondern ein zusammengewürfelter Haufen sportbegeisterter »Bergsteigerkanonen«. Ausbremsen wie Welzenbach aber kann er Merkl nicht mehr.

Nachdem Willy Merkl am 25. März 1934 zu seiner zweiten Reise zum Nanga Parbat aufgebrochen ist, berichten Presse und Rundfunk fortlaufend darüber. Zwar versucht Bauer in seiner neuen Funktion die Expedition zu torpedieren, erreicht aber bei von Tschammer und Osten nichts. Auch Merkls Beziehungen zu den neuen Machthabern sind zu gut.

Im April 1934 äußert sich Bauer erstmals ausführlich als »Führer des Deutschen Bergsteigerverbandes« zum Bergsteigen: »Der Durchbruch der heroischen Weltanschauung, den unser Führer Adolf Hitler erkämpft hat, rückt unser bergsteigerisches Tun erst ins rechte Licht. Für uns kann es kein Schaffen, keine Tätigkeit geben, die nicht in Beziehung zum Staat steht. Für uns Reichsdeutsche ist das Heil des Deutschen Staates gleich dem Heil jedes einzelnen Volksgenossen – und das Heil Deutschlands ist für uns das Heil der Menschheit.«

Welzenbach ist weit weg von solchem Gedankengut, der überzeugte Nationalsozialist Bauer aber hat seinen ehemaligen »Bergkameraden« immer noch im Visier.

1934
Nanga Parbat II

Schon als die deutsche Himalaya-Expedition zum Nanga Parbat angekündigt wird, trifft diese Nachricht auf große Begeisterung in der deutschen Bevölkerung. Weil die Journalisten den Zeitgeist treffen?

»Himalaya – letztes Ziel und Krönung bergsteigerischer Sehnsucht! Unsere Alpen sind längst erschlossen, auch Berge anderer Hochgebirge betrat schon des Menschen Fuß. Doch die kühnsten Erfolge, die jemals Bergsteiger ernteten, müssen verblassen vor den großen Aufgaben, die in den Hochgebirgen Asiens der Lösung harren. Noch sind die höchsten Erhebungen unserer Erde, die 13 Achttausender des Himalaya und des Karakorum, unbezwungen.«

Ob Bauer, Welzenbach oder Merkl, die Journalisten wiederholen ihre Begeisterung:

»Es ist es ganz natürlich, daß die Eroberung dieser Scheitelpunkte höchste Sehnsucht und vornehmste Aufgabe der Bergsteiger aller Nationen ist. Die alpine Geschichte der Nachkriegszeit steht ganz im Zeichen des Kampfes um die Achttausender, Führer in diesem Ringen sind die Deutschen und Engländer.

Der Schwerpunkt bergsteigerischer Erschließungsarbeit lag bisher im Osthimalaya, in den Bergen von Sikkim. Viermal bestürmten Engländer den Mount Everest und die

Der Nanga Parbat von Norden

Deutschen dreimal den Kangchendzönga. Doch der letzte Erfolg blieb all diesen – mit großer Energie durchgeführten – Unternehmungen versagt.

1500 km weiter westlich, wo der Indus die Ketten des Himalaya durchbricht, ragt ein anderer Hochgipfel auf: der 8120 m hohe Nanga Parbat. Auch dieser Berg hat seine Geschichte. Er war sogar der erste unter den Achttausendern, den Bergsteigersehnsüchte umwarben. Mummery, einer der hervorragendsten englischen Bergsteiger jener Zeit, unternahm bereits 1895 einen Versuch, diesen Riesen zu bezwingen. Der Angriff, vielleicht allzu kühn angelegt, mißlang. Mummery kehrte nicht mehr zurück, der Berg behielt ihn in ewiger Umklammerung.

Dieser Versuch wurde 1932, also 37 Jahre später, von

einer Deutsch-Amerikanischen Expedition unter Leitung des bekannten Münchner Bergsteigers Willy Merkl wiederholt. Vollständiges Versagen der eingeborenen Träger war die Ursache dafür, daß auch diesem Unternehmen der Gipfelsieg nicht beschieden war. Seither wird in aller Stille eine weitere große deutsche Himalaya-Expedition vorbereitet.«

Trotz des Scheiterns von 1932 hat Merkl den Glauben an den Erfolg nie verloren, seiner unerschütterlichen Zuversicht ist es zu verdanken, dass er diesen Glauben auch anderen vermitteln kann. So hat er es geschafft, die Deutsche Himalaya-Expedition 1934 auf die Beine zu stellen.

Wieder findet Merkl erprobte Mitstreiter. Alle seine Männer haben sich entweder bei großen Auslandsunternehmungen oder schwersten alpinen Fahrten bewährt, »im harten Kampf mit den Bergen«, wie er sich ausdrückt. Einzelne sind sich dabei kameradschaftlich nähergekommen, ein reibungsloses Zusammenspiel ist gewährleistet. Die vorgesehene Truppe besteht aus: Willy Merkl, Willo Welzenbach, Alfred Drexel – alle aus München, Fritz Bechtold und Peter Müllritter – aus Trostberg in Oberbayern, Ulrich Wieland aus Ulm und Erwin Schneider aus Hall/Tirol – beide waren bereits 1930 Teilnehmer der Dyhrenfurth-Expedition zum Kangchendzönga –, Peter Aschenbrenner aus Kufstein. Kommandant des Hauptlagers ist Heinz Baumeister aus Berlin.

Dazu kommen drei Wissenschaftler: der bekannte Topograph Dr. Richard Finsterwalder – Hannover –, der Geograph Dr. Walter Raechl – München –, der Geologe Dr. Peter Misch – Göttingen. Sie sollen das gewaltige, reich vergletscherte Gebirgsmassiv des Nanga Parbat mit terrestrischer

Photogrammetrie aufnehmen. Erhofft werden Ergebnisse, die für die gesamte Glaziologie und Morphologie von ebenso großem Wert sind, wie die in Fachkreisen weltweit berühmt gewordenen Arbeiten Dr. Finsterwalders im Pamir.

Der Expeditionsarzt Dr. Willi Bernard aus St. Pölten plant die Durchführung wichtiger höhenphysiologischer Untersuchungen.

Merkl steht unter hohem Erwartungsdruck. Seinen Unterstützern, den Eisenbahnern, verspricht er den Gipfelerfolg. Auch hat er die Öffentlichkeit reichlich mit Heldenstorys versorgt. Nun will die Reichsregierung Taten sehen: die erste Besteigung eines Achttausenders! Diesmal muss der Gipfel fallen! Die Nanga-Parbat-Expedition 1934 ist eine »Sache des deutschen Volkes«, ja, eine »vaterländische Aufgabe«.

Die Idee zu dieser Expedition ist nicht »im Kampfgeist der nationalen Erhebung« gereift, wie Willy Merkl sagt. Er ist zwar wie 1932 Organisator und Führer dieses Unternehmens, aber nicht sein Ideator. Merkl will wieder und unbedingt die Besteigung des Nanga Parbat erzwingen, Welzenbach den Berg seiner Sehnsucht kennenlernen. Er ist als Teilnehmer dabei, verantwortet Reiseleitung und Proviant. Seine Mutter unterstützt ihn dabei und drängt: »Verlange wenigstens die bergsteigerische Leitung!« – »Geh nicht ohne diese!« Welzenbach aber hat sich damit abgefunden, dass Merkl, noch immer sein Freund, der Leiter der Expedition sein soll.

Ist diese Expedition, nicht nur, was die Eignung der Teilnehmer betrifft, die schlagkräftigste, die je in den Himalaya ausgezogen ist? Ja, man kann es ohne Übertreibung so sehen. Vor allem, weil Welzenbach dabei ist.

Schon zu Jahresbeginn war die Bitte um Beurlaubung des Stadtbaurates Dr. Welzenbach an das Reichsministerium des Innern und an den Stadtrat München gegangen: »Im Frühjahr 1934 reist eine bergsteigerische und wissenschaftliche deutsche Expedition nach dem westlichen Himalaya ab. Bergsteigerisches Ziel ist die Ersteigung des noch unbezwungenen, 8125 m hohen Nanga Parbat im Kaschmir. Die wissenschaftliche Aufgabe ist die geographische, topographische und glaziologische Erschließung der gesamten Nanga-Parbat-Gruppe: eines Gebietes von rund 500 qkm. Die Expedition steht unter der Schirmherrschaft des Reichssportführers von Tschammer und Osten und wird von der Reichsregierung nach Kräften unterstützt. (...) Zur Lösung der bergsteigerischen Aufgaben sollen an der Expedition acht der besten deutschen Bergsteiger teilnehmen. Die sorgfältige Auswahl der Expeditionsmitglieder ist entscheidend für den Erfolg des Unternehmens. Als einen der wertvollsten Teilnehmer haben wir den Münchner Stadtbaurat Dr. W. Welzenbach ausersehen. Dr. Welzenbach genießt heute, weit über die Grenzen unseres Vaterlandes hinaus, einen ausgezeichneten Ruf als einer der erfolgreichsten deutschen Bergsteiger. Wir stellen deshalb an den Stadtrat München das Ersuchen, Herrn Dr. Welzenbach die Teilnahme an der Deutschen Himalaya-Expedition 1934 durch Gewährung eines außerordentlichen Urlaubs von 5 Monaten zu ermöglichen. Wir weisen darauf hin, daß dieser Expedition eine große nationale Aufgabe zukommt.«

Das zentrale Ziel der Expedition ist das Erreichen des Nanga-Parbat-Gipfels und damit die erstmalige Besteigung eines Achttausenders. »Anläßlich unserer 1932er Expedition konnte einwandfrei festgestellt werden, daß der Berg technisch ersteigbar ist«, behauptet Merkl. Aus den damals gewonnenen Erfahrungen will man lernen und sie sich zunutze machen, »besonders was die Kulifrage betrifft«.

Die günstigsten Verhältnisse am Berg herrschen in den Monaten Juni und Juli, also muss die Expedition Ende Mai den Fuß des Berges erreicht haben. Merkl schifft sich mit Aschenbrenner, Schneider und Wieland Ende März ein, siebzehn Tage später, am 13. April, sticht die »Conte Verdi« mit den anderen in See. An Bord sind Bechtold, Drexel, Müllritter, der Arzt Bernard, Kartograph Finsterwalder, Geograph Raechl, Geologe Misch und ihr Reiseleiter Welzenbach. Sie landen in Bombay, durchmessen Indien bis nach Srinagar,

Der junge Willy Merkl als Seilzweiter.

wo sich 35 Träger aus Darjeeling und die englischen Transportoffiziere Frier und Sangster anschließen.

Von Srinagar brechen sie zum Nanga auf: mit Blumen am Hut, neugierig, alle Sinne auf ihr Ziel ausgerichtet, voller Spannung. Welzenbach fiebert seinem geradezu überirdischen Ziel, dem »König der Berge«, entgegen wie fast achtzig Jahre vor ihm Adolf Schlagintweit. Endlich sieht er die Chance, sich als Bergsteiger letztmöglich auszudrücken. Mehr will er nicht.

In Port Said am Suez-Kanal, während der Anreise, schreibt Welzenbach Mitte April eine Postkarte an seine Eltern:

»Liebste Eltern, meine Post aus Venedig und Brindisi werdet ihr erhalten haben. Die Überfahrt ist wunderschön und bis jetzt ganz ruhig. Irgendwelche Ereignisse sind nicht zu berichten. Ich bitte euch, noch folgende Angelegenheit zu regeln: unsere Expedition wird sicherlich in der gesamten Presse des In- und Auslandes eingehendst behandelt. Es wäre für mich interessant, später all die Zeitungsausschnitte zu haben. Frau Dr. Schmid sammelt die Berichte für Merkl. Bitte fragt doch bei Frau Dr. Schmid an, mit welchem Zeitungsausschnittbüro sie abgeschlossen hat und was das Ganze kostet. Wenn die Sache nicht zu teuer ist, so schließt bitte auch ab. Es gibt meines Wissens billige und teure Abonnements, je nach Anzahl der bezogenen Zeitungen.«

Der Ablauf des Anmarsches wird von Welzenbach nur in Stichworten festgehalten:

26. März Abreise des ersten Trupps aus München (Merkl, Wieland, Schneider, Aschenbrenner).

Alfred Drexel und Willo Welzenbach (links)

10. April Ankunft Merkls in Delhi. Erfolgreiche Anwerbung der Darjeelingträger. Anweisung Merkls, daß Hieronimus, der den erkrankten Baumeister ersetzt, auf der »Viktoria« nachkommen soll.
12. April Abreise des zweiten Trupps aus München (Welzenbach, Finsterwalder, Raechl, Drexel usw.). Hieronimus folgt später nach.

Trägerkolonne am Tragbal-Pass

30. April Versammlung der zwölf deutschen Teilnehmer und der beiden englischen Offziere in Srinagar.
2. Mai Merkl bricht mit 300 Trägern zum 3600 m hohen Tragbalpaß auf.
3. Mai Die Nachhut folgt mit 200 Trägern unter Schneider und Wieland. Das Wetter ist unbeständig, die Stimmung glänzend.
4./5. Mai Überschreitung des Tragbalpasses. Koragbal wird erreicht, dann Weitermarsch nach Gurais.
5. Mai Hieronimus landet in Indien.
6. Mai Abmarsch zur Überschreitung des Burzilpasses. Sardakothi und Chillam werden erreicht. Haupttrupp und Nachhut vereinigen sich in Godai. Überschreitung des 4200 m hohen Burzilpasses gelingt.
10. Mai Alle Teilnehmer sind in Astor.

Lager im ersten Schnee

12. Mai — Abmarsch von Astor über Daschkin zum Indus, der bei Talliche überschritten wird. Erster Blick auf den Nanga, dann geht es über Rakhiotbridge und das Rakhiottal hinauf.
16. Mai — Ankunft an der Schneegrenze über dem Rakhiotgletscher. Errichtung des vorläufigen Hauptlagers in 3000 m Höhe. Die Lasten sind eingetroffen. 500 Träger werden entlassen.
18. Mai — Der Anmarsch ist beendet. Die Wissenschaftler trennen sich von den Bergsteigern.
22. Mai — Vorstoß zum endgültigen Hauptlager an der Endmoräne des Rakhiotgletschers auf 3600 m. 35 Darjeelingträger und 10 Baltileute gehen im Pendelverkehr zwischen dem vorläufigen und dem eigentlichen Hauptlager. Schönwetterlage setzt ein.

27. Mai   Bechtold, Wieland und Müllritter treffen im Lager I, in 4600 m Höhe, auf dem Rakhiotgletscher ein, bei günstigsten Eis- und Schneeverhältnissen. Der Vorstoß zum Lager IV, auf der obersten Terrasse des Gletschers in 5800 m Höhe, wird beschlossen.

An diesem Tag schreibt Welzenbach an seinen Arbeitskollegen in München, Oberbaurat Stecher, über den Anmarsch:

»Unsere Expedition ist in der glücklichen Lage, reichlich früh dran zu sein. So können wir mit Muße unsere Vorbereitungen für den Angriff auf den Nanga Parbat treffen, ohne befürchten zu müssen, vorzeitig vom schlechten Wetter des Spätsommers überrascht zu werden.

Wir verließen Srinagar am 1. Mai und gelangten in sechzehntägigem Anmarsch, teils zu Fuß, teils zu Pferd, bis zu unserem vorläufigen Standlager am Rakhiotgletscher (3360 m). Der Weg führte uns dabei 300 km weit in das Rakhiottal. Unser Marsch war außerordentlich interessant, wir durchschritten dabei verschiedenste Klimazonen. Im Hochtal von Kaschmir (1800 m) herrscht gemäßigtes Klima mit üppiger Fruchtbarkeit, von dort stiegen wir in den Winter empor (Burzilpaß, 4200 m), dann wieder hinunter zum Indus (1100 m), wo wir arides Klima mit drückender Hitze antrafen. Das Industal ist vollkommene Wüste, ohne jede Vegetation. Erst im Rakhiottal fanden wir wieder Wälder und Wiesen vor.

Dank vortrefflicher Unterstützung durch die indischen Regierungsstellen und der Hilfe unserer beiden englischen Transportoffiziere wurde der Anmarsch mit fast 600 Trag-

Märchenwiese

lasten reibungslos abgewickelt. Außerordentlich zufrieden sind wir mit unseren 35 Darjeelingträgern (im wesentlichen Sherpas und Bhutias aus Nepal und Bhutan), die in ihren feldgrauen deutschen Bahnschutzuniformen sehr stramm aussehen. Es sind in der Hauptsache alte Kämpen, die sich schon an Everest, Kangchendzönga und Kamet bewährt haben. Sie bildeten gewissermaßen die Expeditionspolizei und hielten die Kaschmirträger unter strenger Aufsicht. Doch auch die eingeborenen Träger hielten sich gut. Nur mit Lumpen und Strohsandalen an den Füßen schleppten sie ihre Lasten tagelang durch den Schnee.

Während der Zeit unseres Anmarsches war das Wetter meist winterlich unbeständig. Fast täglich fiel in den Bergen Neuschnee. Erst vor einer Woche setzte das beständige Sommerwetter ein. Nun erstrahlt täglich ein wolkenloser Himmel über dem Nanga, nur über dem Gipfel selbst hängen fast immer lange Schneefahnen.

Die »Märchenwiese« auf 3250 m war bei unserer Ankunft gerade ausgeapert. Das Standlager von 1932 (3850 m) befand sich jedoch noch unter einer metertiefen Schneedecke. So entschlossen wir uns, auf dem letzten schneefreien Platz an der Grenze des geschlossenen Hochwaldes, auf 3360 m Höhe, ein vorläufiges Standlager zu beziehen. Dort warten wir mit Muße die weitere Ausaperung ab und können die Vorbereitungen zum Angriff treffen. Die Kaschmiris wurden hier fast alle entlassen, denn der Weitertransport der Lasten soll nun durch Darjeelingleute und einige zuverlässige eingeborene Träger, die sich schon 1932 bewährt hatten, im Pendelverkehr durchgeführt werden.

Seit zehn Tagen liegen wir nun hier im vorläufigen Haupt-

Vorläufiges Standlager

lager. Die Zeit ist uns bisher allerdings nicht zu lang geworden. Stets gibt es eine Menge Arbeit: Expeditionskorrespondenz ist zu erledigen, es muß organisiert und umgepackt werden, Presseberichte sind zu schreiben, das Funkgerät ist auszuprobieren. Die Photo- und Filmleute entwickeln unentwegt im Dunkelkammerzelt, der Arzt macht physiologische Untersuchungen, bestimmt bei den einzelnen Teilnehmern Kapazität und Preßdruck der Lunge, Blutdruck, Puls und die Anzahl roter Blutkörperchen. Diese Untersuchungen werden in den oberen Lagern wiederholt, um den Einfluß der Höhe auf den menschlichen Organismus feststellen zu können. Unser ›gelernter Wilderer‹ Aschenbrenner geht auf die Jagd, denn es gibt hier allerhand seltenes Getier, wie Steinböcke, Wildschafe, Wölfe, Adler. Unsere Kulis schaffen indessen täglich Lasten nach oben und schaufeln den Platz für das Hauptlager frei.

In zwei Tagen wird der erste Bergsteigertrupp zum Hauptlager aufbrechen und von dort aus die Hochlager einrichten. Wenn alles glattgeht, wird wohl in vier bis sechs Wochen die Entscheidung gefallen sein. Wir sind alle sehr zuversichtlich.

Ich erlaube mir, Ihnen zur Orientierung einen Kartenausschnitt der Nanga-Parbat-Gruppe beizufügen, auf dem ich den Weg von 1932 sowie den vermutlichen Weiterweg zum Gipfel rot eingezeichnet habe. Die Karte wurde von der Survey of India für unsere Expedition gezeichnet, auf Grundlage der Photoaufnahmen Willy Merkls aus dem Jahr 1932 und von Luftaufnahmen der Royal Air Force aus dem Jahr 1933. Sie ist zwar nicht sehr gut, gibt aber immerhin einen allgemeinen Überblick. Aus der Karte geht auch hervor, daß der Hauptgipfel sehr weit nach Süden vorgeschoben ist. Deshalb ist er auch auf dem Bild, das in meinem Büro hängt, nicht zu sehen. In der Karte ist die neueste Höhenkote des Nanga Parbat eingetragen. Danach ist der Berg mit 8150 m um 30 m höher als bisher angenommen. Da im Karakorum zwei 8000er in der Umrahmung des Baltorogletschers aufgrund der neuesten Vermessung als wesentlich niedriger eingestuft wurden, dürfte nun unter den höchsten Bergen der Erde der Nanga Parbat von der 9. Stelle auf die 5. Stelle rücken. Den eindeutigen Nachweis der Höhe des Nanga Parbat werden wohl erst die geodätischen Aufnahmen Finsterwalders erbringen.

Die drei Wissenschaftler unserer Expedition (Geodät Finsterwalder, Geologe Misch, Geograph und Morphologe Raechl) verließen uns schon vor einer Woche. Sie wenden sich zunächst indusabwärts gegen Chilas, dann zur Westseite der Nanga-Parbat-Gruppe. Später nach Astor und der Südseite des Gebirges. Im wissenschaftlichen Arbeitsprogramm der Expedition ist noch die Erforschung des Hisparagletschers im nordwestlichen Karakorum vorgesehen. Dieses Gebiet verdient besonderes Interesse, denn der wissenschaftlich noch wenig bekannte Hispar ist einer der längsten außerarktischen Gletscher der Welt, und in seiner Umrahmung sollen sich zwei neuentdeckte 8000er befinden. Ob und inwieweit sich die Bergsteiger an dieser Unternehmung beteiligen werden, ist noch unbestimmt. Dies hängt davon ab, wie rasch wir mit dem Nanga fertig werden. Nach Abschluß unserer Expedition wollen wir auch noch einige Zeit zur Besichtigung der Sehenswürdigkeiten Indiens erübrigen, denn unsere Herreise vollzog sich in solcher Eile, daß wir vom Wunderland Indien nur wenig zu sehen bekamen.

In den nächsten Tagen erwarten wir noch einige Gäste: unseren Lagerkommandanten Hieronimus aus Hamburg, den deutschen Konsul Kapp aus Bombay und einen Schweizer namens Kuhn, der in Rawalpindi lebt.«

Nun setzt Welzenbach seine Tagebucheinträge regelmäßig fort:

Sonntag, 27. Mai
Ich schreibe bereits wieder unentwegt, da bald die Post weggeht. Mittags kommt der zweite Wolf. Das wird ein Umtrieb werden, wir haben schon mit dem einen genug zu tun. Das Wetter schlägt mittags um, wir glauben, daß es nur lokale Störungen sind. Wieland kommt zurück.

Drexel und Welzenbach sind schon bei der Überfahrt oft zusammen

Montag, 28. Mai
Das Wetter ist den ganzen Tag über schlecht. Aschenbrenner und Schneider gehen trotzdem zum Hauptlager. Müllritter und Bechtold kehren zurück. Heute habe ich wieder 15 Briefe und 20 Postkarten erledigt. Nun muß aber Schluß sein. Ich habe die Schreiberei satt.

Dienstag, 29. Mai
Drexel und ich brechen heute früh mit 5 Kulis zum Hauptlager auf. Morgen werden wir wahrscheinlich zusammen mit Schneider und Aschenbrenner zum Lager I (4300 m) weitergehen. Das Wetter ist heute wieder gut. Unsere beiden Wölfe wurden getauft: das Weibchen heißt »Nanga«, das Männchen »Parbat«. Der Postmann ist noch nicht eingetroffen, daher lasse ich meine Post im vorläufigen Hauptlager zurück. Gegen Mittag Ankunft im Hauptlager: ein etwa 100 qm großer Platz, den die Kulis vom Schnee freigeschaufelt haben. Es ist nicht schön dort. Das Lager befindet sich im tiefsten Punkt einer Mulde, in der alles Schmelzwasser zusammenfließt. Ich bin froh, daß wir nur eine Nacht dort bleiben. Den ganzen Abend wird gepackt.

Mittwoch, 30. Mai
Wir haben nicht genug Kulis für unsere Lasten, veranlassen deshalb, man solle sechs weitere Kulis morgens vom vorläufigen Hauptlager heraufschicken, um sie mit uns zum Lager I (4300 m) gehen zu lassen. Insgesamt sind es nun 24 Kulis. Die sechs Kulis aber, die wir ungeplant vom Hauptlager mitnahmen, müssen wir nachmittags wieder zum vorläufigen Hauptlager zurückschicken. Letztlich bleiben uns damit

18 Kulis für 24 Lasten. Die Darjeelingleute schleppen soviel sie können, trotzdem werden wir einige Lasten im Lager I zurücklassen müssen.

Am Abend erhalten wir Funkverbindung mit vorläufigem Hauptlager und erfahren, daß Hieronimus, Kapp und Kuhn angekommen sind. Die Genannten sprechen mit uns. Das Wetter war tagsüber schön, gegen Abend kommen Wolken auf.

Donnerstag, 31. Mai

Die Nacht über schneit es stark, auch morgens herrschen noch Nebel und Schneegestöber. Wir können deshalb nicht nach Lager II weitergehen. Vormittags klart es auf. 13 Kulis schicken wir zum Hauptlager hinunter, um weitere Lasten holen zu lassen. Sie kehren nachmittags zurück. Mittags wird das Wetter wieder schlecht. Es schneit den ganzen Nachmittag. Abends klart es abermals auf.

Freitag, 1. Juni

Es ist Schönwetter. Wir beschließen, nach Lager II zu gehen. 2 Kulis melden sich krank und müssen zum Hauptlager zurückgeschickt werden. Allmählich werden die Transportschwierigkeiten unlösbar: Mit 24 Kulis kamen wir ins Lager I, und nun sollen wir mit 16 weitergehen. Unsere Kulis schleppen wie verrückt, trotzdem müssen wichtige Lasten zurückbleiben. Für die Etappe bekommen wir keine Unterstützung. Man hat offenbar kein Verständnis für unsere Lage. Wir steigen durch den Gletscherbruch unter der Nordwand des Nanga an. Es ist drückend heiß, auf einer Höhe von ca. 4900 m läuft sich der Vorstoß tot. Unsere Ku-

Die Mannschaft 1934

lis, insbesondere die Baltis, sind erschöpft. Wir müssen ein Zwischenlager I a anlegen, etwa 400 m tiefer als das Lager II von 1932. Nachmittags wird das Wetter schlecht. Es schneit.

Wir haben nur noch für einen Tag Kulirationen und müssen morgen wohl einen Großteil der Kulis hinunterschicken. Wenn das Wetter gut ist, erreichen wir vielleicht noch Lager III. Ist das Wetter schlecht, so können wir wohl vorerst überhaupt nicht weiter. Abends klart es etwas auf. Durch zerrissenes Gewölk hindurch erblicken wir die Riesen des Karakorum (Rakaposhi, Haramosh), die von der Abendsonne beleuchtet geisterhaft in den Himmel ragen.

Samstag 2. Juni
Morgens ist es klar und kalt (– 10°), um 6 Uhr brechen wir auf. Nach mancherlei Irrgängen erreichen wir vormittags 10 Uhr eine schöne Terrasse am oberen Rand der Séracs, wo wir Lager II auf ca. 5300 m errichten. Es ist wieder drückend heiß, so daß nicht daran gedacht werden kann, weiterzugehen. Wir schicken nun sämtliche Kulis, mit Ausnahme der persönlichen Diener und des Kochs, zu Tal, da wir nichts mehr zu essen für sie haben. Wir sahen heute vormittag eine Kolonne vom Hauptlager Richtung Lager I gehen und glauben, daß es Uli Wieland mit einer Lebensmittelkolonne ist. Nun wird hoffentlich der Nachschub funktionieren. Wir versuchen morgen, mit unseren fünf Trägern das Lager III zu errichten. Abends erwarten wir eine Kulikolonne aus den Lagern I und II. Am Nachmittag schneit es. Abends klart es wieder auf. Hunderte von Kilometern weit sehen wir die Berge des Hindukusch und des Karakorum, ein unendliches Meer von Spitzen.

Sonntag, 3. Juni
Es ist morgens kalt und klar, – 9°. Balbo (Drexel) und ich brechen um 7.40 Uhr mit den letzten 6 Kulis auf, um Lager III einzurichten. Ankunft dort 11.15 Uhr, die Kulis kommen um 12.30 Uhr an. Wir verwendeten für den ganzen Aufstieg unsere Skier, die uns schon vom vorl. Hauptlager weg stets gute Dienste leisteten. Lediglich zwischen Lager Ia und Lager II mußten wir sie tragen. Dank ihrer Kürze und des guten Steigvermögens sind sie selbst in schwierigem Gelände verwendbar. Lager III befindet sich auf ca. 5700 m. Von dort geht der Blick über das ganze Rakhiottal und den

Rakhiotgletscher. Im wesentlichen läßt sich auch die geplante Aufstiegsroute bis zum Silbersattel verfolgen. Man kann gar nicht glauben, daß uns der Berg ernste Schwierigkeiten bereiten wird. Die Kulis steigen, nachdem sie uns ein reichliches Essen zubereitet haben, wieder ins Lager II hinab, wo Schneider und Aschenbrenner zurückgeblieben sind, um den Nachschub zu erwarten. Nachmittags können wir auch von hier aus erkennen, daß eine Kolonne im Lager II eingetroffen ist: die Anzahl der Zelte hat sich erhöht, und mit dem Fernglas erkennen wir die ringsum aufgestapelten Lasten.

Montag, 4. Juni
Frühmorgens kommen Schneider und Aschenbrenner mit zehn Kulis (sechs Kulis, die gestern schon hier waren, und vier, welche von Lager II heraufkamen) nach Lager III. Wir erfahren nun auch, daß lediglich vier Kulis von unten heraufkommen konnten, denn die eingeborenen Baltis streiken und verlangen pro Tag 5 Rs – 5 RM. Damit erklärt sich die ganze Nachschubproblematik.

Wir versuchen, sofort weiterzugehen und das Lager III, das noch zu tief liegt, höher hinauf zu verschieben. Allerdings bleiben wir in den Sérac s des außerordentlich zerschrundeten Gletschers hängen. An vier verschiedenen Stellen versuchen wir vergeblich, durchzukommen. Schließlich müssen wir den Rückzug nach Lager III antreten. Der Energieaufwand war vergeblich. Wir schicken heute unsere Kulis ins Lager II zurück, wo sie morgen unbedingt einen Rasttag haben müssen. Wir vier Sahibs werden indessen unter allen Umständen versuchen, einen Durchstieg durch den

Séracgürtel zu finden, damit wir übermorgen mit allen verfügbaren Kulis weiter vorstoßen können. Das Wetter ist im allgemeinen schön. Nachmittags setzt meist Bewölkung mit leichtem Schneetreiben ein, abends klart es regelmäßig auf.

Dienstag, 5. Juni

Morgens kommen aus Lager II zwei Kulis herauf und bringen Briefe von Fritz Bechtold, der sich mit Müllritter in Lager II aufhält, und von Willy Merkl aus dem Hauptlager. Die Briefe eröffnen trübe Aussichten. Ihnen ist zu entnehmen, daß die Nachschubschwierigkeiten nicht nur auf den Streik der Baltis zurückzuführen sind, sondern daß auch die aus Srinagar und Gilgit erwartete Verpflegung nicht eingetroffen und somit der Kuliproviant knapp geworden ist. Es wird uns dringend geraten zurückzukehren, keinesfalls aber weiterzugehen, da der Nachschub nicht gewährleistet werden könne. Wir beurteilen die Lage optimistischer und beschließen, unter allen Umständen weiterzugehen, solange wir hier noch etwas zu beißen haben. Vormittags erkunden Schneider und Aschenbrenner wieder den Weiterweg, finden auch einen Durchstieg durch die Séracs und einen ausgezeichneten Platz für das endgültige Lager. Mittags kommt Funkverbindung mit dem Hauptlager zustande. Dort scheint wieder eine etwas zuversichtlichere Stimmung eingekehrt zu sein. Der Streik ist – nachdem 18 Baltis entlassen wurden – vorläufig beigelegt. Auch scheint es mit den Kulilebensmitteln nicht gar so schlecht zu stehen, wie es schien. Wir erhalten die Ermächtigung, den Weg nach Lager IV mit allen Mitteln zu forcieren, und bekommen auch einige Unterstützung von unten zugesichert. Freilich wird es noch längere Zeit dauern, bis der Haupttrupp in Lager IV eintrifft und der Angriff von dort aus fortgesetzt werden kann. Es ist bitter, zusehen zu müssen, wie die Schönwettertage ungenützt verstreichen, weil Organisationsschwierigkeiten ein weiteres Vordringen unmöglich machen. Nachmittags kommen Bechtold und Müllritter aus Lager II zu Besuch. Sie versprechen, uns morgen 12 Darjeeling-Kulis zu senden.

Mittwoch, 6. Juni

Das Wetter ist morgens nicht sehr schön. Es windet. Balbo, der nachts über Schlaflosigkeit und Kopfschmerzen klagte, und ich brechen morgens auf, um eine neue und kürzere Strecke zwischen Lager II und III festzulegen. Unterwegs begegnen wir fünf Kulis, die mit Lasten von Lager II unterwegs sind. Wir nehmen sie mit herauf. Nun ist der Umzug vom vorläufigen Lager III ins etwa 150 m höher gelegene endgültige Lager III geplant. Inzwischen begann es stark zu stürmen und zu schneien. Die Kulis (unser Koch, dessen Hilfe sowie die fünf, welche vom Lager II heraufkamen) sind deshalb nur schwer zu bewegen, das alte Lager abzubauen. Endlich sind wir auf dem Marsch. Als wir das neue Lager aufschlagen, stürmt es so stark, daß wir fürchten, es würden uns die Zelte davongetragen. Die Kulis müssen noch ein zweites Mal den Weg machen, um den Rest der Lasten zu holen; dabei kneifen zwei aus und steigen nach Lager II ab. Die übrigen Kulis, welche uns von dort versprochen waren, kommen wegen des schlechten Wetters nicht. Balbo ist sehr schlecht beisammen, er klagt über heftige Kopfschmerzen und hat offenbar Fieber.

Donnerstag, 7. Juni
Balbo schlief leidlich gut, am Morgen verstärken sich jedoch seine Kopfschmerzen wieder. Es handelt sich offenbar um Bergkrankheit. Da eine Besserung der Beschwerden in der Höhe nicht zu erwarten ist, raten wir Balbo dringend, in ein tieferes Lager abzusteigen. Balbo will jedoch nichts davon wissen und meint, er könne mit uns noch nach Lager IV gehen und sich dort erholen. Mittags erreichen uns sieben Träger von Lager II mit Lasten, die eigentlich schon gestern hätten ankommen sollen. Schneider und Aschenbrenner erkunden den Weg nach Lager IV. Am Nachmittag um 2 Uhr haben wir Funkverbindung mit dem Hauptlager. Balbo entschließt sich nun doch, um halb 4 Uhr mit seinem Diener Ang Tsering nach Lager II abzusteigen. Er beauftragt uns noch, dafür zu sorgen, daß sein Gepäck nach Lager IV mitgehe, damit alles schon oben sei, wenn er wieder nachkomme.

Freitag, 8. Juni
Vorstoß nach Lager IV, das auf 6200 m errichtet wird. Der Aufstieg durch tiefen Pulverschnee ist außerordentlich ermüdend. Nachmittags wird das Wetter schlecht. Es stürmt und schneit. Abends Gewitter.

Samstag, 9. Juni
Die ganze Nacht hindurch Schneefall, der sich am Vormittag fortsetzt. Gegen Mittag kommen zwei Boten durch knietiefen Neuschnee gestapft und überreichen uns einen Zettel von Bechtold aus Lager II. Wir entnehmen ihm die erschütternde Nachricht, daß Balbo gestern abend 9.20 Uhr

an akuter Lungenentzündung verschieden sei. Trotz aufopfernder Hilfe aller Kameraden sei eine Rettung nicht mehr möglich gewesen. Wir sind durch diese Botschaft schwer betroffen. Sofort machen wir uns an den Abstieg ins Hauptlager, um Balbo auf seinem letzten Gang das Geleit zu geben. In Lager I treffen wir Merkl und Kuhn, die uns Einzelheiten über das tragische Ende Balbos berichten. Die Leiche ist tagsüber vom Lager II ins Lager I gebracht und vorläufig in Schnee eingebettet worden.

Sonntag, 10. Juni

Die Kulis waren durch die verschiedenen Hilfsaktionen für Balbo und die Bergung seiner Leiche so erschöpft, daß sie heute unbedingt einen Ruhetag brauchen. Wir bestimmen den Platz für die letzte Ruhestätte Balbos. Die Beerdigung ist für morgen festgesetzt.

Montag, 11. Juni

Mit Sangster, Kuhn und 12 Darjeeling-Kulis gehe ich zum Lager I, um die Leiche Drexels zu holen, die dort im Schnee eingebettet liegt. Der Abtransport ist ziemlich mühsam, erst gegen Mittag erreichen wir das Hauptlager. Die übrigen haben inzwischen begonnen, auf einem begrünten Moränenrücken westlich des Hauptlagers das Grab zu schaufeln.

Nachmittags 5 Uhr findet die Beisetzung statt. Aus Skiern haben wir eine Bahre gefertigt, die sechs Mann tragen. Auf ihr liegt der Leichnam, in ein mächtiges Hakenkreuzbanner gehüllt, daran schließt sich ein langer Leichenzug der Bergfreunde, Darjeelingträger und Balti. Nachdem der Leichnam ins Grab gesenkt und mit Blumen und immergrünem

Wacholder bedeckt ist, hält Merkl die Trauerrede. Daraufhin ergreift noch Konsul Kapp das Wort. Nach einem kurzen Gebet wird das Grab aufgefüllt und vorläufig mit einem schlichten Holzkreuz und einem grünen Kranz mit Frühlingsblumen geschmückt. Später soll als Denkmal eine mächtige Steinpyramide errichtet werden. Eine Bronzetafel mit würdiger Inschrift wurde bereits in Kalkutta bestellt. Die ganze Totenfeier war würdig und ergreifend. Besondere Anerkennung verdient die Anteilnahme der Darjeelingleute.

Mittwoch, 13. Juni

Wieland und ich, später auch Schneider, bauen das Grab Drexels aus. Wir errichten einen riesigen Sarkophag aus mächtigen Steinen, ca. 1 m hoch. Darüber setzen wir das Holzkreuz und legen Kränze und Blumen dazu. Nachmittags brechen Wieland und Sangster mit sechs Trägern zu einem Biwak am rechten Hang des Rakhiottales auf, um anderntags den Buldar Peak zu besteigen (5500 m). Dieser ist nur ein untergeordneter Gipfel im Nanga-Parbat-Massiv und wurde schon 1932 von Aschenbrenner und Kunigk bestiegen. Nachmittags schlafe ich viel, Kapp und Frier sind morgens ins Lager I gegangen. Kapp will, wenn möglich, bis Lager III oder IV vordringen und dann wieder nach Bombay zurückkehren.

Donnerstag, 14. Juni

Wie jeden Tag gehen die Kulis morgens zum Lager I, um Lasten emporzuschaffen. Wir warten täglich auf Tsampa, die Kulinahrung für die Höhe. Bevor dieses nicht eingetroffen ist, können wir unseren Vormarsch nicht beginnen.

Alfred Drexels Begräbnis

Willy Merkl und ich sichten Balbos Nachlaß. Es kommen verschiedene ergreifende Dokumente zum Vorschein. Alles, was von ihm und seinen Eltern stammt, und alles, was wir sonst für geeignet halten, werden wir seinen Eltern schicken.

Dr. Bernard stellt physiologische Untersuchungen an. Meine Lungenkapazität erhöhte sich seit dem vorletzten Hauptlager von 6900 auf 7400 ccm. Ich verspüre seit etwa zehn Tagen ein Stechen in der rechten Rückenseite, dicht unter der letzten Rippe. Da ich mich sorge, die Beschwerden könnten vom Rippenfell oder von der Niere kommen, lasse ich mich von Bernard eingehend untersuchen. Er klopft den

Auf dem Weg nach Lager I

Der Nanga, die große Herausforderung

Rücken ab, untersucht den Urin, kann jedoch nichts finden. Da ich auch keinerlei Atembeschwerden habe, kann nur eine Diagnose auf Muskelrheumatismus gestellt werden. Er reibt mich mit Rheumasan ein, gibt mir Antineuralgica-Tabletten und empfiehlt nachts die Wärmflasche.

Freitag, 15. Juni
Die Beschwerden im Rücken haben sich wesentlich gebessert. Vormittags nehme ich noch ein Sonnenbad, um die Höhensonne auf den Rücken einwirken zu lassen. Nachmittags kommt Konsul Kapp mit einigen Trägern von Lager II zurück. Morgens wollte er wegen des unsicheren Wetters nicht nach Lager III aufsteigen. Außerdem ist seine Urlaubszeit abgelaufen. Frier blieb auf Lager II. Er hofft, daß wir bald nachkommen.

Samstag, 16. Juni
Das sehnlichst erwartete Tsampa ist immer noch nicht da. Die Situation wird allmählich brenzlig. Die Zeit verrinnt, und wir kommen nicht weiter, weil wir für die Kulis in den Hochlagern nichts zu essen haben. Ich schreibe für Willy einen Bericht über den bisherigen Weg und den weiteren Angriffsplan:

Vom Hauptlager aus soll die dem Rakhiot Peak östlich vorgelagerte Schulter über die Nordflanke von links nach rechts erreicht werden. Lager V ist dort vorgesehen, wo der Grat in die steil zum Rakhiot Peak aufsteigende Firnflanke übergeht. Über diese Flanke wird der Nordgrat des Rakhiot Peaks dicht unter dem Gipfel erreicht werden. Dieser Weg ist verschieden von dem 1932 von Kunigk und Aschenbrenner gewählten Anstieg, der durchwegs über den felsigen Nordgrat führte. Es folgt ein kurzes Gratstück, das aus blockigem Fels aufgebaut ist, und die Querung nach rechts, in den Sattel zwischen Rakhiot Peak und Nanga Parbat, wo Lager VI auf etwa 7000 m zu errichten ist, an der Stelle des Lagers VII von 1932. Durch das Höherverlegen von Lager IV sowie durch die Wahl des zwar technisch schwierigeren, aber weniger zeitraubenden Weges über den Rakhiot Peak wird es also möglich sein, vom Hauptlager bis zum Sattel ein Lager einzusparen.

Vom Lager VI zieht ein Firngrat empor zum südlichen der beiden Ostgipfel des Nanga. Dieser Gipfel, der aus steilem Fels aufgebaut ist, kann nicht überschritten werden. Es gilt also, unter ihm nach rechts in die Firnwand zu queren, welche zwischen den beiden Ostgipfeln zum Silbersattel emporzieht (etwa 7600 m). Das Lager VII wird wohl auf halber

Markierung am Weg zum Rakhiot Peak

Höhe des erwähnten Firngrates, das Lager VIII im Silbersattel zu stehen kommen.

Am Silbersattel beginnt das große, flach geneigte Firnplateau, das sich etwa 2 km weit nach Westen gegen den Grat hinzieht, der vom Nord- zum Hauptgipfel des Nanga führt. Dieser Grat ist, soweit vom Buldar Peak aus festgestellt werden konnte, ohne Schwierigkeiten zu erreichen. Er besteht durchwegs aus Firn. Ob sich in ihm Einschartungen befinden oder ob er sonstige technische Schwierigkeiten bietet, kann nicht vorausgesehen werden. Es ist geplant, vom Lager VIII an einem Tag über das Plateau bis zu jener Stelle zu gelangen, wo sich der Firn des Plateaus steiler zum Nordgrat aufschwingt. Hier wäre, in etwa 7850 m Höhe, bei einer Felsinsel das Lager IX zu errichten. Über den Verlauf des Gipfelgrates geben exakte Beobachtungen und Vermessungen Aufschluß, die Finsterwalder von umliegenden Bergen aus machen konnte. Der Gipfelgrat beginnt beim 7950 m hohen Vorgipfel, welcher vom Lager IX aus über Firn verhältnismäßig leicht zu erreichen ist. Hinter dem Vorgipfel fällt er etwa 90 m tief in eine Scharte ab. Jenseits der Scharte steigt der Grat steil und felsig 200 Höhenmeter und mehr als 1000 m weit zur Schulter auf, wo er sich wesentlich verflacht. Es folgt ein horizontales, felsiges Gratstück und zuletzt ein sanft ansteigender Firngrat zum Gipfel (8136 m). Der Weg vom Vor- zum Hauptgipfel (ca. 1¼ km lang) wird erhebliche technische Schwierigkeiten bieten. Wir hoffen trotzdem, daß der Hauptgipfel vom Lager IX aus in einem Ansturm bezwungen werden kann.

Sonntag, 17. Juni

Gestern abend kam Post, darunter auch ein Brief von Finsterwalder, worin er uns aus Astor mitteilt, daß nach seinen Beobachtungen von umliegenden Bergen aus der Gipfelgrat nicht gerade einfach zu sein scheint. Gestern war außerdem noch ein reiches Abschiedsessen für Konsul Kapp, der heute morgen wieder nach Bombay zurückreiste. Heute ist wieder einer der unseligen Posttage, alles schreibt.

Nach dem Tod Drexels beschwert sich Welzenbach erstmals bei Merkl: über mangelhafte Logistik. Der Nachschub an Brennstoff, Lebensmitteln und Trägern wurde nicht schnell genug nach oben gebracht. Merkl befiehlt den Rückzug ins Hauptlager.

Welzenbach kündigt in einem Brief an seine Eltern an, »daß es zum Krach kommen wird«. Er, der stellvertretende Expeditionsleiter, ist vor allem Bergsteiger, er will nur auf den Berg! Merkl, der alles organisieren soll, will ebenfalls auf den Gipfel, unbedingt. Wie sollte er sich sonst profilieren? Bechtold, sein bester Freund, Aschenbrenner, Schneider, Wieland – wer von ihnen hätte es akzeptiert, vom »Gipfelsturm« ausgeschlossen zu sein?

Welzenbach schließt seinen Brief mit Kritik an Merkl bezüglich des langsamen »Hinaufbiwakierens« und dennoch mit Zuversicht. In sein Tagebuch schreibt er:

Montag, 18. Juni
Es kommen etwa ein Dutzend Lasten Lebensmittel aus Gilgit an. Vom Tsampa ist immer noch nichts zu hören. Das Wetter ist untertags regnerisch, abends klart es auf. Morgen soll der Jiliper Peak (5200 m, nördlich des Ganali Peaks) bestiegen werden, der einen interessanten Einblick in die Nordseite des Nanga-Massivs gewährt.

Dienstag, 19. Juni
Morgens 4 Uhr Aufbruch, zusammen mit Merkl, Bechtold, Müllritter, Hieronimus und 3 Kulis (Lewa, Nima Dorje und Romana). Wir überschreiten zwei Gletscher in nordwestlicher Richtung und steigen über steile Grasschrofen und

Schneehänge in die Scharte nordöstlich des Gipfels an. Von dort aus weiter über einen langen Firngrat zum höchsten Punkt. Müllritter und ich, die wir voraus sind, warten unter dem Gipfel auf Bechtold und Merkl, damit wir ihn gemeinsam betreten können. Hieronimus war schon früher zurückgeblieben. Wetter vormittags schön, nachmittags wolkig, abends wieder schön.

Mittwoch, 20. Juni

Heute früh tauchten nach dem Studium der schlechten Karten Zweifel auf, ob wir gestern wirklich auf dem Jiliper Peak oder vielleicht auf einem anderen unbenannten und unbestiegenen Gipfel waren. Die Klärung der Frage kann wohl erst herbeigeführt werden, wenn die genaue Karte Finsterwalders vorliegt. Das Tsampa ist nun endgültig für den morgigen Abend angekündigt. Der Start ist für übermorgen früh vorgesehen. Es ist aber auch höchste Zeit.

Vormittags war Bernard nach Lager II aufgestiegen, da gestern von oben die Meldung kam, daß der Träger Pasang erkrankt sei, welcher mit anderen Kulis zur Versorgung des Lagers IV eingesetzt wurde. Nachmittags kam von Bernard durch einen Boten die Nachricht, daß Pasang im Sterben liege, ähnlicher Fall wie bei Balbo!

Donnerstag, 21. Juni

Es kommt eine Botschaft von Bernard, daß es Pasang etwas bessergehe, er hoffe, ihn durchzubringen. Nachmittags kommt Bernard zurück, bald darauf wird Pasang gebracht. Er hat akuten Gelenkrheumatismus und schwere Bronchitis mit hohem Fieber. Abends wird noch lange mit den Kulis darüber diskutiert, ob sie am nächsten Tag (wie ursprünglich beabsichtigt) vom Hauptlager gleich nach Lager II oder nur nach Lager I gehen sollen. Da sie heute – obwohl ihnen ein Rasttag zugesichert war – von Merkl zu verschiedenen Arbeiten herangezogen wurden (Verlegung des Lagers), wollen sie sich morgen nicht anstrengen. Schließlich wird vereinbart, daß sie dann nur bis Lager I gehen sollen. Damit verlieren wir abermals einen Tag.

Freitag, 22. Juni
Morgens brechen die 14 Träger der ersten Gruppe zum Lager I auf. Vormittags kommt endlich das Tsampa, das von Baltiträgern ins Lager II nachgeschafft werden soll, außerdem noch verschiedene Lebensmittel, die in Srinagar bestellt worden sind, insgesamt 65 Lasten. Schneider, Aschenbrenner, Müllritter und ich gehen abends zum Lager I. Merkl und Bechtold beabsichtigen, morgen früh nachzukommen. Gemeinsam werden wir dann gleich ins Lager II weitergehen. Die zweite Gruppe kommt mit zehn Trägern in einigen Tagen nach und besteht aus den Sahibs Wieland, Bernard, Sangster, Kuhn, Frier. Hieronimus bleibt als Lagerverwalter im Hauptlager. Das Wetter ist nun schon seit vier Tagen wolkenlos. Hoffentlich bleibt es weiterhin so.

Dem Kuli Pasang geht es heute sichtlich besser. Mein Diener wird mit der 2. Gruppe nachfolgen, da er an Magenbeschwerden leidet.

Wieder schreibt Welzenbach an seine Eltern: »Nun soll endlich der erneute Angriff auf den Nanga Parbat beginnen … Nachdem heute morgen endlich das längst erwartete

Tsampa und sonstige Lebensmittel angekommen sind, soll der Angriff in zwei Gruppen erfolgen: 1. Gruppe: Merkl, Welzenbach, Schneider, Aschenbrenner, Bechtold, Müllritter. 2. Gruppe: Wieland, Bernard, Kuhn, Sangster, Frier. Der Aufbruch der gesamten 1. Gruppe war ursprünglich für heute festgesetzt. Merkl und Bechtold können sich jedoch nicht vom Hauptlager trennen und kommen erst morgen nach. Dadurch wird natürlich der Vormarsch abermals verzögert. Ich glaube, Merkl hat immer noch nicht erkannt, was auf dem Spiel steht und daß der Erfolg des ganzen Unternehmens davon abhängt, daß endlich ganz energische Maßnahmen ergriffen werden. Sonst kehren wir ohne Gipfel heim, und es wird nicht ausbleiben, daß von Merkl Rechenschaft darüber gefordert wird, was für die 175 000 oder 200 000 RM (soviel wird das Unternehmen kosten) erreicht wurde. Vorerst scheint ihm aber das Briefschreiben im Hauptlager immer noch wichtiger zu sein als der Vormarsch zum Gipfel. Er gefällt sich hier in der Rolle eines Pascha, die er oben, wenn es hart auf hart geht, wahrscheinlich wird aufgeben müssen … Ihr werdet euch fragen, warum ich euch das alles mitteile. Nun, weil ich das meinem Tagebuch nicht anvertrauen will. Man weiß nie, wie Tagebücher in fremde Hände kommen. Balbos Tagebuch z. B. hat Merkl sofort an sich genommen. Andererseits erscheinen mir diese Dinge doch wichtig genug, festgehalten zu werden, falls einmal darüber gerechtet werden sollte, warum die Expedition nicht so ablief, wie es vielleicht wünschenswert gewesen wäre. Am 11. ist Balbo beerdigt worden. Am 12. oder 13. hätte die Expedition wieder starten müssen, ungeachtet dessen, ob das Tsampa da war oder nicht. Dann stünden wir jetzt vielleicht schon im

Endkampf um den Gipfel. Wir hätten genug andere Lebensmittel gehabt, um notfalls auf das Tsampa verzichten zu können. So aber ließen wir kostbare Zeit verstreichen. Die letzten vier Tage brachten sogar wolkenloses Wetter, das wir nicht nützten. Bis Mitte Juli dürfte das Wetter zuverlässig sein, dann wird es unsicher. Ob wir's bis dahin schaffen? Mit den bisherigen Methoden wohl kaum! Die Expedition ist auch zu groß und viel zu schwerfällig.

Es sind verschiedene Schlachtenbummler hier, die für den Vormarsch nur eine Belastung sind, weil sie Träger, Lebensmittel und Zelte brauchen. Sie nützen der Expedition nichts und wollen doch auf den Gipfel. Man kann nicht einen ganzen Verein von 10 bis 12 Leuten auf einen Achttausender bringen wollen. Dann kommt eben keiner hinauf. Aber alles Predigen ist hier vergeblich. Willy weiß alles besser. Zudem ist er furchtbar wankelmütig in seinen Entschlüssen, sagt heute so, morgen anders und verträgt keine Belehrung. Ich setze große Hoffnungen auf Schneider und Aschenbrenner, die uns mit ihrer Büffelnatur vielleicht doch noch helfen können, den Erfolg zu erringen.«

Dieser Brief Welzenbachs ist als eine Art Testament zu verstehen. Er hätte als Expeditionsleiter bestimmte Fehler vermieden, die sich anbahnende Katastrophe verhindert. Merkl aber betrachtet jeden Rat als Untergrabung seiner Autorität. Welzenbach sieht, dass »Merkl seiner Führerrolle seelisch nicht gewachsen ist«, er selbst aber darf und will nicht führen: »Ich nehme vorerst eine vorsichtige Haltung ein, fürchte aber, es wird wieder zum Krach kommen. Wir haben uns im Verlauf der Expedition innerlich immer mehr entfremdet.«

Samstag, 23. Juni
Morgens 6 Uhr kommen Merkl und Bechtold zum Lager I. Gemeinsam gehen wir um 7 Uhr ins Lager II weiter, kommen um 10.30 Uhr an. Das Wetter ist wunderschön, nachmittags wird in den Eisbrüchen um Lager II gefilmt. Ist man endlich vom Hauptlager weg und sieht, daß es – wenn auch langsam – vorwärtsgeht, fühlt man sich gleich wohler.

Sonntag, 24. Juni
Aufstieg zum Lager III. Das Wetter ist morgens wolkig und neblig, nachmittags schön. Schneider und Aschenbrenner gehen abends noch ins Lager IV. Nachmittags wird wieder viel photographiert und gefilmt. Nachzutragen ist, daß mein Diener zunächst im Hauptlager zurückbleiben mußte, da er krank ist (Magen-Darm-Beschwerden). Er wird mit der zweiten Partie nachkommen. Vorerst habe ich einen anderen Diener namens Thondu, der ebenfalls sehr eifrig ist. Vor einigen Tagen stolperte ich im Hauptlager in der Dunkelheit über eine Zeltschnur und schlug mit der Nase auf die Kante einer Proviantkiste. Die Kiste ging in Trümmer, die Nase hat's so leidlich ausgehalten. Als ich heute den Verband abnahm, mußte ich erkennen, daß sie noch krummer geworden ist, als sie es zuvor schon war. Wird sich wohl wieder beheben.

Montag, 25. Juni
Aufstieg nach Lager IV. Wetter schön. Sieben Kulis werden für den Pendelverkehr zum Lager III zurückgeschickt, sieben behalten wir hier für den Weitertransport nach Lager V, das am Fuß des Rakhiot Peak zu errichten ist. Wetter vormittags schön, nachmittags neblig.

Schneebrücke über Gletscherspalte

Dienstag, 26. Juni
Aschenbrenner, Schneider und ich gehen mit fünf Kulis zum Grat am Fuße des Rakhiot Peak empor, wo Lager V errichtet werden soll. Da gegen Mittag Nebel einfällt, können wir keinen geeigneten Lagerplatz finden und deponieren die Lasten vorläufig in einer Höhe von ca. 6650 m, dann gehen wir zum Lager IV zurück.

Mittwoch, 27. Juni
Merkl, Bechtold, Schneider, Frier, Müllritter und ich besteigen den westlichen Chongra Peak (ca. 6600 m). Ich bin glänzend in Form und spure den ganzen Weg von Lager IV bis zum Gipfel (3½ Stunden). Nachmittags herrscht wieder schlechtes Wetter. Bernard von der zweiten Gruppe kommt von Lager III ins Lager IV, um unseren kranken Koch zu behandeln. Er bringt auch einen Brief der zweiten Gruppe mit, in dem sich diese über verschiedene Organisationsmängel bitter beklagt. Merkl und Schneider fahren noch abends mit Skiern ins Lager III, um offensichtlich bestehende Mißverständnisse mit der zweiten Gruppe zu klären.

Donnerstag, 28. Juni
Merkl und Schneider, Wieland und Sangster von der zweiten Gruppe kommen vormittags mit verschiedenen Trägern ins Lager IV. Kuhn bleibt noch im Lager III, da er die Höhe nicht gut verträgt. Nachmittags wird ein neuer Angriffsplan besprochen, wonach der Gipfel in raschem Ansturm forciert werden soll, um Zeit und Kräfte zu sparen.

In einem weiteren Brief an seine Eltern berichtet Welzenbach aus Lager IV: »Wir sind jetzt alle hier versammelt. Morgen soll mit dem eigentlichen Angriff begonnen werden. Alle sind wir der Meinung (und auch Merkl konnte endlich dazu bekehrt werden), daß die langsame Hinaufbiwakiererei keinen Sinn hat und daß der Vorstoß zum Gipfel forciert werden muß. Wir hoffen, von hier bis zum Gipfel mit drei bis vier Hochlagern auszukommen. Bis in einer Woche könnte mit dieser Methode die Entscheidung gefallen sein. Ich befinde mich in sehr guter körperlicher Verfassung und bin der Meinung, daß höchstens drei bis vier Teilnehmer den Gipfel erreichen werden. Die meisten Chancen dürften Aschenbrenner und Schneider haben. Hoffentlich bin auch ich unter den wenigen, die das Ziel erreichen ... Bis ihr diesen Brief bekommt, werdet ihr wohl schon durch den Rundfunk wissen, ob der Nanga gefallen ist oder nicht.«

Freitag, 29. Juni
Aschenbrenner und ich gehen mit acht Kulis abermals zum Rakhiotgrat empor, um das endgültige Lager V zu errichten. Da schon vormittags wieder Nebel einfällt, gelingt es uns auch diesmal nicht. Wir deponieren unsere Lasten an derselben Stelle, wo wir drei Tage zuvor schon die anderen eingelagert haben, und kehren ins Lager IV zurück. Bernard fährt vormittags mit Skiern zum Lager III ab, da Kuhn nach Meldung von dort ernstlich erkrankt ist. Nachmittags herrschen starker Nebel und Wind.

Jetzt hängt Welzenbach noch diese wenigen Zeilen im Brief an seine Eltern an: »Ich werde nun vielleicht längere Zeit

Oben der Silbersattel, ein langer Weg in die Höhe

nicht mehr Gelegenheit haben, Nachricht zu geben, aber ihr werdet ja durch Presse und Rundfunk hinreichend unterrichtet.«

Anderntags setzt er sein Tagebuch fort:

Samstag, 30. Juni
Bernard und Müllritter (letzterer war Donnerstag abend ins Lager III abgefahren) kehren zum Lager IV zurück. Bernard berichtet, daß Kuhn stark bergkrank sei und daß er ihn ins Hauptlager zurückgeschickt habe. Wieland und Sangster besteigen den Chongra Peak. Bechtold klagt über starke Magenbeschwerden und kann nichts essen. Es besteht die Gefahr, daß er absteigen muß. Für morgen ist der Gesamtaufbruch nach Lager V vorgesehen. Wetter nicht günstig: morgens meist leidlich klar, gegen Mittag kommen aber immer Wolken, und nachmittags ist es dann windig und neblig. Temperaturen im Lager IV nachts um – 15°. Es wird jetzt höchste Zeit, daß wir zum Gipfelangriff schreiten, denn der Brennstoff wird schon knapp. Heute kam Post, darunter zahlreiche Beileidstelegramme für Drexel. Nachts ein sehr starker Sturm!

Sonntag, 1. Juli
Schneider, Aschenbrenner, Merkl und ich brechen zum endgültigen Lager V auf, mit neun Kulis. Es ist in etwa 6550 m Höhe am Fuße des Rakhiot Peak gelegen. Der Aufstieg ist sehr anstrengend. Man merkt es schon sehr, daß man beim Atmen nur noch weniger als die Hälfte des normalen Sauerstoffgehaltes der Luft zur Verfügung hat. Nachmittags setzt

eisiger Sturm ein, der uns rasch in die Zelte und Schlafsäcke treibt. Der Sturm hält bei klarem Himmel die ganze Nacht über an. Wir schlafen leidlich. Ich habe wahnsinnig Durst und einen vollkommen ausgetrockneten Mund. Morgens Puls 80, Atmung 19 – normal!

Montag, 2. Juli
Die ganze Nacht über wehte ein starker Sturm, der auch morgens noch anhält. Wir können deshalb unsere Kulis erst vormittags 10 Uhr nach dem vorläufigen Lager V zurücksenden, um die restlichen Lasten, vor allem Seile, Mauer- und Eishaken, Karabiner usw., zu holen. Nachmittags wird von Schneider, Aschenbrenner und mir der Eishang zum Rakhiot Peak in Angriff genommen und durch Seile und Eishaken für die Kulis gesichert. Gegen Abend brechen wir die Arbeit wegen Kälte und Wind ab. Nachmittags waren Wieland, Müllritter und Bechtold ebenfalls von Lager IV ins Lager V gekommen, nun sind wir sieben Sahibs und 16 Kulis. Abends setzt wütender Sturm ein, der die ganze Nacht über anhält. Wir befürchten andauernd, daß uns das Zelt über dem Kopf weggerissen wird.

Dienstag, 3. Juli
Morgens steigt Müllritter zum Lager IV ab, da er sich unwohl fühlt. Das Wetter ist den ganzen Tag über meist schlecht. Trotzdem wird von Merkl, Wieland, Bechtold und mir der Steilhang zum Rakhiot Peak mit Eishaken und etwa 200 m Seil vollends abgesichert und für die Kulis gangbar gemacht. Gegen Abend kommt Nachricht von Bernard aus Lager IV, daß er mit Müllritter allein dort sei und daß die

Der Weg zum Silbersattel

beiden Engländer, da sie auf den Gipfel verzichten, zu Kuhn ins Hauptlager abgestiegen sind. Der morgige Tag verspricht schön zu werden.

Mittwoch, 4. Juli

Es ist wirklich schön und windstill. Wir brechen auf zum Lager VI, das im Sattel zwischen Rakhiot Peak und Nanga-Ostgipfel liegt, auf ca. 7000 m.

Merkl handelt zunehmend wie ein Diktator, der keine Kritik zuläßt. Er scheint wirklich zu glauben, daß eine feste und kompromißlose Haltung seine Autorität festigen und seinen Minderwertigkeitskomplex, den er als Emporkömmling offensichtlich fühlt, unterdrücken könne. Mit Balbo verloren wir eine wirksame Stütze im Kampf gegen Willys Anfälle von Größen- und Verfolgungswahn. Er ist seiner Führerrolle nicht gewachsen.

Aber es ist viel zu spät, das Ruder herumzureißen. Merkls Projekt, das ursprünglich auf Welzenbach zurückgeht, wird an der »falschen Seite« des Berges und ohne Plan, für Merkl allerdings zum richtigen politischen Zeitpunkt, in die Tat umgesetzt.

Welzenbachs letzte Zeilen an seine Eltern sowie einige beigelegte Seiten aus seinem Tagebuch, aus Lager IV nach unten geschickt, lassen die beginnende Tragödie bereits erahnen: »Liebste Eltern! Hier einige Tagebuchblätter, die ich durch Boten nach unten schicke. Mehr zu schreiben ist zu anstrengend. Man wird in diesen Höhen schon sehr energielos. Bin wohlauf. Herzliche Grüße! Euer Willo.«

Wieland spurt zum Mohrenkopf

Donnerstag, 5. Juli
Mit Wieland steige ich am Morgen zum Mohrenkopf empor, ein schwarzer Felsturm im leuchtenden Weiß des Wechtengrates zum Silbersattel. Aschenbrenner und Schneider folgen.

Es geht über einen geschwungenen Firngrat – an der Rupalseite wabern Nebel hoch, die in der Mittagssonne herandrängen wie eine Flut. Auf einer Schneeterrasse, von uns »Schaumrolle« getauft, 7200 m hoch, errichten wir Lager VII. Großartig der Blick zum Silbersattel. Gegen Abend klart es auf. Im Schein einer flackernden Kerze schreibe ich mein Tagebuch nach. Bei 15 °Kälte.

Es scheint, daß wir Glück haben. Das Wetter ist schön. Nur der Schlaf will nicht kommen: ist es die Aufregung, Atemnot, die Kälte? Merkl schimpft vor sich hin. Weil wir ihn stören.

Freitag, 6. Juli

Wieder sind zwei Hochträger bergkrank. Bechtold steigt mit ihnen ab. Fünf Bergsteiger und 11 Sherpas gehen weiter – gipfelwärts. Schneider und Aschenbrenner voraus, sie sind in glänzender Form.

Aschenbrenner dazu: »Kurz unterhalb des Silbersattels löse ich Schneider im Vorangehen ab. Auf den letzten 200 Metern müssen wir Stufen schlagen, den Weg für die Träger gangbar machen.«

Harte Eisarbeit. Schneider und Aschenbrenner kommen trotzdem schnell vorwärts, Neugierde treibt sie an. Bis sie freien Blick auf den Weiterweg haben. Sie stehen jetzt oben am Silbersattel, sehen eine einzigartige Welt vor sich: eine gleißende Firnfläche, bis zum Vorgipfel ein Schneeplateau ohne jedes Hindernis. Was für ein Glück! Ja, Begeisterung kommt auf.

Erwin Schneider hält fest: »Oben auf dem Silbersattel (7451 m), den wir am zeitigen Vormittag betreten, öffnet sich vor uns der Hochfirn, der zwischen den zwei Ostgipfeln (7597 und 7530 m), den Nordgipfeln (7785 und 7816 m) und dem Vorgipfel (7910 m) eingebettet ist und in sanfter Neigung, spaltenfrei, gegen den Vorgipfel ansteigt. Wir setzen uns in die Felsen des ›Silberzackens‹ (7597 m) und warten auf die Nachkommenden.«

Zwei Stunden später kommt Welzenbach mit den ersten Trägern zum Silbersattel. Aschenbrenner und Schneider sind inzwischen schon weiter, sie beabsichtigen, Lager VIII unter dem Vorgipfel, auf etwa 7850 Metern, aufzuschlagen. Dort warten sie – umsonst.

Bis zum Hauptgipfel ist es zu weit, der Felsgrat zur Schulter sehr schwierig, also geht Schneider zurück, auch weil das Gros der Mannschaft am Silbersattel stehen geblieben ist. Er will Merkl, Welzenbach, Wieland und die Sherpas zum Weitergehen überreden – ohne Erfolg. Schließlich kommt auch Aschenbrenner zurück, Lager VIII wird auf 7480 Meter Höhe dicht hinter dem Silbersattel aufgeschlagen. Die Nacht ist lang und schlaflos.

Voller Ungeduld erwartet man den Morgen, denn die Entscheidung ist gefallen: Am 7. Juli wollen alle fünf Bergsteiger im Spitzenteam gemeinsam zum Gipfel. In dieser Nacht aber setzt – leise zuerst, dann drängend, zuletzt mit Gewalt – Schneesturm ein, am Morgen tobt ein Orkan. Außerhalb der Zelte kann man kaum atmen, geschweige denn stehen. Der Schneestaub wird in dichten Wehen waagerecht über die Zelte, um die Felskanten, über die Schneefläche getrieben. Ein ganzer Tag verrinnt mit Abwarten, Hoffen und Leiden. Der Frost ist erbarmungslos, es herrscht immerzu Dämmerung. Die Zeltstangen knicken ein, die Planen flattern, Kochen ist unmöglich. Es ist zu spät, Schneehöhlen zu graben, ja unmöglich, sich zu schützen. Der glattgefegte

Firn ist zu hart, und im Winddruck sind die Zelte nicht dicht. Die Männer liegen in ihren Schlafsäcken, vom Sturm wach gehalten, wie begraben unter einer dicken Schicht Schneestaub.

Im Glauben, der Wettersturz dauere nicht länger als ein oder zwei Tage, wird beschlossen, abzuwarten. Lebensmittel und Brennstoff sind ausreichend vorhanden, für fünf bis sechs Tage. Beim ständig drängenden Sturm aber ist es nicht möglich, Schnee zu schmelzen, und ohne etwas Warmes zu trinken, trocknen erst ihre Kehlen aus, dann ihre Körper.

Die zweite Nacht ist noch schlimmer als die erste, der Orkan tobt in unverminderter Stärke, die Zeltleinwände knallen und knattern wie Maschinengewehrfeuer, es ist kaum auszuhalten.

Am Morgen des 8. Juli endlich der Entschluss: zurück ins Lager IV. Absteigen! Merkl ist zu schwach, um Befehle zu geben, Wieland und Welzenbach sind gezeichnet von Sturm, von Höhe und Kälte, die Sherpas verzweifelt – der Tragödie letzter Akt beginnt.

Aschenbrenner und Schneider, die Stärksten der Gruppe, sollen voraus absteigen, die Spur treten, den Weg finden, die Seile freilegen. Eine schwierige Aufgabe im Sturm und White out. Sie nehmen drei Sherpas mit. Merkl, Welzenbach und Wieland wollen in den Spuren der Vorausmannschaft folgen, dicht aufgeschlossen die übrigen Träger. Noch wähnen sich alle in Sicherheit. Bis zum Abend müssten sie alle im Lager IV eintreffen. Ob sie bei Wetterbesserung nochmals bis zum Silbersattel vorstoßen würden? Vorerst ist das völlig unwichtig. Sie lassen Zelte und alles weitere Material

Schneesturm am Weg vom Südsattel herab

im Lager VIII zurück. Niemand will es tragen, auch ist es unmöglich, all die Ausrüstung dort einzupacken, zu bergen. Die Selbstrettung steht jetzt an erster Stelle.

Aschenbrenner notiert: »Wir nehmen zwei Schlafsäcke mit, einen für die Träger und einen für uns. Bei unserem Aufbruch sind auch Merkl, Welzenbach und Wieland zum Abstieg gerüstet, wir sind überzeugt, daß sie sofort nachfolgen werden. Als wir zum Silbersattel kommen, steigert sich der Sturm derart, daß wir uns nur mit größter Vorsicht an den Abstieg in der Steilflanke wagen können. Die Sherpas

Pintso Norbu und Nima Dorje gehen unsicher, Pasang ist in bester Form.

Schneider geht hier voraus, die Träger in der Mitte und ich am Schluß, jeden Augenblick bereit, einen Sturz abzufangen. Etwa hundert Meter unterhalb der Scharte wird Nima Dorje vom Sturm aus den Stufen gerissen. Nur mit größter Mühe gelingt es Pasang und mir, ihn zu halten, uns so vor dem sicheren Absturz zu bewahren. Der Sturm aber hat ihm den Schlafsack aus dem Rucksack gerissen, der jetzt vor unseren Augen wie ein Luftballon über die Rupalseite hinaussegelt. Zu fünft haben wir jetzt nur noch einen Schlafsack. Damit ist es für uns zwingend notwendig, am gleichen Tag Lager V, besser noch Lager IV zu erreichen, wenn wir nicht erfrieren wollen.

Im tobenden Schneesturm können wir keine zehn Meter weit sehen, verstolpern uns, treten ins Leere, machen immer wieder Irrgänge. Um den Trägern den Abstieg zu erleichtern, ihnen ermüdende Umwege zu ersparen, seilen wir uns im unschwierigen Gelände vor Lager VII ab. Sie sollen unserer Spur folgen und sind damit einverstanden. Einmal, als der Sturm für einen Augenblick die Wolken auseinanderreißt, sehen wir die zweite Partie den Silbersattel über uns herabkommen.«

Im Lager VII – es steht nur noch ein halb zugeschneites Zelt – bleiben die fünf von der Vorhut nicht lange stehen. Durch grundlos tiefen Schnee, vom Sturm aufgewirbelt, wühlen sie sich zum tiefsten Punkt des flachen Sattels und dann wieder aufwärts, am Mohrenkopf vorbei, zur Flanke des Rakhiot Peak. Der Quergang durch die Westhänge wäre jetzt viel zu gefährlich, also müssen sie über den Gipfel gehen. An der Rakhiot-Schulter erreichen sie wieder die fixen Seile. Sie treten den Schnee ab, eine Lawine bricht unter ihnen, und sie lassen sich ab, hinunter Richtung Lager V. In diesem ausgestatteten – es ist das oberste zurückgelassene Hochlager, die Zelte von Lager VI sind ja in die Lager VII und dann weiter nach VIII hinaufgenommen worden – ist vorerst Rettung. Nach kurzer Rast aber arbeiten sich Aschenbrenner und Schneider durch brusttiefen Schnee über die Steilhänge zum Lager IV hinunter, wo sie am späten Nachmittag ankommen. Wie schon seit Tagen tobt auch dort der Sturm um die Zelte.

Wie hätten sie sich anders retten können?

Als Aschenbrenner und Schneider einen Zelteingang aufreißen, kommt eine Stimme aus dem Dunkel: »Wo sind die anderen?«

»Sie werden gleich da sein, wir sollten vorausspuren, sie wollten nachkommen!«, sagt Aschenbrenner. Und dann: »Der Gipfel ist nicht gefallen!«

Bechtold, der seine beiden kranken Träger mit größter Mühe heruntergebracht hat, Dr. Bernard und Müllritter sind dort im Lager. Seit dem 6. Juli. Am 7. Juli hatten sie zusammen mit Lewa und Ang Tsering einen Versuch unternommen, Lager V zu erreichen, um die Verbindung mit den höher oben Verschollenen nicht ganz abreißen zu lassen. Sie blieben im tiefen Neuschnee stecken, im ersten Steilhang schon. Als die Schneewolken am 8. Juli vormittags kurz auseinanderrissen, hatten sie vom Lager IV aus – für einen Augenblick nur – eine absteigende Partie von fünf Mann sehen können: im Steilhang unter dem Silbersattel, im Sattel selbst war eine größere Gruppe auszumachen. Ob sie den

Rakhiot Peak (7070 m)
Steilwand mit Seilversicherung
Lager VI (6955 m)
Mohrenkopf
Willy Merkl † 14., 15. oder 16. 7.
La

Weg nach
Lager IV zurück

Foto: Wieland

---------------- Weg 1934
–·–·–·–·–·–·–·–·–·– Weg 1932

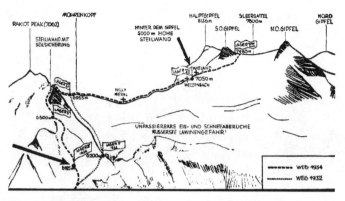

Skizze zur Orientierung

Gipfel trotzdem geschafft haben?, hatten sich die Wartenden gefragt.

Während man nun den Geretteten heißen Tee und warmes Essen bringt, die Füße massiert, berichten sie, wie das Unwetter hereinbrach und der sicher scheinende Sieg verlorenging. Sie erzählen, wie der furchtbare Orkan Lager VIII zerstörte und sie auf Anordnung Merkls die Abstiegsspur öffneten. Ein großer Kessel Tee für die Kameraden wird vorbereitet, die jeden Augenblick eintreffen müssten. Man wartet und wartet, den ganzen Abend, die ganze Nacht lang.

Als es am 9. Juli endlich heller wird, ruft Bechtold den Sirdar Lewa zur Beratung. Ein Sherpa-Trupp soll nach oben gehen: »Lewa betritt das Zelt der Sahibs, hinter ihm jagt der Sturm Schnee durch den Zelteingang. Aus seinem sonnenverbrannten Gesicht treten die mongolischen Backenknochen stark gemeißelt hervor. Keine Panik in seinen Augen.

Was er ruhig vorträgt, wir wissen es längst. Seine kranken Träger wollen und können nicht mehr nach oben gehen.«

Das Drama nimmt also weiter seinen Lauf. Wie seit Tagen schon Schneesturm. Der Mensch – ob Retter oder zu Rettender – ist jetzt ein verlorenes Nichts im Toben der Naturgewalten. Verzweifelt müssen die unten im Basislager der Tragödie zusehen. Aber auch ein Aufstieg zu den Sterbenden ist im Sturm unmöglich. Alle wissen es: Ohne Brennstoff, ohne Essen und Trinken, ohne Schlafsack, das Zelt voll Schnee gibt es für die oben kein Überleben, nur noch Hoffnungslosigkeit.

Bechtold versucht wiederholt, nach oben durchzukommen. Er und seine Leute schaffen es einmal bis ins Lager V, durch brusttiefen Neuschnee. Sie finden dabei einen erfrorenen Sherpa, kurz vor dem Zelt, und in den Fixseilen am Rakhiot Peak zwei eisverkrustete Leichen. Sie hängen am Seil, das keine Hilfe mehr ist. Als einmal die Wolken kurz aufreißen, glauben sie, hoch am Grat Bewegung zu sehen, schwache Hilferufe zu hören.

Welzenbach ist krank, hat Schmerzen. Er stirbt in der Nacht vom 12. auf den 13. Juli. Wieland hat vorher schon aufgegeben, nur Merkl hält noch durch, mit zwei Sherpas, Ang Tsering und Gay-Lay, die ihn betreuen. Mit erfrorenen Füßen humpelt er, auf zwei Eispickel gestützt, den Grat entlang. Eine Nacht verbringen sie in einer Schneehöhle.

Am 13. Juli sieht man von Lager IV aus, hoch oben am Grat, von Lager VII drei Leute absteigen. Auf halbem Weg nach Lager VI, im Sattel vor der Gegensteigung zum Mohrenkopf. Tritt da ein Mann vor und winkt? Trägt der Sturm ferne Hilferufe herunter? Aschenbrenner, Bernard und

Schneider ertragen zuerst die Stille, dann eine lange Nacht voller Zweifel.

Am 14. Juli schlägt sich Ang Tsering, auch er mit schweren Erfrierungen, Richtung Lager V durch. Um vom Sterben seiner Sahibs zu berichten? Merkl schafft es noch, zum Mohrenkopf hochzukriechen. Dort warten er und Gay-Lay, der sich als sein persönlicher Träger nicht von ihm trennen will oder darf.

Am Abend kommt ein Mann durch den Sturm von Lager V herab. Mit Tee und Rum gehen die Männer von Lager IV ihm entgegen. Es ist Ang Tsering, der zweite Sherpa Willy Merkls. Vollständig erschöpft und mit schweren Erfrierungen hat er sich mit unerhörter Energie durch Sturm und Schnee den Abstieg nach Lager IV erkämpft. Er bringt aber keinen Zettel mit, keinen Brief, keine Nachricht, weder von Welzenbach noch von Merkl.

Ang Tsering erzählt: »Am Morgen des 9. Juli, als die Sahibs und Träger das Zwischenlager unter dem Silbersattel verließen, blieben Gay-Lay, Dakschi und ich zurück, weil wir zu erschöpft und zum Teil schneeblind waren. Wir hatten zwei Schlafsäcke. In der Nacht zum 11. Juli ist Dakschi in diesem Zwischenlager gestorben. Am gleichen Morgen gingen Gay-Lay und ich nach Lager VII hinab und fanden hinter einer Schnee-Erhöhung den toten Wieland-Sahib, dreißig Meter vom Zelt entfernt. In Lager VII fanden wir Merkl- und Welzenbach-Sahib. Das Zelt, das voll Schnee war, musste ich auf Wunsch des Bara-Sahib davon befreien. Unser gemeinsamer Schlafsack war so durch Schnee und Eis verklebt, dass nur Gay-Lay darin schlafen konnte. Die Sahibs schliefen auf Schaumgummimatten, Welzenbach halb im Freien.

Die Helden von 1934 sind die Sherpas (in der Mitte Kikuli)

Gezeichnet: die Sherpas, die überlebt haben

Da wir kein Essen mehr hatten, wollte ich am anderen Tag möglichst rasch hinuntergehen, doch der Bara-Sahib wollte lieber warten, bis die Leute, die wir zwischen Lager IV und Lager V sehen konnten, heraufkommen und Proviant bringen würden. In der Nacht zum 13. Juli ist Welzenbach-Sahib gestorben. Wir ließen den toten Welzenbach-Sahib im Zelt liegen und gingen am gleichen Morgen nach Lager VI hinab, Merkl mühsam gestützt auf zwei Eispickel. Da es uns aber nicht mehr ganz gelang, die Gegensteigung am Mohrenkopf zu bewältigen, bauten wir in dem flachen Sattel eine

Eishöhle. Bara-Sahib und Gay-Lay schliefen zusammen auf einer mitgebrachten Schaumgummimatte und in einer gemeinsamen Trägerdecke. Ich selbst hatte auch eine Decke, war jedoch ohne Unterlage. Am 14. Juli ging ich morgens vor die Höhle und rief laut um Hilfe. In Lager IV war niemand zu sehen. Ich schlug Merkl vor hinunterzugehen. Er war damit einverstanden. Merkl-Sahib und Gay-Lay waren bei meinem Aufbruch so schwach, dass sie sich nicht mehr weiter als ein paar Meter von der Höhle entfernen konnten.«

Mit vielen Erschöpfungspausen erzählt Ang Tsering das Allernotwendigste. Sind Willy Merkl und Gay-Lay oben am Grat noch am Leben? Ohne Essen und Medizin? Schneider und Aschenbrenner versuchen am 15. und 16. Juli wiederholt, Lager V zu erreichen, ohne Aussicht auf Erfolg.

Die kranken Sherpas im Lager IV haben heftiges Fieber, sie müssten ins Basislager hinuntergebracht werden, obwohl Kikuli und Pasang nicht marschfähig sind, Kitar Erfrierungen an den Händen hat. Aber was, wenn das Unmögliche eintritt und Merkl von oben doch noch auftauchen, zurückkehren würde? Bernard, der Arzt, muss also im Lager bleiben.

Bechtold bringt die Kranken ins Basislager. Er berichtet: »Die Kranken werden gestützt und über schlechte Stellen getragen. Auf der Moräne überkommt uns das Wunder grüner Wiesen und blühender Blumen. Wie schön dieser späte Bergfrühling ist! Nach diesen graunhaften Sturmtagen in Eis und Schnee! In ausgerichteter Zeile liegen unter uns die Zelte. Das ganze Lager ist festlich geschmückt. Wie um die Sieger zu empfangen! Nun haben sie uns entdeckt und winken freudig zu uns herauf im Glauben, daß wir mit dem Gipfelsieg zurückkehren. Alle kommen uns entgegen:

Hieronimus, Kuhn, Sangster und Frier. Auch die Wissenschaftler Finsterwalder, Raechl und Misch sind nach ihrer Gewalttour um den Nanga im Lager zurück.«

Die Nachricht vom Sterben am Nanga Parbat, im Basislager verfasst, geht erst Tage später ab. Am 21. Juli 1934, von Astor aus als Telegramm. Sie geht zuerst an die Familie Welzenbach in München: »Willo seit neuntem Juli mit Spitzengruppe Merkl und Wieland vermißt – stop – in schwerster Sorge – stop – befürchten das Schlimmste. Hieronimus.«

Einen Tag später schickt der Basislagerverwalter ein zweites Telegramm ab: »Zurückkehrende Träger berichten, daß Willo am 12. Juli in Lager VII gestorben sei – stop – tiefstes Beileid zu Ihrem großen Schmerz – stop – unersetzlicher Verlust für Expedition – stop – in Trauer, Hieronimus.«

Am 17. Juli verfasst der Basislager-Verwalter Hanns Hieronimus, im Namen der »Deutschen Himalaya-Expedition 1934«, einen Brief an Herrn und Frau Welzenbach:

»Sehr geehrter Herr Welzenbach, sehr verehrte gnädige Frau, da die Kameraden gegenwärtig im Lager IV sind und Tag für Tag neue, bisher leider erfolglose Rettungsversuche unternehmen, habe ich die traurige Pflicht, Ihnen als Ihnen Fremder, aber als Freund und Kamerad Willos, zu schreiben.

Wenn dieser Brief Sie erreicht, dann wird Ihnen ein bitterschweres Telegramm schon Nachricht darüber gegeben haben, daß wir unseren guten Freund und prachtvollen Kameraden Willo beklagen müssen. Wir standen alle noch unter dem Eindruck des Ablebens unseres Alfred Drexel, als unerwartet und von niemand vorausgeahnt die zweite und schwerste Katastrophe über uns hereinbrach.

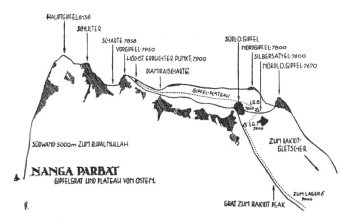

Keine Kulissen, Bergsignatur

Alle Nachrichten über den Verlust Ihres Sohnes und unseres Freundes stammen von den zurückgekehrten Darjeelingträgern. Sie, die selbst fünf ihrer Kameraden verloren, geben uns nur halbwegs vollkommene, sich manchmal widersprechende Berichte.

Bevor ich versuche, Ihnen anhand dieser Angaben den Hergang des überaus traurigen Geschehens mitzuteilen, bitte ich Sie, sehr verehrte gnädige Frau, und Sie, sehr geehrter Herr Welzenbach, die Ausdrücke unseres tiefsten Schmerzes und unser innigstes Beileid entgegenzunehmen. Wir verlieren in Willo Welzenbach nicht nur einen prachtvollen Kameraden und stets einsatzbereiten Freund, sondern auch einen Menschen von reichem Innenleben, regster Anteilnahme und von größter Beliebtheit bei seinen Kameraden und den Trägern.

Die Deutsche Himalaya-Expedition trauert mit allen Mitgliedern und mit den unermüdlichen, nie verzagenden Darjeelingträgern um den Freund und Sahib.

Wohl selten in der Geschichte der Berge und nie zuvor in den Annalen der Himalaya-Expeditionen wurde ein Unternehmen so vom Unglück verfolgt wie dieses. Es begann eigentlich schon in München mit der Erkrankung des vorgesehenen Lagerleiters, meines Vorgängers, H. Baumeister. Dann ereilte uns Anfang Juni der schwere Schicksalsschlag durch Alfred Drexels Tod. Niemandem ist dieses Unglück näher gegangen als Willo, der dem Toten seit Jahren ein treuer Begleiter war. Als er mit den übrigen aus der Spitzengruppe ins Hauptlager herabkam, war er vollständig niedergeschmettert, so daß der Expeditionsarzt, Dr. Bernard, um ihn in ärgster Sorge war. Doch es gelang, ihn, der sicher mehr seelisch als körperlich gelitten hatte, wieder so gesund und kräftig zu bekommen, daß er nach zehn Tagen kaum den Zeitpunkt erwarten konnte, wieder aufzusteigen. Bei einem Abstecher zu dem etwa 5200 m hohen Berg zur Rechten des Hauptlagers waren wir alle zusammen. Peter Müllritter, der mit ihm gemeinsam von links den Berg angriff, während wir von der rechten Seite kamen, erklärte, daß Willo wieder in prachtvoller Verfassung und in bester Form sei.

Der eigentliche Angriff auf den Nanga Parbat begann vom Lager IV aus, in 5990 m Höhe am 2. Juli. Noch am 26. 6. machte Willo mit Schneider, Aschenbrenner, Merkl, Bechtold und Müllritter eine Ersteigung des westlichen Chongra Peaks mit. Am 27. und 29. 6. war er es, der – wie immer in vorderster Linie – mit Aschenbrenner und den Trägern unentwegt Versuche unternahm, das Lager V zu erreichen und einzurichten. In harter Arbeit wurden durch die

Spitzengruppe, der auch Willo angehörte, die Lager V und VI errichtet. Darauf spurten Welzenbach und Wieland als erste, nach ihnen Schneider und Aschenbrenner, den schweren Weg zum Lager VII, das unter dem Silbersattel errichtet wurde. Hier waren noch alle in bester Verfassung.

Am 7. Juli gelang es der Spitzengruppe unter unmenschlichen Anstrengungen, das Lager VIII über dem Silbersattel zu errichten. Schneider und Aschenbrenner standen vier Wegstunden unter dem Hauptgipfel und hatten das Ziel greifbar nahe vor sich.

Und jetzt begann die Katastrophe. Unvorstellbar nahe war das heiß umkämpfte Ziel, da wendete sich alles zum Schlechten. Das Wetter denkbar schlecht, Schneesturm, Kälte und schwierige Eisverhältnisse verlangten von den Bergsteigern Unglaubliches. Der schwere Schneesturm wurde zum Orkan, den Trägern wurden die Rucksäcke vom Rücken gerissen, einen Schlafsack fing der Sturm ein und zog ihn, aufgeblasen wie einen Ballon, in die Tiefe. Einige Träger wurden von der Spur zum Lager VIII förmlich weggerissen und nur durch die Seilsicherung gerettet. Eine furchtbare Nacht verbrachten die Männer und Träger im Lager VIII. Zelte brachen zusammen, mußten mit aller Kraft festgehalten werden, um nicht fortzuwehen.

Niemand konnte in dieser Nacht ein Auge zum erlösenden Schlaf schließen: bittere Kälte, furchtbarer Sturm und ununterbrochener Schneefall verhinderten es. Auch der nächste Tag brachte keine Veränderung. Das entsetzliche Wetter hielt an. Da beschloß die Spitzengruppe, den Rückweg anzutreten. Beim Aufbruch gingen Schneider und Aschenbrenner mit drei Kulis voran. Sie wollten den erschöpften Kameraden den Abstieg erleichtern und in mühevoller Arbeit im tiefen Schnee und Sturm die Spur legen. Merkl, Wieland und Willo sollten dann mit den übrigen acht Trägern folgen. In nahezu übermenschlicher Arbeit schafften Schneider und Aschenbrenner den Weg bis Lager IV. Von den drei Trägern erreichte nur einer dieses Ziel, zwei starben unterwegs.

Aus welchem Grund Willo und seine beiden Freunde mit den Trägern nicht sofort folgten, bleibt ungeklärt. Sie begannen erst später mit dem Abstieg. Die schlaflosen Nächte und unglaublichen Anstrengungen ließen sie aber nicht bis Lager IV kommen, sondern ein Zwischenlager oberhalb von Lager VII unterm Silbersattel errichten. Drei Träger waren in Lager VIII geblieben, von denen nur zwei später nachfolgten, der dritte blieb auf der Strecke tot liegen. In diesem Zwischenlager verbrachten Willo, Merkl und Uli Wieland die Nacht. Während Wieland morgens mit zwei erfrorenen Händen erwachte, Merkl mit erfrorener rechter Hand, war Willo noch vollständig ohne äußerlich erkennbaren Schaden. Er war es auch, der an einem in den Schnee gerammten Eispickel ein Seil befestigte, an dem die Freunde dann nach ihm in der Reihenfolge Merkl, Wieland, den Abstieg nach Lager VII unternahmen. Als das Seil zu Ende war, hieß Willo die Träger, die nachfolgten, ins Lager VII vorauszugehen. Wie erschöpft alle drei waren, geht daraus hervor, daß Willo und Merkl erst über eine Stunde nach den Trägern Lager VII erreichten. Von Uli Wieland fehlte schon hier jede Nachricht. Er war anscheinend restlos erschöpft im Schnee sitzen geblieben, eingeschlafen und, ohne zu erwachen, gestorben ...

In Lager VII erschien zuerst Willo, dann Merkl. Sie befahlen den Trägern, wegen der fehlenden Schlafmöglichkeiten ins Lager VI abzusteigen, und blieben allein im Lager VII. Hier stießen dann von den in Lager VIII zurückgebliebenen Trägern die beiden Getreuen Gay-Lay und Ang Tsering wieder zu ihnen. Von den abgestiegenen Trägern starben weitere zwei auf dem Weg zum Lager IV.

Hier enden also die Mitteilungen der Träger. Nur Ang Tsering konnte später Weiteres berichten. Er wurde von Willo und Merkl ins Lager IV gesandt, berichtete aber noch, daß Willo nach einer weiteren Nacht, also am Morgen des 13. Juli, den Anstrengungen erlegen und gestorben sei.

Der einzige, der in der Lage wäre, über den Tod unseres lieben Willo noch etwas mitteilen zu können, wäre Willy Merkl oder der bei ihm verbliebene Träger Gay-Lay. Sollte es gelingen, sie zu retten. Willy Merkl wird dann sicher noch persönlich Nachricht an Sie geben.

Wenn ich weiter berichte, daß Willy Merkl, am Tag nach dem Tod seines Gefährten Willo, auf zwei Eispickel gestützt, begleitet von den beiden Darjeelings, mühsam und am Ende der Kräfte den Weg nach Lager VI fand, daß Ang Tsering unter übermenschlichen Anstrengungen allein den Weg nach Lager IV nahm und dort mit erfrorenen Händen und Füßen und vollständig erschöpft eintraf, daß Gay-Lay auf Wunsch Merkls bei ihm im Lager VI blieb und daß von Lager IV aus alle Freunde immer wieder und wieder im brusthohen Schnee weiter versuchen, nach Lager V aufzusteigen, ohne bisher Erfolg gehabt zu haben, dann ist der Bericht über diese Tragödie im ewigen Schnee des Nanga Parbat beendet.

Ich bitte Sie, sehr verehrte gnädige Frau, und Sie, sehr geehrter Herr Welzenbach, mir diesen dürftigen Bericht nicht zu verübeln. Wir selbst wissen nichts weiter als das, was uns die Träger erzählen können. Wir alle sind von den Ereignissen dieser Tage vom 8. bis 16. Juli so erschüttert und mit unseren Gedanken durcheinander, daß niemand weiß, was zunächst zu tun wäre. Seien Sie der aufrichtigen Teilnahme aller Expeditionsmitglieder gewiß. Wir fühlen mit in Ihrem Schmerz um den herben Verlust unseres Kameraden und empfinden tiefen Kummer um das Hinscheiden des Freundes.

Wenn die Strahlen der auf- und untergehenden Sonne den Gipfel des Nanga Parbat beleuchten, dann schimmern sie auch über der letzten Ruhestätte unseres unvergeßlichen Willo.

Der Nanga Parbat hat ihn als viertes Opfer gefordert. Er starb im Kampf um den ersten Achttausender, er starb für Deutschlands Geltung und Ruhm. In tiefer, ehrlicher Trauer aller Kameraden unserer Expedition bin ich, Ihr sehr ergebener

Hanns Hieronimus«

Drei Tage später, am 20. Juli 1934, wird im Basislager der Bericht von Ang Tsering, »porter and second orderly of Willy Merkl«, so detailliert wie möglich niedergeschrieben: »Am Tag nach dem Fortgang von Bechtold ging ich mit der Partie Willy Merkl nach Lager VIII. Auf dem Weg hatte Merkl kalte Füße, so daß wir ihm die nackten Füße mit Schnee einreiben mußten. Am 7.7. verbrachten wir den Tag und die Nacht in Lager VIII bei heftigem Schneesturm. Am 8.7. brachen dann Schneider und Aschenbrenner mit Pasang, Nima Dorje und Pinzo Nurbu zum Abstieg nach Lager IV auf. Am gleichen Tag brachen Merkl, Wieland, Welzenbach

Völlig erschöpft trifft Ang Tsering, der zweite Orderly Merkls, im Hauptlager ein

und wir alle vom Lager VIII auf. Wir erreichten ein Zwischenlager vor Lager VII, etwas unter dem Silbersattel, nach Spurarbeit von Welzenbach, Wieland, Kitar und mir. Merkl war anscheinend schon in der Nacht zu diesem Tag erkrankt und konnte sich an der Spurarbeit nicht mehr beteiligen. Das Zwischenlager liegt auf dem letzten Schneewulst, unterhalb des Südostgipfels. Alle Lebensmittel, Zelte und Kocher sind im Lager VIII zurückgeblieben. Aus diesem Grund schlief Welzenbach in der Nacht zum 9. 7. ohne Schlafsack im Schnee, weil der einzige Schlafsack von Merkl und Wieland belegt war. An diesem Tag gingen Merkl, Welzenbach,

Wieland und die Kulis Khitar und Kikuli, Na Thondu und Nima Taschi nach Lager VII hinunter. Nima Norbu war in der Nacht vom 8. 7. zum 9. 7. im Zwischenlager gestorben. Gay-Lay, Dakschi und ich blieben zurück, weil wir zu erschöpft und zum Teil schneeblind waren. Wir blieben noch am 9. 7. und 10. 7. in diesem Zwischenlager. Wir hatten zwei Schlafsäcke zum Übernachten. Am 11. 7. konnte Dakschi nicht mehr mit uns gehen und ist dort oben gestorben. Gay-Lay und ich gingen am 11. 7. zum Lager VII und fanden am Weg hinter einer Schnee-Erhöhung den toten Wieland. In Lager VII trafen wir Welzenbach und Merkl noch lebend an. Ich habe Merkl nicht vom Tod Wielands berichtet, aber die Sahibs wußten es wohl, denn Merkl gab mir eine Mütze und ein Kopfkissen von Wieland. Außerdem konnte man den Platz, auf dem Wieland tot saß, von Lager VII aus in einer Entfernung von etwa 30 m sehen. Merkl und Welzenbach saßen vor dem Zelt, das voll Schnee war. Auf Merkls Wunsch befreite ich das Zelt vom Schnee. Die Sahibs schliefen in der Nacht vom 11. auf den 12. 7. nur auf den Schaumgummi-Matten. Gay-Lay schlief in dem vom Schnee befreiten Schlafsack und ich ohne Schlafsack. Ein Schlafsack reicht zwar für zwei, der unsere war aber steifgefroren und verklebt. Am nächsten Tag sagte ich zu Merkl, wir haben kein Essen mehr, wir wollen schnell hinuntergehen. Darauf sagte Merkl zu mir: Nein, wir wollen warten, von Lager IV nach Lager V gehen Leute, das ist Lewa mit den Kulis, die uns Essen bringen. Das war am 12. 7., doch in der Nacht vom 12. auf 13. 7. ist Welzenbach gestorben. Wir gingen in dieser Reihenfolge: ich, Merkl, Gay-Lay. Nach kurzer Zeit fiel Merkl zurück, und Gay-Lay ging hinter mir. Welzenbach ließen wir in Lager VII im Zelt liegen. Den Weg vom Lager VII herunter ging Merkl auf zwei Eispickel gestützt. Das nächste Lager errichteten wir auf dem Sattel, bevor der Grat wieder zum Rakhiot Peak anzusteigen beginnt. Dort machten wir eine kleine Eishöhle. Gay-Lay und Merkl schliefen auf einer mitgebrachten Schaumgummi-Matte und hatten zusammen eine Decke. Ich schlief nur mit einer Decke und ohne Unterlage. Am 14. 7. war ich als erster auf und rief laut um Hilfe. Als ich aber niemand im Lager IV sah, schlug ich Merkl vor, hinunterzugehen, um Hilfe zu holen. Merkl stimmte dem Vorschlag zu und sagte, ich solle Nahrungsmittel heraufbringen, ebenso Medizin, die der Doktor verordne. Gay-Lay blieb bei Merkl zurück. Die bei Lager VI Verbleibenden – Merkl und Gay-Lay – waren sehr schwach und mußten sich sofort wieder setzen, wenn sie sich nur zwei, drei Meter von der Höhle entfernten. Am 14. 7. kam ich gegen Abend im Lager IV an. Auf dem Rückweg fand ich vor dem Seil am Rakhiot Peak zwei Lasten und im Seil einen Toten, den ich nicht erkennen konnte: Nima Dorje oder Nima Taschi.«

Diese detailgenaue Schilderung, aufgenommen im Hauptlager am 20. Juli 1934 – es sind nur nackte Tatsachen –, ist die einzige Grundlage zum Verständnis der Vorgänge beim Rückmarsch vom Silbersattel. Es gibt dabei nichts zu richten oder zu kritisieren. Tatsachen bleiben Tatsachen, wie immer man sie wendet. Die Tragödie allerdings, die sich dahinter verbirgt, ist eine viel größere Geschichte: erlebtes menschliches Leid – erlebtes Sterben.

Ganz anders sieht der Geograph Richard Finsterwalder diese Tragödie. Am 23. Juli, am Grab Drexels im Basislager, spricht er von Idealen: »Der Opfertod für das Ziel dieser Expedition, die wie kaum eine andere eine deutsche ist, schuf ideelle Werte ... und ein Vermächtnis, das uns die toten Freunde hinterlassen. Sie sind für Deutschland gestorben: der Geist, der sie beseelte, war der des neuen Deutschland. Ein Geist, der die deutsche Aufgabe und das Erreichen eines hohen Ziels für Deutschland höher schätzt als das eigene Leben. Mögest du, deutsches Vaterland, das Wissen um dieses Opfer, das deine treuesten Kinder dir dargebracht haben, nie vergessen. Wenn man noch tiefer denkt, mag dieses Opfer höher einzuschätzen sein als ein leicht errungener Gipfelsieg. Auch in der Heimat erlitt unsere Expedition einen schweren, unersetzlichen Verlust: Willi Schmid, der feinsinnige, treue Helfer, der den Ruf der Expedition im deutschen Vaterland verbreitete, ist nicht mehr ...«

Im Basislager wissen sie zu dieser Zeit nicht, dass Schmid, der mit seiner Frau die Pressearbeit für die Expedition geleistet hatte, im Rahmen des Röhm-Putsches von den Nazis ermordet worden ist. Am 30. Juni 1934. Aufgrund einer Verwechslung!

Finsterwalder weiter: »Immer wieder konnten wir, anhand der Berichte, die uns aus der Heimat zugingen, sein umsichtiges Walten und Wirken erleben.«

In Unkenntnis der tatsächlichen Ereignisse und angesichts des aktuellen Dramas am Nanga Parbat, gedenken auch sie des »treuen Freundes« Schmid aus der Ferne.

Am gleichen Tag schon beginnt die Vereinnahmung des »Helden Welzenbach« durch die Nazi-Propaganda. Der Reichssportführer in einem Telegramm an Welzenbachs Eltern: »Tief erschüttert erhielt ich die Bestätigung vom Heldentod Ihres Sohnes. Ich erlaube mir, Ihnen mein tiefgefühltestes Beileid zum Ausdruck zu bringen. Mit dem Wunsch, daß Ihnen das Bewußtsein von der Größe der Aufgabe, für die er gestorben ist, Ihren Schmerz mildern helfen möge. Reichssportführer von Tschammer und Osten.«

Am 22. August, in Srinagar, verfasst Dr. Finsterwalder ein Schreiben an Willos Mutter:

»Meine liebe Frau Welzenbach! Gewiß haben Sie längst einen Brief von uns Bergsteigern erwartet, nachdem Ihnen unser Lageroffizier von dem schrecklichen Schicksalsschlag berichtete, der Sie und uns alle getroffen hat: daß wir nun ohne Ihren Willo heimkehren müssen. Bitte glauben Sie nicht, liebe Frau Welzenbach, daß es Nachlässigkeit oder gar Herzlosigkeit war, weshalb wir noch nicht schrieben. Oft und oft weilen unsere Gedanken bei Ihnen und Ihrem namenlosen Schmerz, und wenn Gedanken Flügel haben, so fühlen Sie es wohl.

In den letzten Wochen seit dem Unglück, bei dem auch alle Überlebenden ihre geistigen, seelischen und Körperkräfte bis zum Letzten verbraucht haben, befanden wir uns in einer Art Kampf ums Dasein. Und die Schwierigkeiten, die der Abwicklung des großen Unternehmens entgegenstanden, waren einfach zu groß, nachdem ja die Besten verloren waren. Denn wir schulden es den teuren Toten, die Expedition so würdig wie möglich zurückzuführen, dem Opfer angemessen, das sie gebracht haben. So kamen wir erst jetzt in Srinagar wirklich zum ruhigeren Arbeiten, vorher waren alle von früh bis spät nur mit dem Allernotwendigsten beschäftigt, und auch davon blieb manches unerledigt. So ver-

Der Leidensweg Willo Welzenbachs, wie er ihn großteils
im Voraus aufgeschlüsselt hat.

stehen Sie vielleicht, daß wir erst heute über das berichten können, was uns im tiefsten Herzen bewegt.

Willo können wir Ihnen nicht zurückbringen, aber die Treue und Anhänglichkeit zu ihm vermitteln, den wir im Leben als unseren besten und liebsten Freund auf dieser Expedition besonders schätzenlernten, und ein tiefes, herzliches Mitgefühl mit Ihnen, seiner Mutter, die Sie mit ihm Ihr Bestes verloren haben. Ich glaube, daß wir, Willos Expeditionskameraden, den Verlust, den sein Tod für Sie bedeutet, noch tiefer erfassen als andere. Denn gerade in den letzten Monaten seines Daseins, als er mit Zähigkeit und Hingabe um die Erfüllung einer für Deutschland übernommenen Aufgabe rang und dabei uns Expeditionskameraden mit seiner gewinnenden und alles besiegenden Güte umgab, zeigte sich sein vorbildlicher Bergsteigercharakter.

Willo starb als Held und leuchtendes Vorbild für die Bergsteiger aller Zeiten. Das Opfer, das er gebracht, wird unvergessen sein – nicht nur von uns, sondern von allen Bergsteigern und vom ganzen deutschen Vaterland. So werden er und sein Geist uns bewahrt bleiben für alle Zeiten. Mag dies für Sie auch nur ein geringer Trost sein in Ihrem großen Schmerz. All unser Sein ist nur von heute, und uns alle wird über kurz oder lang die Erde decken, wir haben hier auf Erden nur eine ganz kurze, dornenvolle Aufgabe zu erfüllen. Unser Willo, der von uns gegangen ist, ruht nun in stolzer Höhe oben an seinem Deutschen Berg, dem Nanga Parbat, seine treue Seele hat ein Höherer zu sich berufen. Er hat hier auf Erden seine Aufgabe erfüllt, so tapfer und treu wie kaum ein anderer. Nur die Kameraden, die mit ihm starben, konnten ähnliches leisten.

Ihnen stand er noch beim letzten Abstieg vom Lager VIII bei und half, nach Aussagen der Träger, mit letzten Kräften. Im Zwischenlager – zwischen VII und VIII – gab er ihnen seinen Schlafsack und nächtigte selbst im Freien ohne Schutz. Das war Kameradschaftsgeist bis zum Äußersten und seines Charakters würdig. Jetzt sind sie alle dort oben im Tod vereint. Wir treten schon in den nächsten Tagen die Heimreise an, dann werden wir Sie, liebe Frau Welzenbach, aufsuchen und noch mehr über die letzte Zeit Willos erzählen.«

Auch Walter Raechl, einer der anderen Wissenschaftler, fasst jetzt seine Arbeit noch einmal zusammen: »Im Hauptlager trennten sich die Wissenschaftler von der Hauptgruppe, um erst Anfang Juli wieder zu ihr zu stoßen. Zum Zweck der topographischen, geologischen und geographischen Bearbeitung des Expeditionsgebietes wurde der Nanga Parbat von Finsterwalder, Misch und mir umkreist. Von gemeinsamen Lagern im Indus-, Astor- und Rupaltal aus wurden in Einzelunternehmungen Gipfel und Übersichtspunkte in den anliegenden Kämmen (3000–5000 m) besucht. Im Gebiet des hintersten Rupalgletschers wurde der Mazeno-Paß (5200 m) und südlich davon Punkt 5500 m erreicht.«

Mitte September 1934 sind die überlebenden Teilnehmer der Expedition zum Nanga Parbat in München zurück: Fritz Bechtold, Peter Müllritter und Walter Raechl.

Hans Ertl und Bertl Höcht haben inzwischen im Karakorum vier Siebentausender bestiegen. Im Queen-Mary-Peak-Massiv. Mit der erreichten Höhe von 7775 Metern stellen sie den Vorstoß des Engländers Frank S. Smythe am Kamet (7750 m) in den Schatten. Dieser »Markstein in der

Erschließungsgeschichte der Bergriesen in Hochasien« wird in den deutschen Medien laut gefeiert.

Im Oktober 1934 wird Paul Bauer als Leiter des Fachamtes Bergsteigen und Wandern sowie als Führer des Deutschen Bergsteiger- und Wanderverbandes bestätigt, und schon scheint er einen Skandal hinter der Nanga-Parbat-Tragödie zu wittern. Nicht mehr Welzenbach ist jetzt das Objekt seiner Intrigen – Willo, sein »Kamerad« von der Königangerwand, ist tot –, nun ist es Erwin Schneider – der erfolgreichste Höhenbergsteiger seiner Zeit, ein Freigeist, gesegnet mit Witz und Humor –, den er seit der Dyhrenfurth-Expedition verfolgt. Erwin Schneider taugt zum Feindbild, Bauer wird ihn verfolgen, anklagen, zuletzt ausschließen aus der Sekte der »treuen und edlen Kameraden der Berge«. Sind Aschenbrenner und Schneider nicht ohne ihre Träger ins Lager IV zurückgekehrt?! Bauer, der alles besser wissen will, glaubt, diese Sache hinterfragen zu müssen, will die Angelegenheit nicht auf sich beruhen lassen. Sein »Ringen um den Berg« ist für ihn immer auch ein »strebend sich Bemühen«, wie Goethe es ausgedrückt hatte. »Sonst wäre Bergsteigen eine menschenunwürdige Leidenschaft.« Also sucht er weiter nach der »vollen Wahrheit«, nach Schuldigen. Inzwischen sind die überlebenden Träger nach Darjeeling zurückgekehrt, ihre Aussagen protokolliert. Nach ihrer Befragung steht fest, dass niemandem ein Vorwurf zu machen ist. Die Umstände waren mörderisch, der Abstieg vom Silbersattel am 8. Juli 1934 ein Wettlauf mit dem Tod.

In England wird die »größte Katastrophe«, die sich bis dahin im Himalaya ereignet hat, darauf zurückgeführt, dass die lebenswichtige Verbindung zwischen den oberen Lagern nicht aufrechterhalten wurde. Sechzehn Mann, Bergsteiger und Träger, befanden sich im höchsten Lager VIII, als der Sturm losbrach. Die drei Lager darunter waren leer und kaum ausgestattet. Als der Rückzug unvermeidlich wurde, fand die siechende Mannschaft zwar die Spur, die Schneider und Aschenbrenner gelegt hatten, nichts aber sonst vor. Als sie einer nach dem anderen zusammenbrachen, war ihnen nicht mehr zu helfen.

Haben Willo Welzenbach und Willy Merkl, die in den Alpen Stürme und Gefahren überlebt haben, etwa den gravierenden Unterschied zwischen einem Alpensturm und einem Himalaya-Orkan unterschätzt? Vielleicht, aber die höchsten Gipfel des Himalaya waren damals nur mit ihrem Belagerungssystem ersteigbar. Was man heute als Alpinstil bezeichnet, war 1934 weder machbar noch denkbar.

Bauers Meinung dazu: »Merkl, der Führer hätte sein sollen und nur Führer, war viel zu sehr Bergsteiger. Wenn er selbst vielleicht gerade noch das Opfer hätte bringen können, anderen den Vortritt zu lassen, so war er doch nicht hart genug, um Bergsteigerkameraden, die zum Gipfel drängten, einen Platz in der zweiten Reihe anzuweisen. Nur die Bergsteiger werden ihn menschlich verstehen können.«

Anders klingen Stimmen aus England. In der »Times« vom 1. Februar 1935 wird zu lesen sein: »Unzweifelhaft hat sich die Expedition der Kritik ausgesetzt, weil sie die Verbindung nicht sicherte, doch diese Kritik ist nur technischer Art. Vom menschlichen Standpunkt aus betrachtet, gab es noch nie eine Expedition, bei der vom Leiter und seinen Gefährten größere Tapferkeit und Hingabe gezeigt worden wären.«

In seiner Rede am Gedenkabend der Sektion München

des DÖAV für Welzenbach, am 24. Oktober 1934, fasst ihr erster Vorstand, Dr. Georg Leuchs – selbst ein exzellenter Alpinist –, die Tragödie am Nanga Parbat und ihre Vorgeschichte noch einmal zusammen:

»Für Welzenbach war es äußerst schmerzlich, daß er an der ersten Kantsch-Expedition nicht beteiligt war. Sein Arm war ja wiederhergestellt, und er hätte bei jedem Unternehmen am Berg mitmachen können. Noch bevor der Arm wieder stark war, hatte er den Plan gefaßt, selbst eine Himalaya-Expedition zu unternehmen. Mit seiner Ansicht, es sei besser, mit den niedrigen Achttausendern zu beginnen und dann erst die höheren Gipfel anzugehen, lag er völlig richtig.

Beim Studium der Himalaya-Literatur war er auf den Nanga Parbat gestoßen, den Mummery, der beste englische Bergsteiger der damaligen Zeit, 1895 versucht hatte und für machbar erklärte – auch wenn er dabei verschollen blieb. Willos Idee war es, einen Versuch am Nanga Parbat über Mummerys Route zu wagen.

Der Sektionsausschuß stellte Welzenbach damals eine namhafte Beihilfe in Aussicht, eine noch größere der Hauptausschuß des DÖAV. Das Unternehmen war somit in finanzieller Hinsicht gesichert. Allerdings machte die traurige wirtschaftliche und politische Lage unseres Vaterlandes den Plan zunichte. Später hinderten ihn dann berufliche Gründe und so überließ er Idee und Vorarbeit seinem Freund Merkl.«

Von Zuneigung getragen ist auch die Rede Dr. Karl Wiens für Dr. Willo Welzenbach, die er anlässlich der Trauerfeier des Akademischen Alpenvereins München am 12. November 1934 hält. Niemand kann ahnen, dass auch er drei Jahre später tot sein wird: begraben unter einer Lawine im Lager IV am Nanga Parbat, zusammen mit fünfzehn Kameraden:

»Unter denen, die sich in den letzten zehn Jahren in Europa und der ganzen Welt Bergsteiger nennen, ragte seine Persönlichkeit weit heraus. In vielen Dingen des heutigen bergsteigerischen Lebens wies er neue Wege, die nun von vielen beschritten werden. Und als er nach dem für Bergsteiger Höchsten griff, nach den leuchtenden Hochgipfeln des Himalaya, wurde er kurz vor dem Ziel von der Vorsehung abberufen. Zusammen mit seinen treuen Freunden Willy Merkl und Uli Wieland ruht er nun oben auf dem Grat des Nanga Parbat. Der Sturm, dem er zum Opfer fiel, hat ihm selbst das Grab bereitet und eine Decke aus Schnee und Eis über ihn gebreitet ...

All seine großen Touren schilderte er hier in unserem Kreis selbst. Würden wir darauf noch einmal eingehen wollen, würde die lebendige Erinnerung an seine Schilderungen verblassen. Still und bescheiden sprach er von den größten Taten und doch mit unbändigem Stolz, daß nun wieder eine große Sache gelungen war, daß er wieder eines seiner vielen Ziele erreichen konnte ...

All dies nicht auf mit dem Lineal zum Gipfel gezogenen Routen, sondern als reiner Ausdruck starker Erlebnisse, die man ruhig Abenteuer nennen kann! Die großen Berge Zentralasiens sollten am Ende seiner alpinen Laufbahn Ziel und Aufgabe werden ... Der Nanga Parbat ist *SEIN* Plan gewesen! ...

Das Vermächtnis Welzenbachs sind Werte, die das Lebens lebenswert gestalten, die dem Dasein dauernden Sinn geben: ›Nicht nur das Können bedingt den Erfolg, auch Glück muß der Mensch haben, sind doch die Gefahren, die den Bergsteiger bedrohen, zu mannigfaltig. Immer wird das Schicksal des einzelnen der Macht des Zufalls überlassen bleiben, welches wie ein Damoklesschwert über dem Haupt eines jeden Bergsteigers schwebt, den einen verschonend in gütiger Fügung, dem andern zum Verderben werdend.‹«

Welzenbach gab sich damit als traditioneller Bergsteiger zu erkennen, dem sein Tun mehr war als Sport. Ihn zog das Unbekannte an. Die französische Zeitschrift »Alpinisme« erkannte in ihm den »zweifellos bedeutendsten Bergsteiger der Nachkriegszeit«.

Der Heldenkampf um den Berg des Schreckens wird jetzt zum »Opfergang«, verdrängt aber wird die jahrelange Ausgrenzung seiner Person und die schlichte Tatsache, dass die ganze Sache anders verlaufen wäre, hätte man sein Nanga-Parbat-Projekt nicht hintertrieben. Zu spät. Willo Welzenbach, der freiwillig ohne Schutz im Schnee übernachtete, weil zu wenig Schlafsäcke für alle übrig waren, der krank und sogar sterbend noch ein Auge auf die Sherpas hatte, ist tot. Sprüche von Kameradschaft, Heldentum und bedingungsloser Treue waren seine Sache nicht, alle diese Werte lebte er als Selbstverständlichkeit. Auch das Führerprinzip, wie es Paul Bauer und Willy Merkl forderten, war ihm suspekt gewesen. Sein hohes Bergsteigerethos wurde getragen von gemeinsamer Verantwortung und der Gabe, Ideen umzusetzen.

Als der Rest der Expedition zurückkehrt, fehlt vieles von dem, was Welzenbach ursprünglich mit sich führte. Als seine Mutter seine persönliche Habe fordert, schreibt ihr am 26. November 1934 Fritz Bechtold, im Namen der Deutschen Himalaya-Expedition:

»Offengestanden habe ich nicht viel Hoffnung, daß sich alle von Ihnen aufgeführten Sachen noch finden werden. Es tut mir aufrichtig leid, Ihnen das sagen zu müssen. Immerhin will ich alles versuchen, daß sich das eine oder andere noch findet. Es ist sehr leicht möglich, daß einiges falsch gepackt wurde. Die Korrespondenz Willos habe ich in meinem Schreibkoffer aufbewahrt, der von Hamburg direkt nach Trostberg gesandt wird, und diese werde ich Ihnen nach meiner Rückkehr sofort zustellen. Wie sein Lederkoffer, die Lederhalbschuhe und die Steyerer Pistole verlorengehen konnten, ist mir vollständig unerklärlich.«

In ihrem Schmerz dankbar für jeden Trost, gibt die Mutter Welzenbachs Briefe, Fotos, Utensilien leihweise aus der Hand. Das Gerangel darum ist groß. Würde sie das Konvolut – Tausende Briefe, Expeditionspläne, getestete Ausrüstung – je wieder vollständig zurückerhalten? Am 2. Januar 1935 kommt der Verwaltungsausschuss des DÖAV mit der Bitte auf sie zu, von den Akten Abschriften machen zu dürfen: »Für die freundliche Überlassung der Akten Ihres Sohnes über die Vorbereitung seiner für die Jahre 1930 und 1931 geplanten Nanga-Parbat-Expeditionen danken wir Ihnen bestens. Von einigen Schriftstücken würden wir uns gerne Abschriften machen. Da von Weihnachten bis Neujahr in unserer Kanzlei nur ein Bereitschaftsdienst zugegen war, bitten wir Sie, die Akten noch einige Tage behalten zu dürfen. Mit alpinem Gruß.«

Abschriften wozu? Und warum? Nimmt mit dem Fleddern von Briefen und Zeugnissen die Geschichtsfälschung in der »Sache Dr. Willo Welzenbach« ihren Anfang?

1935/1938
Die guten »Kameraden«

Am 10. Dezember 1934 schreibt Paul Bauer an den Reichssportführer Hans von Tschammer und Osten:

»Sehr geehrter Herr Reichssportführer!
Schon bei verschiedenen früheren Anlässen habe ich erwogen, ob ich nicht gezwungen bin, mich vor Ihnen hinsichtlich meiner Einstellung zur Nanga-Parbat-Expedition gewissermaßen zu ›rechtfertigen‹. Diese früheren Anlässe waren einmal ein Artikel, der durch die deutsche Presse ging – Quertreibereien gegen die deutsche Himalaya-Expedition –, und ferner die Mitteilung, daß von einer mir nicht bekannten Seite in Berlin der Vorwurf erhoben worden sei, ich suche der Nanga-Parbat-Expedition etwas in den Weg zu legen. (...)
Dieser Tage nun hat Herr Bechtold, den ich als einen geraden Menschen von jeher hoch geschätzt habe, mit mir eine Besprechung gehabt, die im wesentlichen den Zweck verfolgte, das, was sein Freund Merkl mir gegenüber versäumt hatte, wiedergutzumachen und das Ansehen Merkls in meinen Augen wiederherzustellen. – Diesen Schritt Bechtolds habe ich außerordentlich anerkannt, und wir haben alles, was zwischen uns liegen konnte, bereinigt. Diese Unterredung hat mir aber gleichwohl gezeigt, daß ich mich vor Ihnen nun doch gegen Anschauungen rechtfertigen muß, die

in den Kreisen der Nanga-Pargat-Expedition verbreitet sind und waren und die sicherlich des öfteren, vielleicht sogar in der Zukunft noch an Ihr Ohr dringen werden.

Ich muß hierzu weiter ausholen.

Als ich 1929 mit unerwarteten Erfolgen aus dem Himalaya heimkehrte, faßte Welzenbach den Plan, auch eine Himalaya-Expedition zu machen, und trat in Konkurrenz mit dem von mir für 1930 geplanten zweiten Angriff auf den Kangchendzönga. Obwohl Welzenbach der Jüngere war und obwohl er ohne jegliche Auslandserfahrung war, auch ohne jegliche Erfahrung in expeditionsähnlichen Bergfahrten, trat er damals nicht zurück, sondern ließ es auf einen Kampf ankommen. Ich wollte das vermeiden und trat für das Jahr 1930 zurück; ich verschob meinen Plan auf 1931 und stellte Welzenbach meine Erfahrungen, die ich als Allgemeingut betrachtete, zur Verfügung, ich gab ihm sogar die Anschriften und Empfehlungen an meine Freunde in Indien.

Durch besondere Umstände konnte aber Welzenbach seine Unternehmung für 1930 nicht durchführen. Die Vorbereitungen für meine Expedition 1931 begannen, da trat nun Welzenbach nicht etwa für dieses Jahr zurück, nachdem ich ihm doch für 1930 Platz gemacht hatte, sondern trat von neuem als Bewerber auf. Da es sich um die gleichen Geldquellen handelte, aus denen wir beide schöpfen wollten, nämlich um die Freigebigkeit des Akademischen Alpenvereins München, andere Münchner Bergsteigerkreise und des D.u.Ö.A.V., war es ganz klar, daß nur eine der beiden Unternehmungen durchgeführt werden konnte. Zur Entscheidung dieser Frage wurde vom A.A.V.M., dem wir beide angehörten, ein Ausschuß gebildet, der die Frage eingehend prüfte und zu der Entscheidung kam, daß für das Jahr 1931 die Kantschexpedition als das besser fundierte Unternehmen durchgeführt werden solle. Dieser Entscheidung fügte sich der D.u.Ö.A.V., diese Entscheidung lag auch im Sinne des Auswärtigen Amtes, das naturgemäß eine Unternehmung, die sich in ihrer persönlichen Zusammensetzung bereits sehr gut bewährt hatte, eher zu unterstützen bereit war als eine andere, die aus lauter neuen, unbekannten Leuten bestand.

Aus diesen Ausführungen ist zu ersehen, daß die NP-Unternehmung und die Kantschunternehmung in einem offenen Konkurrenzkampf standen. Ich persönlich habe diese Auseinandersetzung als rein sachlich betrachtet und habe gleichwohl die von mir 1929 gesammelten Erfahrungen als einen Schatz betrachtet, den ich der deutschen Bergsteigerschaft zur Verfügung stellen muß, und habe trotz aller sachlichen Bedenken gegen den Nanga-Parbat-Plan dem Herrn Welzenbach und, als 1932 Merkl den Plan Welzenbachs aufnahm, auch diesem und seinen Mitarbeitern meinen Rat und meine Erfahrungen und meine Ausarbeitungen zur Verfügung gestellt. – Von Merkl habe ich, was hier einzuschalten ist, trotz aller Bitten nie etwas Näheres über seine Erfahrungen erhalten können, wie er sich auch in seinen Veröffentlichungen darüber nie verbreitet hat, er hat das ängstlich gehütet, und ich hatte das Gefühl, daß er es niemandem sonst zugute kommen lassen wollte.

Welzenbach und Merkl kamen zunächst sehr oft zu mir um Rat, und ich habe niemals verfehlt, ihnen diesen Rat in weitgehendster Weise zu geben. Ich habe Welzenbach die Anschriften meiner Freunde in Indien gegeben, ich habe Merkl Empfehlungsschreiben nach Indien gegeben, ich habe

Merkl auf zahllose Anfragen, Ausrüstung und Literatur betreffend, jederzeit Auskunft erteilt, ebenso meine Freunde, ich habe trotz meiner außerordentlich knapp bemessenen Zeit die Herren Merkl und Welzenbach auf ihr Ansuchen in München aufgesucht, um ihnen meine Erfahrungen zur Verfügung zu stellen, ich habe Herrn Merkl unsere Ausarbeitungen über unsere Ausrüstung und Verpflegung – umfangreiche, mit ungeheuer viel Arbeit in Monaten hergestellte Verzeichnisse – übergeben (ich habe sie trotz Bitten nicht wieder erhalten), ich habe also ihrem Unternehmen jegliche Unterstützung geliehen, obwohl sie letzten Endes unter Ausbeutung meiner 1929 erarbeiteten Erfahrungen und nachdem ich den Boden für eine solche Unternehmung bereitet hatte, nun an einem leichteren Berg das Ergebnis meiner Unternehmungen übertrumpfen wollten.

An Dank habe ich dafür nicht viel erhalten. 1932 hat mir Merkl aus dem Suezkanal eine Karte geschickt mit einem kurzen Gruß. Das dürfte alles gewesen sei, was ich an Dank geerntet habe. Es ist mir auch nicht in Erinnerung, daß irgendwo in den Veröffentlichungen Merkls hervorgehoben oder auch nur erwähnt worden wäre, wie weit man mir zu Dank verpflichtet ist.

Ich verwahre mich demnach allerschärfstens dagegen, daß man mir zur Last legt, ich hätte den Unternehmungen etwas in den Weg gelegt. Im Gegenteil: Die N.-P.-Expedition ist nur auf meine Vorarbeit möglich gewesen, ich habe ihr alles zur Verfügung gestellt, was ich ihr zur Verfügung stellen konnte, und ich habe dies getan, trotzdem diese Seite mir gegenüber die gebotene Rücksicht auf meinen älteren besseren Plan und die Pflicht des Dankes stets vernachlässigt hatte. Ich verlange diesen Dank nicht und habe mich daran gewöhnt, sein Fehlen hinzunehmen, wie man manches im Leben hinnehmen muß, aber es wäre menschlich verständlich, wenn ich mit meiner weiteren Hilfe zurückhaltend geworden wäre. Ich habe dies aber trotzdem nicht getan.

Es ist hier noch hinzuzufügen, daß ich gegen die NPE von vorneherein schwerwiegende sachliche Bedenken hatte. Zwischen Welzenbach und mir haben seit langem im AAVM sachliche Meinungsverschiedenheiten bestanden. Welzenbach war der Mann, dem in erster Linie der alpine Erfolg etwas galt, während mir der Weg und die Art und Weise des Bergsteigens mehr zu sein dünken. Welzenbach war der Mann, der Rekorde anstrebte, der Mann, der sich als Bergsteigerkanone fühlte und diese Position systematisch angestrebt und ausgebaut hat. Demgegenüber vertrat ich eine ganz andere Anschauung, und diese Anschauung ist im AAVM, dem wir beide angehörten, der Welzenbachschen Art des Bergsteigens gegenüber siegreich geblieben. Dazu kommt noch, daß ich von jeher als alter Soldat mich fühlte, im AAVM konsequent einen nationalen und nationalsozialistischen Kurs verfolgte. Für uns war Adolf Hitler bereits 1923 der Mann, den wir nicht antasten ließen. Welzenbach hingegen gehörte der Bayerischen Volkspartei an und stand mit einigen wenigen seiner Art in einer Opposition dagegen, die zwar mit ihren eigentlichen Gründen nie herausrückte, da sie im AAVM keinen Boden gefunden hätte, die aber auch zielsicher und verbissen war wie unsere Einstellung.

Ich habe von Anfang an die feste Überzeugung gehabt, daß die großen Gipfel des Himalaya viel zu viel erfordern, als daß man mit Motiven wie Ehrgeiz, Rekordstreben, Geltungsbedürfnis und Freude an der persönlichen Leistung allein auskommen würde. Ich glaube vielmehr, daß hierzu ein Geist notwendig ist, der die Schwierigkeiten um ihrer selbst willen und um der Möglichkeiten ihrer Überwindung willen liebt und der nicht darnach fragt, ob er dabei einen nach außen sichtbaren ihm persönlich zugute kommenden Erfolg erzielt. Ich bin der Überzeugung, daß, wer eigensüchtig für sich selbst oder für seinen Klub einen Rekord mit nach Hause bringen will, nicht Monate lang im Eis und Schnee mit den Gipfeln des Himalaya kraftvoll kämpfen kann. Ich glaube, daß dieses zu oberflächliche Streben nach einem Erfolg in diesem ungeheuer schwierigen Kampf zu Fehlern verleitet, die ein Unternehmen nur zu leicht zum Scheitern bringen können. Ich bin der felsenfesten Überzeugung, daß man auf tieferliegende Kraftquellen zurückgreifen muß. Nur ein uneigennütziges, selbstloses, einsatzbereites, auf persönliche Erfolge und persönliches Hervortreten vollkommen verzichtendes Expeditionskorps kann mit Aussicht auf Erfolg in den Kampf um die höchsten Gipfel der Erde gesandt werden.

Hier bestanden weitgehende Unterschiede zwischen der von Welzenbach und Merkl durchgeführten Nanga-Parbat-Expedition und der von mir durchgeführten Kangchendzönga-Expedition, Unterschiede, die tief begründet waren und die sich mit einer unerbittlichen Konsequenz trotz aller in der Zwischenzeit erworbenen Erfahrungen bis zu der Unternehmung des heurigen Jahres deutlich und kraß zeigten. Welzenbach und Merkl haben Kanonen und Leute mit Geld um sich gesammelt. Ich habe eine festgeschlossene Mannschaft aufgestellt, von der ich jeden einzelnen seit Jahren kannte. Welzenbach und Merkl und die ihnen nahestehenden Hoerlin und Schneider hatten auch dafür, daß es sich hier um eine nationale Angelegenheit handele, kein Verständnis, sie bauten ihren Plan 1930, 31 und 32 auf die Teilnahme begüterter ausländischer Bergsteiger auf – Schneider und Hoerlin gingen 1930 mit dem Judenstämmling Dyhrenfurth in den Himalaya, sie hatten dabei nicht einmal den Mut, die deutsche Flagge zu hissen, sondern hissten die ›schwäbische‹ und die ›Tiroler‹ Flagge!!

Es bestanden noch einige grundlegende Differenzen: ich stand auf dem Standpunkt spartanischer Einfachheit. Sie war für mich Selbstzweck und ist mir unerläßliche geistige Grundlage des Unternehmens. Die anderen hatten dafür kein Verständnis. Genau so, wie es ihnen nur auf den Erfolg und nicht auf das Wie ankam, dachten sie auch hier, ›je mehr Geld, je reicher die Ausrüstung, desto besser‹.

Trotz dieser Bedenken gegen das Welzenbach-Merklsche Unternehmen habe ich nicht dagegen polemisiert, sondern es vollkommen unbehelligt gelassen.

Ein Wort muß noch gesagt werden über die persönlichen Momente. Mit Merkl hatte ich nie persönliche Differenzen. Ich stand ihm aber auch nicht besonders nahe. Wir waren gut bekannt, hatten uns oft gesehen und gesprochen, aber zufälligerweise hatte ich nie mit ihm eine Bergtour unternommen. Ich höre nun, daß Merkl es mir sehr verübelt, daß ich ihn nicht als Mitglied für den Alpine Club vorgeschlagen habe. Aber so weit ging unsere Bekanntschaft nicht, daß ich ihn für diesen Club hätte vorschlagen können. Außerdem habe ich mich in dieser Beziehung stets zurückgehalten, ich überließ es den Engländern, wen sie für ihren Club vorschlagen wollten. Merkl hat mir seinerzeit einen Brief geschrieben und mich gebeten, ihn für den Alpine Club vorzuschlagen. Ich habe das mit der Begründung abgelehnt, daß ich mich als Ausländer hierzu nicht für befugt halte. Soviel ich höre, hat Merkl dies als einen persönlichen Affront betrachtet und bei anderen davon erzählt, um meine feindliche Einstellung gegen ihn zu beweisen.

Mit Welzenbach habe ich früher manche große Bergfahrt und Erstbegehung gemacht. Aber es fühlte doch jeder den geistigen Abstand vom andern, und die gemeinsamen Bergfahrten hörten schließlich auf. Wie weit wir in unserer Anschauung tatsächlich voneinander entfernt waren, das zeigte sich mit voller Deutlichkeit, als ich 1928 die erste deutsche Kaukasusfahrt nach dem Kriege durchführte. Es wurde mir durch Bekannte damals zu verstehen gegeben, daß Welzenbach gerne teilnehmen wolle. Nun hatte aber Welzenbach kurz zuvor eine schwere Erkrankung durchgemacht, die ihn im Gebrauch des rechten Arms dauernd erheblich behinderte. Trotzdem er also damals für unser Unternehmen keinen Gewinn bedeutet hätte, habe ich ihn doch, teils aus Mitleid, teils um ihm zu zeigen, daß ich ihm persönlich trotz der bestehenden Meinungsverschiedenheiten nichts in den Weg lege, zur Teilnahme an unserem Unternehmen aufgefordert. Das hat sich aber zerschlagen, und zwar bezeichnenderweise deshalb, weil Welzenbach von vornherein die Forderung aufstellte, daß er selbständig sein wolle in seinen bergsteigerischen Unternehmungen, das heißt also, daß er, einmal im Basislager oder im Ausgangsort angekommen, auf eigene Faust loslegen wolle. Darauf konnte ich mich nicht einlassen, und die Teilnahme Welzenbachs unterblieb. Das persönliche Verhältnis zwischen uns blieb aber korrekt.

Es wurde später unterbrochen durch einen Ehrenhandel. Dieser wurde beigelegt.

1932 war nun Merkl am Nanga Parbat. Merkl glaubte auch damals schon, den leichten NP-Gipfel in der Tasche zu haben, aber das Ergebnis war ganz außerordentlich gering. Das ganze Unternehmen hätte sehr viel Anlaß zu scharfer, absprechender Kritik gegeben. Ich habe aber diese Kritik nicht geübt, da ich mir in Anbetracht meiner ganzen Einstellung zu dem Unternehmen größte Zurückhaltung auferlegte. Auch von meinen Begleitern hat keiner an der schlecht durchgeführten und ergebnislosen Unternehmung Kritik geübt. Wir hätten allerdings nicht daran gedacht, daß dieser absolute Mangel an Erfolgen Merkl den Mut geben würde, ein zweites Mal an den NP zu gehen, sondern hielten es für selbstverständlich, daß man nun wieder an den Kantsch gehen würde. 1933 gingen die Engländer zum Mt. Everest, und damit war für ein neues Kangchendzönga-Unternehmen kein Raum, da alle verfügbaren guten Träger für die Everest-Expedition benötigt wurden. Wir verschoben unseren Plan auf 1934. Auf die besonderen Schwierigkeiten, die sich gerade den Kantschunternehmungen immer wieder in den Weg stellten, will ich hier nicht eingehen. Das eine sei nur hervorgehoben, daß sie von Anfang bis zum Ende auf meiner eigenen Arbeitskraft aufgebaut werden mussten. Dabei muß aber bedacht werden, daß ich und meine Begleiter nicht in der Lage sind, uns zur Vorbereitung einer Expedition beurlauben zu lassen, wir müssen jeweils die ganze Arbeit neben unserem Beruf in den Abendstunden und an Sonntagen erledigen. Merkl war es in der Zwischenzeit, und zwar, wie ich hinzufügen muß, durch Berichte und Erzählungen, die die

Verhältnisse außerordentlich optimistisch darstellen, gelungen, die Reichsbahnturn- und Sportvereine für seinen Plan zu begeistern. Als ich Mitte 1933 im Büro des Reichssportführers wegen meiner Pläne vorsprach, war der Merklsche NP-Plan bereits behandelt und anscheinend genehmigt. Als mir dann die Führung und Organisation der deutschen Bergsteiger und Wanderer übertragen wurde, da dachte ich zwar noch daran, daß ich beides verbinden und eine Kantschexpedition 1934 trotz der mit der Verbandsführung verbundenen Arbeit durchführen könne. Aber ich erfuhr dann bald, daß die NP-Expedition eine beschlossene Sache sei, und habe mich schweren Herzens damit abgefunden.

Damit trat die Angelegenheit in ein neues Stadium, und ich war pflichtgemäß bereit, das Unternehmen zu fördern, zu beraten und es, soweit das in meiner Kraft lag, zum Guten zu wenden. Ich war bereit, als deutscher Bergsteiger rückhaltlos diesem deutschen Unternehmen zum Erfolg zu helfen.

Ich habe dem Büro des Reichssportführers mitgeteilt, daß man mir als dem Führer der deutschen Bergsteiger den Plan der NP-Expedition vorlegen möge, damit ich ihn auf seine Durchführbarkeit prüfen und dazu Stellung nehmen kann. Auf dieses Schreiben habe ich keine Antwort erhalten. Ich hatte zunächst keinen Grund, darin einen Ausdruck des Mißtrauens zu erblicken, da ja in jenen Tagen manches unerledigt blieb oder sich von selbst erledigte. Ich habe dann später auch verschiedentlich mit Ihnen, sehr geehrter Herr Reichssportführer, über die Sache gesprochen und habe auf Grund dieser Besprechungen keinen Anlaß, in meiner Nichtzuziehung eine Spitze gegen mich zu erblicken. Ich kam freilich über das Empfinden nie ganz hinweg, daß darin doch ein Rest von Mißtrauen hinsichtlich meiner Unparteilichkeit zu erblicken sei. Ich habe dann aber doch erwartet, daß Merkl oder einer seiner Leute sich mit mir in Verbindung setzen würde. Dies ist aber nicht geschehen. Merkl hat, obwohl ich ihn mehrmals zufällig traf, niemals mit mir über seinen Plan gesprochen, ebensowenig Herr Baumeister oder sonst einer von den Leuten des Herrn Merkl. Man hat mich dann später zu keiner Abschiedsveranstaltung eingeladen, kurz, man hat mich in jeder Weise übergangen, obwohl dazu nicht der geringste Anlaß bestand. Ich höre von Bechtold, daß Merkl der Ansicht war, ich hätte meinen Kangchendzöngaplan für 1934 nur deshalb gefaßt und beim Reichssportführer und beim Auswärtigen Amt betrieben, um seinem Plan in die Quere zu kommen. Für diese merkwürdige Anschauung konnte Merkl keinerlei Unterlagen haben, sie ist eine Ausgeburt seiner Angst und seines Argwohns, sicherlich auch ein Ausdruck innerlicher Schwäche. Daß ein an sich haltloser Argwohn, eine so unbegründete und unbegründbare Anschauung, ausschlaggebend war für das merkwürdige Verhalten der Himalaya-Expedition 1934 mir gegenüber, ist für mich vollkommen unverständlich. Ich habe auch von der Ausreise der Expedition nur durch Zufall erfahren. Ich habe damals lange mit mir gekämpft, ob ich angesichts dieses Verhaltens mir nicht selbst etwas vergebe, wenn ich ihr zum Abschied einen Gruß sende. Ich habe aber die Möglichkeit auf mich genommen, (…), daß man einen Abschiedsgruß von meiner Seite nun so auslegen würde, als ob ich bei dem sicher zu erwartenden Erfolg nicht abseits stehen und nicht vergessen sein möchte. Ich habe

Merkl *gleichwohl* einen herzlichen Glückwunsch zum Abschied gesandt – ich selbst hielt damals Vorträge in Baden. Ich ließ deshalb Merkl von meinem Vertreter am Bahnhof ein Schreiben übergeben, in dem ich dem Unternehmen von Herzen Glück, einen vollen Erfolg und allen Teilnehmern eine gesunde Heimkehr wünschte. Auf dieses Schreiben erhielt ich von Merkl ein kurzes Danktelegramm aus Genua, sonst hörte ich nichts mehr darauf.
Heil Hitler!«

Trotzdem, im nationalsozialistischen Deutschland entsteht bald nach der Tragödie ein Kult um die toten Helden: »Der Berg ist stärker als der Mensch!« wird verdrängt vom Bild des Übermenschen, der stärker ist als der eigene Tod, wenn es um Höheres geht.

Am 21. Juni 1934 schon hatte Willy Merkl in einem letzten Brief an seine Angehörigen seine Vision vom Gipfelsieg niedergeschrieben: »Wir müssen es mit eisernem Willen diesmal schaffen. Wenn das gute Wetter anhält, dann müßte es Wahrheit werden, was in der Heimat Hunderttausende wünschen und von uns erhoffen!« Sein Sieg wäre bergsteigerisch eine Sensation und für die Politik ein Triumph gewesen. Für Merkl war der Nanga Parbat ein Heiliger Gral.

Kann Paul Bauer seinen »Kantsch« jetzt vergessen? Welzenbachs »Heldentod« erscheint wie eine späte Rache an Bauer und seinen Intrigen. Hinzu kommt, dass der Kartograph der Expedition, Erwin Schneider, inzwischen mit der Führung des DÖAV Kontakt aufgenommen hat: Er will 1935 eine eigene Expedition zum »deutschen Schicksalsberg« führen. Bauer empfindet das Ansinnen als eine

»bodenlose Frechheit«. Im Oktober 1934 schon trägt Bauer dem Reichssportführer von Tschammer und Osten seine diesbezüglichen Bedenken vor. Schneider und Aschenbrenner mangle es doch am Wichtigsten, am Kameradschaftsgeist, bringt Bauer vor. Überließen sie am Nanga nicht die nachfolgenden Träger und Bergsteiger ihrem Schicksal? Trennten sie sich zuletzt nicht von den ihnen anvertrauten Sherpas und überantworteten sie damit dem sicheren Tod? Schneiders Erklärungen zu den Abläufen der Tragödie sind für Bauer nichts als billige Ausflüchte: »Wer wie Schneider und Aschenbrenner ohne Rücksicht auf die Nachkommenden voraus- und davonläuft, der wird nicht als guter Bergkamerad angesehen werden können.« Ergebnis: Künftig soll jede Auslandsexpedition von ihm selbst »geprüft werden«.

Bauers frühere Animosität Welzenbach gegenüber richtet sich jetzt gegen Schneider. Auch Captain Frier, einer der englischen Transportoffiziere am Berg, schlägt in die gleiche Kerbe und übt Kritik: »Ist es bei den Deutschen üblich, ihre Träger im Stich zu lassen?!«

»Undenkbar, diesem Schneider die Führung einer Himalaya-Expedition anzuvertrauen«, sagt Bauer. »Unverantwortlich! Es fehlt ihm auch die nationale Gesinnung.« Schneider ist schließlich 1930 mit Bauers Konkurrenten Dyhrenfurth am Kangchendzönga gewesen und wird in einem Brief an den Reichssportführer als »Judenstämmling« diffamiert. Schneider habe dabei »nicht den Mut gehabt, die deutsche Flagge zu hissen, statt dessen hißte er die Tiroler Flagge!« 1932, in den Anden, soll Schneider sich beim Abstieg vom Huascaran verlaufen haben. In seinem Fahrtenbericht witzelte Schneider darüber: »Zur Einsicht gekommen und den Forderungen der heutigen Zeit folgend, versuchen wir nun rechts unser Heil (Heil Adolf! Deutschland erwache).« Der völlig humorlose Bauer wertet diese flapsige Bemerkung als persönliche Beleidigung des Führers und verlangt von Schneider, er möge sich beim Reichssportführer und der Kanzlei des Führers entschuldigen und dürfe keine Vorträge über die 1934er Expedition halten.

Ende 1934 regt Bauer bei von Tschammer und Osten eine Untersuchung der Nanga-Parbat-Expedition 1934 an. Die Schuldfrage, Aschenbrenner und Schneider betreffend, soll geklärt werden. Am 11. März 1935 tritt ein »Ehrengericht« unter dem Vorsitz des Reichssportführers zusammen. Die Untersuchungskommission ist von ihm persönlich zusammengestellt worden, auch Bauer gehört ihr an. Trotzdem: Am Ende werden die beiden Angeklagten freigesprochen, es liege kein bewusster Verstoß vor. Bauer aber verurteilt die beiden weiter: wegen moralischen Fehlverhaltens! Aus seiner Sicht sind Aschenbrenner und Schneider ehrlose »Deserteure«, ihr Verhalten sei nicht akzeptabel. Schneider ist damit als Bergsteiger disqualifiziert, sein Ruf beschädigt. Der DÖAV leitet seine eigenen Untersuchungen ein und kommt zum Schluss, dass die beiden angesichts der gegebenen Umstände zwar nicht anders hätten handeln können, offene Fragen aber bleiben. Der Bericht von Otto Müller an Franz Schmidt vom 21. Februar 1935 kommt zu folgendem Untersuchungsergebnis:

»Die Aufgabe, durch Sichtung des Materials das Zusammen- und Wechselspiel der Tatsachen, die zur Katastrophe am Nanga Parbat führten, zu untersuchen und die noch zu klärenden Fragen herauszuarbeiten, verlangt, daß alle Verhältnisse, die bei der Gestaltung der Ereignisse von Bedeutung waren und sein konnten, in den Kreis der zurückschauenden Betrachtung einbezogen werden und daß der Untersuchende gerade deshalb, weil dem Menschen letzten Endes nur subjektive Betrachtungsmöglichkeit gegeben ist, um so mehr sich bemüht, so objektiv als nur möglich unter Beiseitesetzung aller Rücksichten zu verfahren. (...)

Zu den Komponenten, die bei Gestaltung der Ereignisse mitwirkten, gehören vor allem die von der Natur gegebenen Verhältnisse, wie die Riesenmaße des Berges, die Tatsache, daß das Gelände nicht oder nur wenig erforscht war, die atmosphärischen Bedingungen der gewaltigen Höhe, Kälte, Schneesturm, Schneemasse, Nebel, die Gesundheitszustände der Teilnehmer, insbesondere Bergkrankheiten, Atemnot, Überanstrengung, namentlich aber die im gegenwärtigen Falle denkbar schlimmen und die größten Gefahren in sich schließenden Witterungsverhältnisse und ihre Einwirkungen auf die Organismen und psychischen Komplexe der einzelnen. Letztere Einwirkungen sind bei den gegebenen Witterungsverhältnissen und in den Höhen, die erreicht wurden, von wesentlicher und bei jedem einzelnen verschiedenartiger Bedeutung.

In hohem Maße sind ferner zu berücksichtigen die Gesamtdisposition des Gipfelangriffs, das Maß der Sicherung eines allenfallsigen Rückzuges, insbesondere die Zahl, Anlage und Versorgung der hochgelegenen Lager, die Ausrüstung der Teilnehmer, insbesondere mit Zelten, Schlafsäcken, Decken, Schuhen, Schutzbrillen, Proviant u.s.w., die Zahl der Teilnehmer, die Verteilung ihrer Aufgaben, wie etwa die Gliederung in Vor- und Stoßgruppe, Haupt- und Unterstützungsgruppe. Von welcher Bedeutung diese Umstände sind, geht daraus hervor, daß die Ereignisse wohl ziemlich sicher einen anderen Verlauf hätten nehmen können, wenn die Lager VI und VII mehr ausgebaut und mit Schlafsäcken, Proviant usw. in einem der Zahl der Teilnehmer entsprechenden Maße versehen gewesen wären.

Von ganz besonderem Gewichte sind endlich persönliche innere, im Charakter, in der Willens- und Gemütssphäre, auf dem Gebiete der Ethik im allgemeinen und der bergsteigerlichen, vor allem der kameradschaftlichen Ethik im besonderen, gelegene Faktoren. Diese werden wiederum durch die oben erwähnten Komponenten beeinflußt (...).

Zusammenfassend muß festgehalten werden, daß alle Vorgänge, Ereignisse, Handlungen und Entschlüsse unter den Umständen, unter denen die Katastrophe am Nanga Parbat sich abspielte, durchaus anders als sonst im bergsteigerlichen Leben, selbst dem in hochalpinen Regionen der West- und Ostalpen, unter Berücksichtigung einer ganzen Reihe von sonst nicht oder wenig ins Gewicht fallenden Gesichtspunkten betrachtet werden müssen.

Die katastrophalen Vorgänge nach Erreichung des Lagers VIII (7480 m) oberhalb des Silbersattels (7451 m) sind bekannt, bedürfen aber einer klaren zeitlichen und sonstigen Feststellung:

6. Juli

Ankunft der sämtlichen Teilnehmer Merkl, Welzenbach, Wieland, Schneider, Aschenbrenner und der 11 Träger Pinzo Nurbu, Nima Dorje, Pasang, Gay-Lay, Dakschi, Nima

Taschi, Kitar, Kikuli, Da Thundu, Nima Nurbu, Ang Tsering, im Ganzen 16 Mann in Lager VIII (7480 m) am Nachmittag bei starkem Wind, aber sonst gutem Wetter. Gegen Abend nahm der Wind zu und entwickelte sich zum heftigen Sturm. Merkl, Welzenbach und Wieland bezogen das große Hauszelt, Schneider und Aschenbrenner das zweite Zelt. Wegen des Sturms konnte zum Abendessen nur ein wenig Suppe bereitet werden. Der Sturm wurde zu einem wütenden Orkan und knickte das Hauszelt ein.

7. Juli
Der furchtbare Sturm verhinderte jedes Unternehmen und jeden Versuch, etwas zu kochen. Es gelang nur, etwas Schnee zu schmelzen. Schneider ›verhandelte‹ mit Merkl, Welzenbach und Wieland in deren Zelt (B. 55); was dort ›verhandelt‹ wurde, ist noch nicht bekannt.

8. Juli
Das Wetter war unverändert schlecht geblieben, der Orkan unvermindert, der Rückzug notwendig geworden. Der Abstieg wurde beschlossen, keiner der Teilnehmer klagte über Erkrankung, alle waren in guter Verfassung (B. 55). Merkl übermittelte um 8.00 Uhr morgens durch Wieland an Schneider und Aschenbrenner die Anweisung, als erste Gruppe mit den Trägern Pinzo Nurbu, Nima Dorje und Pasang abzusteigen. Vor dem Abmarsch begab sich Schneider nochmals in das Hauszelt zu Merkl, um (nach Aschenbrenners Tagebuch) sich darüber zu besprechen, was in Lager VIII zurückgelassen werden sollte. Daraufhin begannen Schneider und Aschenbrenner, mit den 3 Trägern Pinzo

Nurbu, Nima Dorje und Pasang durch das Seil verbunden, den Abstieg. Schneider ging an der Spitze, Aschenbrenner am Schluß. Die Träger trugen 2 Schlafsäcke, einen für sich, den anderen für Schneider und Aschenbrenner bestimmt.

Merkl, Welzenbach und Wieland mit den 8 Trägern Gay-Lay, Dakschi, Nima Taschi, Kitar, Da Thundu, Nima Nurbu und Ang Tsering folgten der Gruppe Schneider-Aschenbrenner nach. Etwa um 9.00 Uhr vormittags wurden von Lager IV aus Gruppe Schneider-Aschenbrenner mit ihren 3 Trägern schon unterhalb des Silbersattels, Gruppe Merkl-Welzenbach-Wieland mit ihren 8 Trägern noch oberhalb des Silbersattels an dessen Rand im Abstieg gesehen.

Etwa 100 m unterhalb des Silbersattels wurde der in der Gruppe Schneider-Aschenbrenner gehende Nima Dorje vom Sturm aus den Stufen gerissen, von Aschenbrener und Pasang aber am Seil gehalten. Der Sturm riß aber dem Nima Dorje den einen der mitgenommenen Schlafsäcke vom Rücken, so daß die Gruppe Schneider-Aschenbrenner nur mehr über einen Schlafsack verfügte. Pinzo Nurbu und Nima Dorje gingen sehr schlecht (B. 56). Auf dem Wege zwischen Lager VIII und VII, und zwar nach Zurücklegen der am Steilhang unterhalb des Silbersattels befindlichen gefährlichen Stellen, nach Aussage Aschenbrenners ›kurz vor Lager VII‹, nach Aussage Pasangs ›auf halbem Wege vor Lager VII‹, seilten sich Schneider und Aschenbrenner von ihren Trägern los. Dies geschah

   a. Nach Aussage Pasangs, ›um den Weg besser bahnen zu können‹

   b. Nach den Aufzeichnungen Aschenbrenners in dessen Tagebuch, weil Schneider und Aschenbrenner sich dessen bewußt geworden waren, daß nach dem Verlust des einen der beiden mitgenommenen Schlafsäcke ›von ihnen unter allen Umständen Lager IV oder wenigstens Lager V erreicht werden mußte, um ihr Leben nicht aufs Spiel zu setzen‹ und ›das Gehen mit den Trägern sehr langsam vor sich ging‹.

c. Nach den in B 56 veröffentlichten Mitteilungen Aschenbrenners deshalb, weil ›viele Irrgänge‹ gemacht wurden und ›um die Träger von diesen ermüdenden Umwegen zu befreien‹.

Das Gelände vor Lager VII war unschwierig. Das gleiche kann von dem zwischen Lager VI und V zu überwindenden Rakhiot Peak nicht gesagt werden. Nach Angabe Aschenbrenners waren die Träger mit der Maßnahme des Abseilens ›durchaus einverstanden‹. Nach Aschenbrenners Tagebuchaufzeichnungen sagten Schneider und Aschenbrenner den Trägern, sie sollten unmittelbar in der Spur folgen, sie selbst konnten keine 10 m weit sehen und haben daher auch alsbald ihre Träger ›aus dem Sehkreis verloren‹. Auch die Träger verloren kurz nach der Trennung von Schneider und Aschenbrenner diese ›außer Sicht‹ und ›deren Spur verlor sich mit dem größeren Abstand immer mehr‹ (Aussage Pasangs). Die 3 Träger Pinzo Nurbu, Nima Dorje und Pasang kamen im Sturm nur bis Lager VII (7185 m), fanden das dort befindliche Zelt, in dem sie keinen Schlafsack vorfanden, und übernachteten dort vom 8. auf 9. Juli, wobei ihnen nur ein von Pasang mitgeführter Schlafsack zur Verfügung stand.

Schneider und Aschenbrenner erreichten Lager VI (6955 m), dessen Zelte vollkommen eingeschneit, aber noch zu finden waren, stiegen ohne Aufenthalt über den Rakhiot

Peak (7070 m) nach Lager V (6690 m) ab, wo sie ›in den Zelten außer Schlafsäcken auserwählten Höhenproviant‹ vorfanden, ›reichlich aßen und sich so gut erholten, daß sie es wagen konnten, noch nach Lager IV abzusteigen‹ (B 56). In Lager IV (6185 m) trafen sie abends 7.00 Uhr ein. Sie hatten angefrorene Füße (B. 54), sonst aber keinen ernsteren Schaden. Sie waren zwar nach Bechtolds Aufzeichnungen ›nach dem übermenschlichen Abstieg von Lager VIII nach Lager IV sichtlich erschöpft‹, aber alsbald ›lachten sie wieder, wie das Männer tun, die in guter Haltung ein Unwetter, ein Unglück oder ähnliches überstanden haben‹. Aschenbrenner teilte mit, daß die anderen Teilnehmer hinter ihnen nachkämen und wohl in einer Stunde eintreffen würden. Es wurde dementsprechend auf Anraten Schneiders und Aschenbrenners auch sofort ein ›großer Hafen Tee bereitgestellt‹, damit die Nachkommenden ›gleich Warmes haben‹ könnten.

Die Gruppe Merkl-Welzenbach-Wieland mit ihren 8 Trägern gelangte nur wenig vom Silbersattel herunter und bezog schon vormittags ein Zwischenlager zwischen Lager VIII und VII. Sie verbrachte hier die Nacht von 8. auf 9. Juli. In diesem Zwischenlager starb am Abend des 8. Juli Nima Nurbu.

9. Juli

Merkl, Welzenbach und Wieland stiegen mit den Trägern Kitar, Kikuli, Da Thundu und Nima Taschi vom Zwischenlager zwischen Lager VIII und VII nach Lager VII (7185 m) ab. Wieland starb auf dem Wege 30 m vor Lager VII.

Die Träger Gay-Lay, Dakschi und Ang Tsering blieben im Zwischenlager wegen Erschöpfung und Schneeblindheit zurück und verbrachten dort noch die Nächte vom 9. auf 10. Juli und vom 10. auf 11. Juli.

Merkl schickte die Träger Kitar, Kikuli, Da Thundu und Nima Taschi nach Lager VI, das sie aber nicht mehr erreichten. Sie übernachteten vom 9. auf 10. Juli in einer Schneehöhle zwischen Lager VII und VI.

Die von Schneider und Aschenbrenner getrennten Träger Pinzo Nurbu, Nima Dorje und Pasang gelangten nach Lager VI (6955 m) und verbrachten dort die Nacht vom 9. auf 10. Juli, da sie von den Zelten in Lager VI nichts sehen konnten, in einer kleinen Eishöhle.

Der erste Versuch der in Lager IV befindlichen Teilnehmer, nach Lager V den anderen entgegenzugehen, scheiterte.

10. Juli

Merkl und Welzenbach hielten sich in Lager VII auf. Die von ihnen vorausgeschickten Träger Kitar, Kikuli, Da Thundu und Nima Taschi stiegen über den Rakhiot Peak vom Lager VI (6955 m) nach Lager V (6690 m) ab und trafen beim Abstieg vom Rakhiot Peak die am 8. Juli von Schneider und Aschenbrenner zurückgelassenen Träger Pinzo Nurbu, Nima Dorje und Pasang. Beim Abstieg vom Rakhiot Peak starben Nima Dorje und Nima Taschi. Pinzo Nurbu starb 3 m vor dem Lager V. Kitar, Kikuli, Da Thundu und Pasang erreichten noch Lager IV (6185 m).

Der zweite Versuch der in Lager IV befindlichen Teilnehmer, nach Lager V vorzustoßen, scheiterte am Steilhang zwischen Lager IV und V.

11. Juli

Dakschi starb im Zwischenlager zwischen Lager VIII und VII. Ang Tsering und Gay-Lay stiegen vom Zwischenlager zwischen Lager VIII und Lager VII ab, wo sie Merkl und Welzenbach und 30 m davor die Leiche Wielands vorfanden.

Merkl, Welzenbach, Ang Tsering und Gay-Lay verweilten in Lager VII.

Schneider, Aschenbrenner und Müllritter unternahmen mit 3 Trägern einen neuen Vorstoß von Lager IV nach Lager V, Schneider und Aschenbrenner noch über Lager V hinauf gegen den Steilhang am Rakhiot Peak, mußten aber infolge stark einsetzenden Sturmes wieder umkehren.

In der Nacht vom 12. auf 13. Juli starb Welzenbach im Lager VII.

13. Juli

Merkl, Ang Tsering und Gay-Lay brachen von Lager VII nach Lager VI auf, erreichten aber nur den Sattel vor dem Wiederansteigen des Grates zum Rakhiot Peak und gruben sich dort (6865 m) eine Eishöhle aus, in der sie vom 13. auf 14. Juli nächtigten.

14. Juli

Ang Tsering rief vom Sattel zwischen Lager VII und VI um Hilfe und stieg dann nach Lager IV ab, wo er abends eintraf.

Merkl und Gay-Lay konnten sich von der Eishöhle am Sattel nicht mehr weiter als 2–3 m entfernen und sind am 14. oder 15., vielleicht auch erst am 16. Juli gestorben.

15. und 16. Juli
Versuche Schneiders und Aschenbrenners, von Lager IV nach Lager V vorzustoßen, erstickten in den Neuschneemengen.

Aus obigen Feststellungen ergeben sich folgende Tatsachen:
1. Schneider und Aschenbrenner, die über große Leistungsfähigkeit verfügten und bei dem Angriff auf den Gipfel des Nanga Parbat trotz aller Strapazen in guter Verfassung waren, sind am 8. Juli abends in Lager IV, ohne nennenswerten Schaden davongetragen zu haben, allein eingetroffen, während die anderen 14 Teilnehmer um ihr Leben kämpften und 9 von diesen zu Grunde gingen.
2. Schneider und Aschenbrenner haben sich beim Abstieg vor Lager VII von ihren 3 Trägern abgeseilt und getrennt, obwohl das Unwetter nicht nachgelassen hatte, sie die Träger und umgekehrt diese sie alsbald aus den Augen verlieren mußten, damit zu rechnen war, daß der Sturm ihre Spuren verwehte, der schwierige Abstieg über den Rakhiot Peak bevorstand und dann, wenn sie damit rechneten, daß ihre 3 Träger mit der nachfolgenden Gruppe Merkl-Welzenbach-Wieland und 8 Trägern zusammentrafen, diese Gruppe mit ihren 3 Trägern stark belastet wurde.
3. Schneider und Aschenbrenner haben in Lager V., obwohl dieses Lager mit Schlafsäcken und Proviant genügend versorgt war, dort auf ihre Träger und die übrigen Teilnehmer nicht gewartet, sondern sind noch nach Lager IV abgestiegen.

4. Die in Lager IV den dort anwesenden Teilnehmern von Schneider und Aschenbrenner gemachte Mitteilung, daß ihre Träger und ihre Kameraden mit ihren Trägern, d. h., wie sie sich ausdrückten, ›die anderen‹, alsbald nachkommen würden, entsprach objektiv nicht der Sachlage. In Wirklichkeit wussten Schneider und Aschenbrenner weder von ihren 3 Trägern noch von ihren übrigen Kameraden und deren 8 Trägern, wo sich diese befanden. Sie konnten dies auch nicht wissen, nachdem sie ihre Träger schon vor Lager VII verlassen hatten, sie von diesen wußten, daß sie schlecht gingen, von der Gruppe Merkl-Welzenbach-Wieland und deren 8 Trägern ihnen nur bekannt war, daß sie sich auf dem Abstieg befand, sie als erfahrene Bergsteiger wußten, daß Bergsteigerpartien je größer sie sind, desto länger zur Zurücklegung von Strecken brauchen, das Unwetter unvermindert tobte und jede Sicht verhinderte.

Aus den Erhebungen hinsichtlich der Beziehungen der Expeditionsteilnehmer sind folgende Feststellungen anzuführen:

1. Bei der Beerdigung Drechsels am 11. Juni ereignete sich folgender Vorfall: Merkl wollte Aufnahmen von dem Vorgang der Bestattung durch Film und Lichtbild herstellen lassen und beauftragte damit Müllritter und Bechtold. Sowohl bei der Bestattung als auch bei der Vorzeigung der gemachten Aufnahmen fielen Äußerungen Schneiders, auch Bernards, wie ›tu deinen Apparat, tu dein Bild weg, sonst hau' ich sie dir weg!‹ Die 3 österreichischen Teilnehmer weigerten sich, die

Hüte abzunehmen. Als Merkl darauf bestand, daß sie die Hüte abnehmen sollten, warfen sie dieselben weg. Die darüber entstandene Gereiztheit erreichte einen solchen Grad, daß Merkl dem Schneider anheimstellte, die Rückreise anzutreten.

2. Die Spannung zwischen Merkl einerseits, Schneider und Aschenbrenner andererseits kennzeichnete Merkl durch die dem Müllritter während eines Aufstiegs zu einem der Hochlager gemachte Äußerung ›Es ist eine Viecherei, daß wir die zwei – gemeint waren Schneider und Aschenbrenner – dabeihaben, wir hätten sie besser nicht mitgenommen.‹

3. Unter den reichsdeutschen Teilnehmern bestand auf Grund wiederholter Erfahrungen die Auffassung, daß Schneider und unter dessen Einfluß auch Aschenbrenner sich an den für den Aufmarsch nach den Hochlagern nötigen Arbeiten möglichst wenig beteiligten und es so einrichteten, daß sie als erste abmarschierten, um das Tagesziel vor dem Eintritt der Hitze zu erreichen, während die anderen Teilnehmer mit den Trägern in die Mittagshitze gerieten.

4. Im Lager VII kam es zwischen Merkl und Schneider zu einer Auseinandersetzung, bei der Schneider, wie er dem Dr. Finsterwalder selbst erzählte, für sich und Aschenbrenner dem Merkl erklärte: ›So jetzt haben wir bis hier herauf gespurt, jetzt kehren wir um, ihr könnt von hier allein auf den Gipfel.‹

5. Die in Astor und später im vorläufigen Hauptlager gegebene Anordnung, den für die wissenschaftliche Gruppe bestimmten Proviant herauszusuchen und

bereitzustellen, führte zu heftigen ›Schimpfszenen vor dem ganzen Lager‹.
6. Bei einem in Abwesenheit Schneiders und Aschenbrenners im Lager abends geführten Gespräch warf Bechtold die Frage dazwischen, wie es wohl daheim und anderswo aufgefasst werden würde, wenn die zwei Österreicher Schneider und Aschenbrenner als Spitzengruppe vorauskämen und als erste den Gipfel erreichen würden. Erst nach der Katastrophe hat Aschenbrenner beim Rückmarsch den Bechtold wegen dieser Äußerung zur Rede gestellt und angegeben, daß er die Äußerung von einem der Engländer erfahren habe, der auch erst aus dritter Hand von ihr Kenntnis erhalten hatte.
7. Als die Hoffnung auf Rückkehr der Gruppe Merkl-Welzenbach-Wieland sich nicht erfüllte, gebrauchten Schneider und auch Aschenbrenner wiederholt verletzende Worte über Merkl wie ›Feigling, Spießer‹.

Es liegt ein von Bruce an den Darjeeling Club gerichteter Brief vom 2. Januar 1935 vor, in dem Bruce mitteilt, daß er nach vollständiger Nachprüfung der Nanga-Parbat-Expedition festgestellt habe:
1. An den Berichten, daß die Träger schlecht behandelt oder in einem kritischen Moment verlassen wurden, ist kein wahres Wort.
2. Am Nanga Parbat hat sich kein Skandal ereignet.

Er fordert dazu auf, gegenteiligen Gerüchten entgegenzuwirken.

Folgende Fragen bedürfen der Klärung:
I. Vorfragen:
1. Was stand beim Rückzug an Ausrüstungsgegenständen, insbesondere an Zelten, Schlafsäcken, Gummimatten, Decken und an Proviant, von den Expeditionsteilnehmern und von den Trägern mitgetragen und in den Lagern VIII, VII, VI und V hinterlegt, zur Verfügung?
2. Was wurde am 7. Juli und insbesondere am 8. Juli vor dem Abzug von Lager VIII zwischen Schneider einerseits und Merkl, Welzenbach, Wieland andererseits ›verhandelt‹?

II. Hauptfragen:
1) Aus welchen Gründen haben sich Schneider und Aschenbrenner bei ihrem Abstieg von Lager VIII nach Lager IV vor Lager VII von ihren Trägern Pinzo Nurbu, Nima Dorje und Pasang abgebunden und diese allein gelassen, obwohl der schwierige Abstieg über den Rakhiot Peak bevorstand, das Unwetter anhielt, der Sturm die Spuren alsbald verwehte, die Sicht schon auf kleine Entfernung verhindert war und die Träger schlecht gingen?
2) Aus welchen Gründen haben Schneider und Aschenbrenner in Lager V, wo nach Aschenbrenners Angabe Zelt, Schlafsäcke und auserwählter Höhenproviant vorhanden waren, sie auch reichlich essen und sich erholen konnten, nicht auf ihre Kameraden, insbesondere ihre 3 Träger gewartet, und warum sind sie, ohne sich vergewissert zu haben oder obwohl sie sich nicht vergewissern konnten, ob ihre Träger und ihre übrigen

Kameraden nachkamen, nach Lager IV am 8. Juli noch abgestiegen?

3) Wie kamen Schneider und Aschenbrenner zu der am 8. Juli nach ihrer Ankunft in Lager IV ausgesprochenen Annahme, daß ihre 3 Träger und ihre übrigen Kameraden nachkommen würden?

Die 3 Hauptfragen sind nicht nur an sich, sondern insbesondere auch deshalb von Bedeutung, weil der englische Offizier Freier die Frage stellt: ›Ist es bei euch Deutschen üblich, daß man die Träger im Stich läßt?‹

München, den 21. Februar 1934
Dr. Gustav Otto Müller Präsident des Obersten Landgerichts
Franz Schmidt Rat am Obersten Landesgericht«

Die geplante Nanga-Parbat-Expedition des DÖAV unter Schneiders Führung findet nicht statt. Die Ideologie der »unverbrüchlichen Bergkameradschaft« hat gesiegt, wieder einmal. Der DÖAV verhält sich still, im nationalsozialistischen Staat ist der Kameradschaftsbegriff von zentraler Bedeutung. Laut Propagandaminister Joseph Goebbels hat er »einen neuen, tiefen Sinn bekommen«, »Kameradschaft ist Teil der Werte der deutschen Volksgemeinschaft«.

Bauers Ideologie folgend, wäre es besser gewesen, mit den anderen in den Tod zu gehen: sich aufopfernd wie der Sherpa Gay-Lay oder im Eis des Berges kämpfend bis zuletzt. Hat sich Bauer ihren heroischen Untergang gewünscht? Vermutlich nicht, nur Stoff für seine Intrigen. Er agierte aus Neid: Welzenbachs Erfolge überstrahlten damals alles im Alpinismus, und Schneider war der Höhenbergsteiger schlechthin. Bauer wäre gerne die Summe aus beiden gewesen und gab vor, als »alter Soldat« zu handeln: Er vertrete »eine ganz andere Anschauung«, und die sei »der Welzenbachschen Art des Bergsteigens gegenüber siegreich geblieben«. In Wirklichkeit nutzte er alle Möglichkeiten – auch die der Denunziation –, um seine Konkurrenten auszuschalten, wie sein Brief vom 26. März 1936 an den Vater von Ulrich Wieland zeigt:

»Sehr geehrter Herr Wieland!
Da ich am 18. Februar in München das Vergnügen hatte, Sie kennenzulernen, nehme ich mir die Freiheit, Ihnen in einer Angelegenheit zu schreiben, die mir weder persönlich noch als Reichsfachamtsleiter gleichgültig sein kann.

Herr Trumpp hat gesprächsweise verlauten lassen, daß Sie im Rheinischen Hof nach der Uraufführung des Nanga-Parbat-Films zu ihm ungefähr äußerten, ich handle wieder so, als ob ich den Himalaya gepachtet hätte. Im weiteren Verlauf des Gespräches gaben Sie zu verstehen, daß Sie dies nach Ihren Informationen annehmen müßten. Hierzu muß ich nun doch auch meinerseits das Wort ergreifen, umso mehr, als ich gerade die Angehörigen der im Himalaya Gebliebenen nicht im unklaren über die Sachlage lassen möchte.

Meine Himalaya-Expeditionen sind von den Engländern im Alpine Journal, Himalayan Journal, im Geographical Journal und an anderen Stellen immer wieder als eine ›Tat ohnegleichen in der ganzen Geschichte des Alpinismus‹ bezeichnet worden, ›die für alle Zeiten als ein klassisches Beispiel für Mut, bergsteigerisches Können und Besonnenheit dastehen wird‹.

Der Führer der französischen Himalaya-Expedition schreibt heute, 6 Jahre danach, im Intransigeant: ›Für einen unparteiischen Geist gehört den beiden deutschen Expeditionen auf den Kangchendzönga der erste Platz in der glorreichen Geschichte der Himalaya-Eroberungen. Der Kampf, den die Deutschen Monate hindurch gegen diesen gewaltigen Berg geführt haben, steht einzig da. Die deutschen Bergsteiger haben dabei einen neuen Beweis ihrer außergewöhnlichen Befähigung gegeben: Kameradschaftsgeist bis zur Selbstaufopferung gesteigert, höchster Widerstand gegen Leiden, grenzenlose Kühnheit und Energie.‹

Das Deutsche Generalkonsulat in Kalkutta hat meine erste Expedition in seinem Bericht an das Auswärtige Amt als einen großen Erfolg bezeichnet und hat festgestellt, daß es unserem persönlichen Auftreten gelungen ist, Schranken in Indien niederzureißen, die seit dem Krieg bestanden hatten. Fürst Bismarck von der Deutschen Botschaft in London sagte mir Anfang 1932: ›Sie haben 1929 einen solchen Schatz von Vertrauen auf die Deutschen Bergsteiger in Indien und England gesammelt, daß trotz dem Raubbau, den Dyhrenfurth damit getrieben hat, noch ein beachtlicher Fonds vorhanden ist.‹

Als ich 1929 von meiner ersten Erkundungsfahrt in den Himalaya zurückgekommen war, da hätte ich es, nachdem ich diesen außerordentlichen Erfolg sah, gewiß für selbstverständlich gehalten, daß die maßgebenden Leute der Deutschen Bergsteiger-Organisation daraus die richtigen Schlüsse ziehen und auf den Ergebnissen weiterbauen würden. Sie taten es aber nicht, sondern begünstigten unverständlicherweise eine Reihe von anderen Himalaya-Expeditionen, obwohl diese jeweils von vorne anfangen mußten und obwohl keine von ihnen auch nur annähernd die Erfolgsaussichten bot, die eine neue Expedition meiner Mannschaft gehabt hätte. Ich habe zwar klar erkannt, welch verhängnisvolle Versäumnisse hier an der Sache der Bergsteiger und vor allen der Deutschen Bergsteiger gemacht wurden – als wir Indien 1929 verließen, hielten maßgebende Engländer auf dem Abschiedsbankett Reden, die die Aussicht auf eine große, gemeinsame Unternehmung meiner Mannschaft mit den Engländern eröffneten. Ich begegnete aber bei den leitenden Herren absoluter Verständnislosigkeit. Da für mich mein Beruf die Hauptsache ist, war es mir unmöglich, daneben auch noch dieser Verständnislosigkeit entgegenzutreten; ich mußte mich leider damit abfinden.

Trotz dieses tiefbetrüblichen Ergebnisses habe ich aber nicht gezögert, den anderen Himalaya-Unternehmungen aus meinen Erfahrungen heraus zu helfen, denn egoistische Motive lagen mir vollkommen fern. Merkl, Welzenbach u. a. hatten zahlreiche Auskünfte und Fingerzeige von mir erhalten. Ich habe Briefe für sie nach Indien geschrieben und habe ihnen meine Pläne und Ausarbeitungen im Original zur Verfügung gestellt. Ja, ich habe der Merklschen Expedition schließlich sogar aus unseren geringen Ersparnissen einen Betrag zur Verfügung gestellt. Wenn Sie einmal mein erstes Buch in die Hand bekommen sollten, so würden Sie sehen, daß noch selten die Erfahrungen einer so epochemachenden Fahrt so rückhaltslos zu Nutz und Frommen aller Nachfolger vor der Öffentlichkeit ausgebreitet wurden wie in diesem Buch.

Ich bin also voll der Meinung, daß man besser daran getan hätte, auf unseren Erfahrungen und Ergebnissen weiterzubauen, aber ich habe trotz dieser Überzeugung den anderen großzügig und rückhaltslos geholfen.

Nun zu meiner Tätigkeit als Reichsfachamtsleiter. Der Verwaltungsausschuß begann im Jahre 1934 damit, hinter dem Rücken des Fachamtes und des Reichssportführers mit Hoerlin und Schneider eine Nanga-Parbat-Expedition zu machen. Eine Notwendigkeit zum Eingreifen bestand jedoch für mich zunächst nicht, da der Plan nicht vorwärtskam. Der Verwaltungsausschuß betrieb diesen Plan aber auch hinter dem Rücken von Bechtold, dem Führer der Expedition, und hinter dem Rücken von Finsterwalder, dem Führer der wissenschaftlichen Abteilung. Dadurch kam eine große Verwirrung in die Expeditionsgemeinschaft. Bechtold und Finsterwalder wußten sich nicht mehr anders zu helfen und wandten sich an den Reichssportführer um Unterstützung.

Zur Schlichtung dieser Unstimmigkeiten fand am 11. März 1935 in Berlin eine eingehende Aussprache aller Expeditionsteilnehmer unter Leitung des Reichssportführers statt. Herr Dr. Gustav Müller, Präsident des Bayerischen Obersten Landesgerichtes, hatte das Material vorher gesichtet und unterstützte den Reichssportführer bei der Behandlung der einzelnen Fragen. Verschiedene Vorkommnisse auf der Expedition wurden eingehend durchbesprochen.

Ich höre, daß Schneider später behauptet haben soll, er habe keine Gelegenheit gehabt, sich zu äußern. Das wäre eine glatte Lüge. Schneider konnte das Wort ergreifen, sooft er etwas zu sagen hatte, und auch alle Teilnehmer der Expedition bemühten sich, das Verhalten Schneiders, der ja doch trotz aller bestehenden Differenzen ihr Expeditionskamerad ist, zu erklären und zu entschuldigen.

Aber die Tatsachen sprachen eine zu eindeutige Sprache, und alle Beteiligten hatten von dieser Sitzung einen niederschmetternden Eindruck. Das Ergebnis wurde in ein sehr zurückhaltendes Résumé zusammengefaßt, das u. a. davon spricht, daß Schneider und Aschenbrenner keine Schuld an dem Unglück zuzumessen ist, daß sie aber, als sie ihre Träger im Stich ließen, objektiv nicht nach Grundsätzen der Bergkameradschaft handelten, wenn sie sich dessen auch nicht bewußt geworden zu sein scheinen. Dieses Résumé wurde allen Teilnehmern in Abschrift überreicht.

Ich persönlich habe mich bei der Berliner Aussprache ganz zurückgehalten, da ich nichts zur Entlastung Schneiders hätte sagen können, im Gegenteil, auf Grund meiner Himalaya-Erfahrung hätte ich manche Antwort Schneiders als unzutreffend bezeichnen müssen, und gerade was die Fürsorge für die Träger anlangt, habe ich eine viel strengere Auffassung. Als ich zu Beginn meiner ersten Expedition 1929 einmal aus einem höheren Lager beobachtete, wie ein Sahib seine Träger zwei Kilometer weit auf den spaltenreichen Gletscher allein gehen ließ, griff ich sofort energisch ein und habe dies ein für allemal unmöglich gemacht. Meine Auffassung deckt sich übrigens mit der englischen, die gleichfalls eine hohe Auffassung von der Fürsorgepflicht des Europäers für seinen Träger hat. Captain Sangster hat auch am Nanga Parbat sehr erstaunt gefragt, ob es bei den Deutschen Sitte ist, seine Träger im Stich zu lassen.

Ich halte es dieser Auffassung gemäß für einen schweren Verstoß, daß Schneider und Aschenbrenner sich von ihren

Trägern in dem schwierigen Gelände und im Schneesturm losseilten und davoneilten, ohne weder im Lager 7 noch im Lager 6 noch im Lager 5 auf sie zu warten, ein Weg, für den man im Aufstieg drei Tagmärsche benötigt. Es ist auch von diesen drei Leuten nur der eiserne Pasang, der schon 1929 mit mir und Allwein den Rückzug durchhielt, zurückgekommen. Die anderen beiden sind oben noch zwei Tage umhergeirrt und dann umgekommen. Wenn ein Bergführer in unseren Alpen etwas Derartiges machen würde, müßte er damit rechnen, daß er sich vor den Strafrichtern zu verantworten hätte.

Dem Alpenverein wurde von dem Résumé der Besprechung vom 11. März 1935 Mitteilung gemacht. Der Reichssportführer erbot sich auch, ihm von dem Verlauf der Aussprache weitere Einzelheiten mitzuteilen. Der Verwaltungsausschuß hat sich jedoch darüber hinwegzusetzen versucht und hat auch dann noch gemeint, er könne eine Expedition mit Schneider durchsetzen.

Solche Leute wie Schneider werden wir jedoch nicht mehr als Vertreter der deutschen Bergsteiger in das Ausland schicken. Weder das Fachamt noch der Reichssportführer, noch das Auswärtige Amt würden das verantworten. Ganz abgesehen davon, daß Bechtold und Finsterwalder, auf Grund seiner sonstigen Disziplinlosigkeit und auf Grund seines Verhaltens Merkl gegenüber, einer Teilnahme Schneiders entschieden widersprechen würden. Und man würde die Meinung dieser beiden Herren nicht einfach ignorieren können, wie das einige Herren des Verwaltungsausschusses zu tun versuchten.

Aus diesen Darlegungen bitte ich Sie zu entnehmen, aus

welchen Gründen ich als Reichsfachamtsleiter eine Expedition des Verwaltungsausschusses mit Herrn Schneider und Herrn Borchers ablehnen muß. Es sind sehr reiflich überlegte, zwingende, sachliche Gesichtspunkte.

Ich danke Ihnen dafür, wenn Sie diese Zeilen einer eingehenden Durchsicht gewürdigt haben und empfehle mich Ihnen mit

Heil Hitler!

als Ihr sehr ergebener

gez. Paul Bauer«

»Wer Willo einmal hat kennenlernen dürfen, diesen einen, edlen, geraden, tapferen Menschen mit seiner Tiefe, seinem Idealismus und seinem eisernen Willen ... Wenn man diesem Menschen einmal hat näherkommen dürfen, dann weiß man, was Sie verloren haben ...« Diese Zeilen des Geologen Peter Misch, ein Auszug aus einem Brief vom 5. Oktober 1935 an Welzenbachs Mutter, beschreiben den Charakter des Menschen, den Bauer ins Abseits gedrängt hatte.

Zur Uraufführung des Expeditionsfilms von 1934 loben die »Münchner Neuesten Nachrichten« vom 29. Februar 1936 »den schlichten Bildbericht, eines der schönsten Geschenke, die Bergsteigern je gemacht wurden. Er enthält sachlich nichts Neues und ist doch ergreifender als alle Berichte, Bücher und Bilder zusammen, die bisher von der deutschen Himalaya-Expedition 1934 gemeldet haben. Seine phrasenlose, knappe, ganz auf den Berg ausgerichtete Art ist die rechte Sprache, die geradewegs ans Herz geht und begeistert oder erschüttert, bald die Brust zu eng werden läßt für die Freude, die über diesen Kampf in einem aufsteigt, bald wieder stumm und still macht vor der grenzenlosen Erhabenheit dieser Bergwelt und vor dem hämmernden Schicksal.«

Ähnlich klingt das Vermächtnis Welzenbachs, das er kurz vor dem Beginn der Expedition niederschrieb: »Es ist der Drang des Menschen, Unerforschtes zu ergründen. Es ist der kämpferische Sinn, das Streben, die Welt zu besiegen, es ist der alte Wikingergeist, der unsere Vorfahren das Meer erobern ließ, der auch den Menschen kämpfen ließ um die Eroberung der Pole.«

»Dieses Vermächtnis fordert es, daß nach dem Unglück 1934 der Nanga Parbat das Ziel der nächsten deutschen Kundfahrt sein muß, um diesem tragischen Schicksalsschlag zu begegnen«, sagt Welzenbachs Freund Karl Wien. Und tatsächlich startet 1937 die nächste Expedition zum Nanga Parbat. Karl Wien ist ihr Leiter. Bauer ist es jetzt, der diese Expedition will, der Nanga Parbat ist auch sein Berg geworden.

Das Team errichtet auf der Route von 1934 das vierte Hochlager direkt unter dem Rakhiot Peak. In der Nacht vom 14. auf 15. Juni 1937 wird dieses Lager, das erst wenige Tage zuvor etwas weiter nach rechts verlegt worden ist, von einer Eislawine überspült. Die gesamte Klettermannschaft und neun Hochträger werden getötet, nur die Wissenschaftler Ulrich Luft und Carl Troll – im Basislager zurückgeblieben – überleben. Sie stehen vor den Trümmern ihrer Träume.

Zusammen mit Fritz Bechtold und Karl von Kraus organisiert Paul Bauer eine Bergungsexpedition. Unterstützt von der deutschen Luftwaffe, erreichen die drei in kürzester Zeit die Unfallstelle und bergen die Leichen der Verschütteten. Tagebücher und Filme geben Auskunft über ihr tragisches

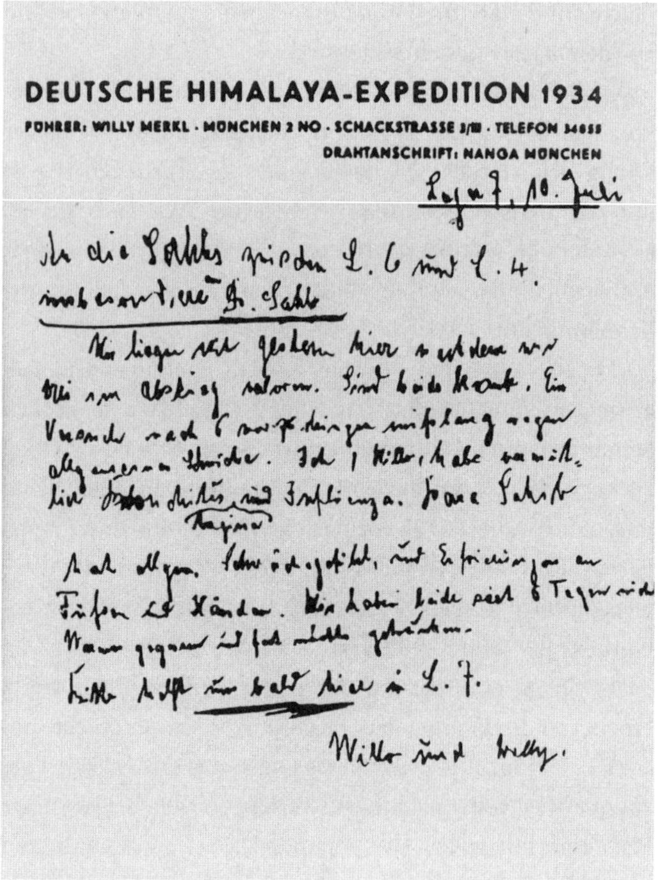

DEUTSCHE HIMALAYA-EXPEDITION 1934
FÜHRER: WILLY MERKL · MÜNCHEN 2 NO · SCHACKSTRASSE 3/III · TELEFON 34055
DRAHTANSCHRIFT: NANGA MÜNCHEN

Welzenbachs letzter Hilferuf

Ende. Bauer glaubt jetzt, den Schlüssel zum Sieg über den Nanga Parbat in der Hand zu haben.

Ein Jahr später, 1938, startet Bauer seinen eigenen Versuch am Nanga. Eine Junkers 52 fliegt Lasten zu den Hochlagern. Letzter Stand der Technik. Man verfügt über Sprechfunk. Die Route führt durch die Rakhiot-Flanke bis zum Mohrenkopf, wo am 22. Juli die Leichen von Willy Merkl und dem Sherpa Gay-Lay aufgefunden werden.

Ausgerechnet Paul Bauer, der jahrelang gegen seinen Alpenvereinskameraden Willo Welzenbach und dessen Nanga-Parbat-Pläne intrigiert hat, findet die Leichen der beiden im Eisgrab am Mohrenkopf. Unter einer dünnen Schneedecke am Grat zum Silbersattel liegen die eisstarren Körper, weiß wie Marmorstatuen. In Merkls Jackentasche steckt ein letzter Brief von Willo Welzenbach, der – zusammen mit diesen beiden Toten – den Bericht des Sherpas Ang Tsering bestätigt und somit zum Testament des größten deutschen Bergsteigers der Zwischenkriegszeit werden sollte.

Lager VII, 10. Juli 1934
An die Sahibs zwischen L. VI und L. IV, insbesondere an Dr. Sahib. Wir liegen seit gestern hier, nachdem wir Uli im Abstieg verloren. Sind beide krank. Ein Versuch, nach VI vorzudringen, mißlang wegen allgemeiner Schwäche. Ich, Willo, habe vermutlich Bronchitis, Angina und Influenza. Bara Sahib hat allgemeines Schwächegefühl und Erfrierungen an Füßen und Händen. Wir haben beide seit sechs Tagen nichts Warmes gegessen und fast nichts getrunken. Bitte helft uns bald hier in L. VII,
Willo und Willy

Die Rupal-Wand des Nanga Parbat, bis 1970 undurchstiegen.

Fritz Bechtold erinnert sich an die Bestattung der Toten: »Wir heben im Schnee eine größere Grube aus und betten den Träger hinein, nachdem wir vergeblich seine Taschen nach irgendwelchen Notizen durchsucht und sein Amulett an uns genommen haben. Dann machen wir uns daran, den Sahib aus seiner Schneeumklammerung zu befreien, die vom Kopf abwärts bis zur Brust reicht. Ganz vorsichtig stechen wir den Kopf frei. Stück für Stück kommt das reine, unversehrte Gesicht Merkls zum Vorschein, das der Frost durch die vier Jahre rein bewahrt hat. Der strahlende Willy, der treue Freund meiner ganzen Jugend, ich durfte nicht hoffen, dich noch einmal wiederzusehen.«

Neben dem Hilferuf, den Willo Welzenbach am 10. Juli 1934 im Lager VII geschrieben hat, finden sie eine kleine Lastenaufstellung von Wieland und einen Taschenwecker, der sofort weiterläuft, als Bechtold ihn aufzieht.

Unter dem Silbersattel bleibt die Expedition stecken, weit unterhalb der Marke, die 1934 erreicht worden ist. Als Bauer zurückkommt, ist die Eiger-Nordwand durchstiegen, junge Helden stehen auf der Bühne Großdeutschlands: die Österreicher Harrer und Kasparek, die Deutschen Heckmair und Vörg. Bauer, der den Deutschen Bergsteigerverband geformt hat, zieht sich aus der Vereins- und Verbandsarbeit zurück. Er ist seit 1936 Leiter der neu gegründeten Deutschen Himalaya-Stiftung und bleibt in dieser Position bis weit über den Krieg hinaus. Aber er, der international angesehene Expeditionsleiter, ist nicht nur am Nanga Parbat gescheitert, er ist jetzt »ersetzt«. Vom Nanga bringt er den Hilferuf Welzenbachs mit, den es nie gegeben hätte, hätte er seinen Rivalen nicht ausgegrenzt.

2018
Offene Fragen

Welzenbachs Erbe prägt den traditionellen Alpinismus bis heute, was sich mir in vielen Gesprächen bestätigt hat. Bis heute.

»War Willo Welzenbach der bedeutendste deutsche Bergsteiger in der Zeit zwischen den beiden Weltkriegen?«, werde ich gefragt.

»Kein anderer genoss im Ausland größeres Ansehen.«

»Und Anderl Heckmair?«

»Er hatte ein längeres Leben zur Verfügung für seine Träume.«

»War Welzenbach Profibergsteiger?«

»Nein, er war Diplomingenieur, seit 1929 Stadtbaurat in München. Seinen Doktor machte er beim ›Lawinenprofessor‹ Wilhelm Paulcke – einem Pionier des alpinen Skilaufs.«

»Mit was für einer Arbeit?«

»Er hat über Schnee-Ablagerungen und Schnee-Bewegungen geforscht.«

»Hat sein Studium Wichtigkeit über die Bergsteigerei hinaus?«

»Ja, seine Dissertation hat große Bedeutung für das winterliche Absichern der Verkehrswege in den Alpen.«

»Wann hat Welzenbach mit dem Klettern begonnen?«

»Das Bergsteigen ist ihm schon als Schüler Lebensinhalt.«

»Erste große Touren?«

»1920. Bald beschäftigt er sich mit neuen Techniken beim Gehen im Eis und der Schwierigkeitsbewertung von Klettertouren.«

»Seine Welzenbach-Skala ist inzwischen überholt.«

»Ja, doch die sechsstufige Welzenbachskala bleibt die Grundlage der Schwierigkeitsbewertung in den Alpen bis 1978.«

»War er auch in alpinen Vereinen tätig?«

»Zeitweise war er im Vorstand des Akademischen Alpenvereins München, der Alpenvereins-Sektion Bayerland sowie als zweiter Vorstand der Alpenvereinssektion München. Vier Jahre lang war er sogar Mitglied des Hauptausschusses des DÖAV!«

»Warum wurde er trotzdem ausgegrenzt?«

»Welzenbach war in erster Linie Bergsteiger, kein Vereinsmeier. Seine Freunde waren Alpinisten wie er, keine Intriganten.«

»Wie verlief seine bergsteigerische Entwicklung?«

»Er wechselte von leichten zu schwierigen Felstouren, vom Felsklettern zum Eisgehen – dabei war er kurz Schüler des bedeutenden Bergsteigers Hans Pfann. Erst wiederholte er in den Alpen viele klassische Routen, dann wagte er zahlreiche Erstbegehungen: in den Nördlichen Kalkalpen, dann im Eis der Zentralalpen, zuletzt in den Nordwänden der Westalpen.«

»Wo sind die Details zu seinen Erfolgen zu finden?«

»In Welzenbachs Tourenbüchern. Sie sind eine Offenbarung: 940 Gipfel, 72 Viertausender, 50 Erstbegehungen! Das alles in nur 15 Jahren!«

Gipfelflaggen am Chongra Peak, Nähe Nanga Parbat

»Wann genau wurden die Eisriesen im Himalaya sein Ziel? Und wo genau beginnt, als logische Steigerung des alpinen Tuns, das Höhenbergsteigen?«

»In Deutschland 1928/1929, nachdem sich sein linker Arm von der Erkrankung erholt hatte.«

»Was war sein Projekt?«

»Sein Plan, seine Initiative, galt der Diamir-Wand am Nanga Parbat.«

»Dabei wurde er ausgebremst. Notgedrungen, nicht uneigennützig, gibt er die Vorarbeiten an Willy Merkl weiter.«

»Nur, weil er von der Stadt München wegen der Wirtschaftskrise 1932 keinen Urlaub bekommt.«

»Damit beginnt die Tragödie.«

»Ja, denn Willy Merkl kehrt 1932 mit der Überzeugung heim, den einzig möglichen Aufstiegsweg zum Nanga-Parbat-Gipfel gefunden zu haben. Welzenbach gibt damit seinen Plan, es an der Gegenseite zu versuchen, auf.«

»1934 sind Merkl und Welzenbach eine Zweckgemeinschaft, aber keine Freunde mehr.«

»Sie und ihre Mannschaft schaffen es trotzdem bis zum Silbersattel! Der langersehnte Gipfel scheint nahe.«

»Dann der Schicksalsschlag?«

»Zur großen Katastrophe führt nicht der ›böse Berg‹, auch nicht der Monsun. Es sind jene fünf Jahre mit all ihren Verzögerungen und Querelen, die Welzenbach hätte nutzen können. Zuletzt starb er dort, wohin er ursprünglich gar nicht wollte, auf der ›falschen Seite‹ des Nanga Parbat. Ihn ereilt der Tod in der Nacht vom 12. zum 13. Juli 1934 in der Schneewüste des ›Nackten Berges‹, den man jetzt den ›deutschen Schicksalsberg‹ nennt. 1938 führt Paul Bauer, der Mann vom Kantsch, eine Expedition zum Nanga Parbat. Auf dem Grat zum Silbersattel muss der Angriff zurückgenommen werden, die Leichen von Willy Merkl und Gay-Lay werden gefunden und bestattet. Unterhalb des Silbersattels ruhen Uli Wieland und Willo Welzenbach.«

»Und wer ist schuld?«

»Wir reden hier nicht von Schuld. Alle damals Beteiligten sind längst tot.«

»Es geht also um Verantwortung?«

»Ja, ausschließlich darum geht es.«

»Können denn die Toten von damals verantwortlich sein?«

»Nein, aber an Staaten, Körperschaften, Vereinen bleibt die Verantwortung haften. Dem Alpenverein – er kann sich noch so oft schälen, wandeln, uminterpretieren – bleibt Verantwortung für sein Handeln. Er kann sie nicht ablegen wie ein gebrauchtes Kletterseil. Schließlich ist es das Bewusstsein für diese seine Verantwortung, das ihn stark macht!«

Nachsatz

Zu danken habe ich Erwin Schneider und Anton Schwembauer.

Ich habe Erwin Schneider öfter gesprochen, seine Umarmung erlebt, seine gebrochene Stimme und seine Bitte, diese Geschichte von Hass und Lüge rund um den Nanga Parbat offenzulegen, aufzuklären – für eine spätere Gerechtigkeit.

Die »Akte Welzenbach« verdanken wir jedoch vor allem Dr. Anton Schwembauer, der sie mir für dieses Buch zur Verfügung gestellt hat. Es soll keine wissenschaftliche Arbeit sein, was ich daraus gemacht habe, sondern eine Erzählung, die aus Dokumenten und Briefen schöpft, die zum Glück weiter existieren.

Anton Schwembauer dazu: »Die ›Akte Welzenbach‹ wurde wahrscheinlich noch zu Lebzeiten von Willos Mutter oder möglicherweise nach ihrem Tod, gemäß der inliegenden schriftlichen Anordnung, dem besten Freund und Seilkameraden von Willo, Dr. Heinz Tillmann, zur diskreten Verwahrung übergeben. Dr. Tillmann übergab die Akte in fortgeschrittenem Alter meiner Mutter, Maria Schwembauer. Sie waren seit Willos Zeiten freundschaftlich verbunden. Dr. Willo Welzenbach war der Vetter meiner Mutter Maria Schwembauer, 1908–2005, geb. Stiglocher. Frau

Anna Welzenbach, geb. Stiglocher, 1876–1970, war die Tante meiner Mutter bzw. die Schwester meines Großvaters Hans Stiglocher.

Die Idee zum Projekt stammt ausschließlich von Herrn Messner selbst. Mir selbst war es ein großes Anliegen, die Unterlagen und Beweise vor dem Untergang zu retten und von unerwünschten Personen fernzuhalten. Auch in meiner Familie ist es nicht mehr möglich, für die weitere Zukunft die Erinnerung und das Interesse wachzuhalten.«

Dr. Anton Schwembauer hat sich mit dem Bewahren, Ordnen und Hinterfragen der Welzenbach-Akten große Verdienste für die alpine Geschichtsschreibung erarbeitet. Denn nur, wenn wir die Historie genau kennen und die Geschichten dazu forterzählen, lebt die Haltung weiter, die auf Erfahrungen mit Menschen- und Bergnatur aufbaut. Das Narrativ zum Bergsteigen ist ebenso wichtig wie das Bergsteigen selbst, und nur wenn jemand es bewahrt, bleibt es einsehbar, nachprüfbar – im Blick zurück, als Erkenntnis fürs Heute und Hilfe fürs Morgen.

Reinhold Messner, im Juni 2019

Inhalt

1934 Silbersattel	7
1925 Große Wände	13
1925 Die Welzenbach-Skala	36
1929 Das höchste der Ziele	47
1930 Bauer gegen Welzenbach	72
1930 Kameraden der Berge	93
1930 Fiescherwand	195
1931 69 Gipfel	218
1932 Bergvagabunden im Nacken	243
1932 Berner Oberland	252
1933 Letzte Alpenfahrt	270
1934 Nanga Parbat II	284
1935/1938 Die guten »Kameraden«	368
2018 Offene Fragen	408
Nachsatz	413

Abbildungen:
Alle Abbildungen stammen aus dem Nachlass von Wilhelm Welzenbach, der in das Archiv des MMM eingebracht wurde.

In den Briefen und Dokumenten dieses Buches wurde die originale Rechtschreibung belassen. Diese Texte wurden teilweise leicht gekürzt, offenkundige Fehler korrigiert, charakteristische Eigenheiten aber nach Möglichkeit belassen. Im Grundtext, in Übersetzungen und den von Reinhold Messner bearbeiteten Vorträgen Welzenbachs wurde hingegen die neue Rechtschreibung verwendet.